领导讲话稿
写作一本通

写作要领　常用结构　最新例文　现用现查

紧跟时代的领导讲话稿实用工具书

高　邑◎编著

中国华侨出版社

图书在版编目（CIP）数据

领导讲话稿写作一本通/高邑编著 . —北京：中国华侨出版社，2012.7（2021.2重印）
ISBN 978 - 7 - 5113 - 1907 - 4

Ⅰ.①领…　Ⅱ.①高…　Ⅲ.①演讲 - 写作　Ⅳ.
①H152.3

中国版本图书馆 CIP 数据核字（2012）第 077391 号

●领导讲话稿写作一本通

编　　著/高　邑
责任编辑/李　晨
封面设计/中侨智杰
经　　销/新华书店
开　　本/710×1000 毫米　1/16　印张 23　字数 280 千字
印　　刷/三河市嵩川印刷有限公司
版　　次/2012 年 7 月第 1 版　2021 年 2 月第 2 次印刷
书　　号/ISBN 978 - 7 - 5113 - 1907 - 4
定　　价/58.00 元

中国华侨出版社　　北京朝阳区静安里 26 号通成达大厦 3 层　　邮编 100028
法律顾问：陈鹰律师事务所
编辑部：（010）64443056　　64443979
发行部：（010）64443051　　传真：64439708
网　址：www.oveaschin.com
e-mail：oveaschin@sina.com

前　言

撰写讲话稿，是讲话者或是演讲者在讲话前必不可少的一项准备工作。它与演讲者或讲话者所扮演的角色密切相关，也是演讲者或讲话者能力和素质的体现，一篇好的讲话稿可以为演讲者或讲话者带来意想不到的效果。

怎样才能写出高水平的讲话稿？本书可为您提供借鉴。

本书的编写，注重基础，突出实践，强调实用，力求规范，做到简洁。其内容结构，由理论和应用两大部分组成，前一部分主要是阐述讲话稿写作的基础理论；后一部分主要阐述讲话稿写作的范例。

在编著过程中，本书注意把平时工作的实践经验、遇到的疑难问题和讲话稿写作理论的研究成果有机地结合起来，融理论性、集实践性和实用性于一体，力求做到内容丰富，全面系统，条理清晰，范例具体，语言简洁，通俗易懂，学以致用，特色鲜明。

总体来说，本书具有系统性、实用性、规范性、条理性、实践性强等特点。系统性，即内容涵盖讲话稿写作的方方面面，内容丰富、全面；实用性，即针对讲话稿写作遇到的实际问题，提供具体的可操作的参考、借鉴；规范性，即在编写的体例、在内容的阐述、语言的表述和范例的选用上，做到有根有据，有章可循，范例典型；条理性，即结构清晰，脉络清楚，内容简洁，要点突出，阅读方便，随查随用；实践性，即书中大量的篇幅是实务操作和列举案例，以期使读者有比较直观的感性认识。除外，其特色也很鲜明，本书在结构编排和内容体系中，也有自己的独到之处。

目 录

第一章 讲话稿概述

第五章 主导类讲话稿

第六章 礼仪类讲话稿

第七章 演讲稿

第一章
讲话稿概述

领导讲话稿的类别

领导讲话稿依据不同的场合、对象和用途，可以分为三大类。下面分别介绍。

1. 会议类讲话稿

这是领导讲话稿中数量最多、占比重最大的一"族"。我们平时所说的"领导讲话稿"，主要是指这一类。这类讲话有 14 种。

（1）代表大会的报告。内容一般是对上一届或上一次会议以来工作情况的回顾总结和对今后工作的安排部署。要求内容全面，表述严谨、庄重。

（2）会议开幕词。一般在比较隆重的大型会议上使用。内容主要是讲明会议的目的、意义及开法，要富有启示性、鼓舞性。

（3）会议闭幕词或会议总结讲话稿。主要是总结会议的收获，要求贯彻落实会议精神，要富有号召性。

（4）工作会议讲话稿。根据既定的会议内容讲对某一项或几项工作的要求。要讲得鲜明、透彻、实在。

（5）动员会议讲话稿。主要讲进行某项工作的意义和方法。要讲得入情入理，振奋人心，鼓舞斗志。

（6）庆功会、表彰会讲话稿。主要是概括、总结、肯定受表

彰单位或个人的成绩和经验，对其进行表彰、鼓励，对全体人员提出学习、推广的要求。要富有激情和感召力。

（7）庆祝会、纪念会讲话稿。根据庆祝、纪念的主题，立足现实，回顾历史，展望未来。要讲得客观、准确、实际。

（8）专题报告会的报告。如学习理论心得报告，外出考察报告等。内容要有厚度、深度，给人以启示和借鉴。

（9）碰头会、汇报会讲话稿。根据碰头、汇报的情况，肯定成绩，针对存在的问题或薄弱环节，有针对性地强调一方面或几方面的工作。要有具体要求，有力度。

（10）现场会、经验交流会讲话稿。充分运用与会人员看到和听到的先进事迹和经验，进行深入分析和总结，要求学习、推广，促进工作。要有较强的说服力、号召力。

（11）研讨会、座谈会总结讲话稿。根据与会人员发言情况进行总结，并提出改进工作或进一步研讨的意见、要求。要有较强的概括力和条理性。

（12）综合性会议上的专题发言稿。主要是分管某一专项工作、某一方面工作的负责人在综合性会上就自己所分管工作进行专题讲话。这种发言要主题突出，富有资料性、参考性，并注意不过分强调自己分管工作的重要。要讲"实"，不要讲"虚"；要讲"适"，不要讲"过"。

（13）在新老领导工作交接会议上的讲话稿。这是一种很特殊的会议讲话稿。在这种会议上往往有三个讲话，即：卸任领导的讲话、接任领导的讲话和上级领导的讲话。卸任和接任领导的讲话，都要讲得谦虚、诚恳，并有表态的意思。上级领导讲话，则要对双方都给予肯定，并对其所属工作团队或单位提出一些要求和希望。

（14）在各种邀请会、协作会、联席会上的讲话稿。这也是一种比较特殊的会议，这种会议面对的不是下级，而是外地、外部门的客人。作为东道主发表讲话，要对客人表示欢迎，对本地、本部门的情况作一简介，还要讲会议的目的和议程。要讲得诚挚、热情、实在。

2. 宣传类讲话稿

这是出于宣传某种主张、某项工作、某件事情的目的，在非会议场合的讲话稿。这类讲话有 4 种。

（1）通过广播发表讲话。这种讲话形式在战争时期经常运用。广播讲话要求简明扼要，通俗易懂。

（2）通过电视发表讲话。这是电视普及以来经常采用的一种讲话方式，主要是用于纪念和庆祝某个节日。有时也用于专题电视讲座，讲授某一方面的知识。除讲座可以稍长一些外，电视讲话也要求简短、通俗。

（3）通过报纸发表书面讲话。这也往往是为了纪念和庆祝某个节日而发表。要求篇幅简短，措词严谨，富有文采。

（4）通过现场散发书面讲话。主要是阐明对某项行动、某件事情的观点，要求简明、准确、适当。

3. 礼仪类讲话稿

这是出于感谢、答谢、慰问、庆贺等目的，在各种非会议仪式、场合的讲话稿。这类讲话也有 4 种。

（1）签约仪式上的讲话稿。这种讲话主要是对所签订的合作契约予以积极评价，对合作方表示感谢，对合作事项充满信心、寄予厚望。要简短、礼貌。

（2）接见、会见讲话稿。接见下级单位的代表并发表讲话，主要是表示某种褒奖、慰问和鼓励；会见客人，主要是表示友好和友谊。要简短、亲切。

（3）文艺演出、文艺界联欢前的讲话稿。主要是为了庆祝节日和表示友谊。要简短、富于激情。

（4）致辞。包括欢迎词、感谢词、答谢词、慰问词、祝贺词等，用于专门的仪式或宴会等场合。作为"致辞"，必须有别于一般的讲话，要措词严谨，具有文采，形成书面。

以上分类，主要是从讲话的场合、对象、用途的不同而划分的。对于领导讲话稿的种类，还可以从其他不同的角度来划分。

从讲话的方向来划分，可以分为下行、平行、上行三类。下行讲话即指上级对下级的讲话；平行讲话即指那些礼仪性的讲话，向兄弟单位介绍情况和经验的讲话，在邀请会、协作会上的讲话等；上行讲话即某一级领导向上级领导汇报工作的发言。

从讲话的性质来划分，可以分为宣传鼓动性、分析指导性、总结评论性三类。宣传鼓动性讲话：在动员会、庆祝大会、成立大会、运动会开幕式、有组织的群众集会等大会上，运用较多的是宣传鼓动性的讲话稿。这种讲话稿，重视思想的宣传和精神的鼓舞，一般不作指示、不部署工作，但可以改变听众的精神面貌，唤起听众投身某项工作或事业的热情。分析指导性讲话：布置中心工作，或研究某一问题，或统一与会者思想的会议，运用较多的是分析指导性讲话。这种讲话针对某项工作、某一问题，进行深刻的理性分析，深入浅出，循循善诱，逻辑性强，说服力强。总结评论性讲话：总结会、表彰会、办公会、经验交流会以及大会闭幕式上的领导讲话，侧重于总结评论。或对前一段的工作，或对大会的成果，或对各种有价值的意见或建议，作一番总结评论，肯定成绩，指出问题和今后努力方向，是这种讲话的主要内容。

从讲话的内容来划分，可以分为总结性讲话稿、部署性讲话稿、号召性讲话稿、辅导性讲话稿、应酬性讲话稿等多种。

从讲话稿的规范与否来划分，还可以分为规范性讲话稿、非规范性讲话稿（其他讲话）或正式讲话稿、非正式讲话稿等。

从所参加会议的性质来划分，可以分为工作会议的讲话稿、专题会议的讲话稿、代表大会的讲话稿、座谈会的讲话稿、研讨会的讲话稿等。

以上我们从6个不同的角度，对领导讲话进行了分类，其实怎样分类并不重要，重要的是要针对不同讲话的内在需求，把握住它们的基本风格和特点，使自己写出的讲话稿具有强烈的"文体感"，起到"以文辅政"的作用。

领导讲话稿的特点

领导讲话稿一般具有以下三个特点。

1. 主旨鲜明，重点突出

如果一个领导在台上讲话，说了很多，听众还不知道他要表达什么意思，这个讲话稿一定是不成功的。领导讲话稿要做到主旨鲜明、重点突出。针对什么问题，表明什么观点，拥护什么方针，传达什么政策，批评什么错误，提出什么要求，等等，都要集中明确。为了做好这一点，讲话稿的写作首先要注意围绕一个中心话题来写，其次要注意抓住要点、突出重点，不要面面俱到。

2. 语言通俗，表达生动

常见有些领导在台上讲话时，台下的听众或心不在焉，或窃窃私语，或左顾右盼，或昏昏欲睡，这样的讲话根本达不到预期的目的，不是成功的讲话稿。造成这种情况的原因可能是内容空洞，也可能是语言枯燥、表达生硬，引不起听众的兴趣。语言通俗、表达生动，是领导讲话稿的基本特点之一，在写作中必须注意这一点。为此，八股腔调不能有，枯燥的说教不能有，要使用生动活泼的语言，要有启发性和吸引力。

3. 台上台下，双向交流

讲话稿在引起台下人思想和感情的共鸣时，才算是真正被听众接受了。事实上，讲话稿虽然是一个人说、众人听的单声话语，但台下听众用表情与讲话人进行的无声交流，决定了讲话不是单向性的，而是与听众的相互交流。为此，撰写讲话稿时必须心中有听众，要预测听众可能出现的反应，力求与听众形成共鸣。

领导讲话稿的结构

一篇完整的领导讲话稿应由标题、日期、称谓、开头、主体和结尾6个部分组成，下面分别介绍。

1. 标题

领导讲话稿的标题有两种写法。

一是单标题。由讲话人姓名、会议名称、文种组成。也可以省略讲话人姓名。

二是双标题。写法是：将主要内容或中心思想概括为一句话或两三句话作主标题，再由讲话人姓名、会议名称、文种组成副标题，或由会议名称和文种组成副标题，然后将讲话人姓名再另起一行。

如：

全力构建民主透明的组织工作新格局

为我市"十一五"规划的顺利实施提供组织保证

——在全市组织工作会议上的讲话

突出执政能力建设构建民主透明格局

为推进"富民兴佳"新跨越提供组织保证

——在全市组织工作会议上的讲话

至于哪些讲话用单标题，哪些讲话用双标题，没有明确的规定，主要是看起草讲话稿人的爱好和讲话领导的习惯。在一般情况下，如果一个会议有两位领导讲话，重要领导的讲话用单标题，次要领导的讲话用双标题。

2. 日期

将讲话当天的日期用汉字书写，加括号置于标题下方中央。

3. 称谓

根据会议的性质、与会者的身份，分别使用"同志们"（党的会议常用）、"各位代表"（代表大会常用）、"各位专家学者"（学术会议常用）、"女士们，先生们"（国际性会议常用）等。

4. 开头

讲话稿的开头有多种写法，归纳起来有三种主要类型。

（1）强调时间、空间，概略描述场面。庆祝大会比较多地采用这种引言。

（2）表示慰问和祝贺。上级领导出席下属某部门或系统会议时的讲话，较多采用这种引言。

（3）开门见山，提出中心话题。在传达精神、布置工作会议上的讲话，较多采用这种引言。

5. 主体

这是讲话稿的核心部分。作为讲话稿的核心部分，讲话稿在写作中需要注意的问题无非是主题明确、内容充实、层次清楚、表达通畅、文字准确。关于内容、文字问题后面还要讲，这里重点讲一下结构的安排。主体部分的结构通常有三种形式。

（1）板块式

板块式即分为几个板块。具体讲又有几种不同情况：

第一种：以小标题分板块。

第二种：以顺序号分板块。

第三种：两块式。多见于党代会、人代会的报告。一块是上届（次）以来的工作总结，一块是以后的工作方针和任务。一般每一大块中又分若干小块。

第四种：纵深式。这是一种由现象到本质、由表层到深层的层次安排方法，前后几个板块的内容是由浅入深发展的递进关系。

第五种：并列式。即几个板块之间没有递进关系，只是并列关系，说完一个，再说一个，各个层次之间如果相互交换位置，一般不影响意思传达。

（2）自然式

自然式即讲话不分板块，只分若干个自然段，多数是依照内容的逻辑关系来安排的。

（3）提纲式

提纲式即像列提纲那样，在一篇讲话中讲多个问题，每个问题开头有一个主题句，每个问题的篇幅都很简短。

以上所讲的多种结构形式，用哪一种，要从5个方面考虑。第一，从讲话既定的场合、作用考虑。如果是在党代会、人代会上作报告，那自然要用板块式。第二，从讲话既定的主题考虑。讲重大的问题，一般要用板块式；讲一般性的工作，则可以灵活掌握。第三，从讲话既定的时间、篇幅考虑。如果安排的时间长、篇幅大，可以考虑用板块式；如果要在很短时间内讲完，则可考虑用提纲式或自然式。第四，从讲话既定的对象考虑。如果是对基层干部群众讲，一般不适宜采用过于简略的提纲式而应用板块式加以详尽、通俗的说明。第五，从讲话者的个人风格考虑。不同风格的领导在讲话中往往习惯于运用不同的结构形式，要充分考虑这一点。

6. 结尾

相当多的实用文体都不一定要有结尾，但讲话稿不同，它一定要有一个结尾。否则，听众会认为，他还没有讲完怎么就转身下台去了？

写结尾要注意两点：

首先，结尾要结在必然收束的地方。主要内容表达完毕了，主体部分结构完整了，文章就到了要结束的地方。这时如果还不结束，听众就会不耐烦。反过来，如果内容还没表达完，主体还不完整，即使有一个专门的结束语，文章也不完整。

其次，可采取自然结束和专门交代两种结尾方式。自然结束不用专门的结束语，但听众都能听得出来：讲话到这里结束了；专门交代则使用模式化的结束语。

领导讲话稿的观点提炼

讲话的观点，就是讲话人通过讲话所表达的看法或主张。实际上，讲话的主题思想也是观点，是这一讲话的"大观点"。这个"大观点"主要是由讲话者来定的。一篇讲话稿有了大观点，还要有与之相配套的中观点、小观点。正如构筑房屋除了要有大梁，还要有檩、有椽一样，搭起骨架，再配之以材料，才能完成工程。一般地说，以"板块式"构思的讲话，每一板块要有一个"中观点"，每一板块中的每一段落又要有一个"小观点"。锤炼观点是起草讲话稿的关键战，又是攻坚战。锤炼出了观点，组合了观点，讲话稿的起草就完成了一大半。这里要注意三个问题。

1. 观点要正确

这是最基本的要求。

2. 观点要鲜明

讲话中所阐述的观点，必须鲜明，有感召力，不能吞吞吐吐、模棱两可，让人听了不痛不痒，甚至不得要领。

3. 观点要配套

就是说，在一篇讲话稿中先后阐述的多个观点要相互照应、相互配套，形成体系，具有内在的逻辑性，发挥"整体效应"，而不应该互不相应，甚至互相冲突。

领导讲话稿的材料运用

这里讲的"材料"，是指起草者为着既定的起草目的，从各方面搜集、摄取并写入讲话稿之中的事例、知识或论据，是构成"材料"（文章、讲话稿）的材料。讲话稿中常用的材料，大体上有三类。

1. 依据类材料

就是发表这一讲话、阐述这一观点的依据。

2. 佐证类材料

就是为讲话中的观点佐证的事实、事例。其中包括：①与讲话观点相联系的典型单位的成绩和经验。②能够说明观点的实际发生的问题。③能够佐证观点的数字。

3. 辅助类材料

就是能够帮助加强讲话的说服力、增强吸引力，可调节讲话口气、活跃会场气氛、提高讲话效果的材料，主要包括：

（1）典故。在讲话中用得最多，引用的恰到好处，将极大地增加讲话的魅力。

（2）比喻。适度使用既形象生动，又深刻有力。

（3）古语。在讲话中适当用一点古语来帮助说明观点，效果也很好。会给与会者听后留下深刻的印象。

（4）群众语言。在领导讲话中适当用一点群众语言，有时也会增强讲话的感染力。讲话会收到很好的效果。

关于材料问题需要强调的两点是：第一，材料要积极用，但要服从、服务于讲话的主题和观点，要做到观点和材料的统一。用理论、语录和中央指示要少而精，不要代替自己的阐述；用事例要选用最能说明观点的典型的事例，要用得贴切，不要以此冲淡了观点；用典故、比喻、古语及群众语言，要用得自然，恰如其分，不要勉强、生硬。第二，用材料，就要大量地占有材料。古人讲写文章要"厚积薄发"，积之愈厚，发之愈佳。只有大量占有材料，使用材料时才有充分的选择余地，才能用上最好的材料。所以，担负起草任务的工作人员，必须十分注重对材料的搜集、摄取和积累。要多读书、多看文件资料、多搞调查研究、多接触群众，不断丰富自己的"材料库"，逐步做到库存丰厚，常备不乏。

领导讲话稿的语言运用

有人讲，领导讲话的语言既区别于正式书面文件，又区别于一般的口头随意交谈，是介于两者之间的一种具有特殊性的语言。这种说法是有道理的。研究"领导讲话"这样一种特殊语言，首先要把握它的基本特点，然后，还要探讨怎样出"新"，怎样求"美"。

1. 领导讲话语言的基本特点

所谓基本特点，就是起码的要求、一般的要求，是"合格"的要求，而不是"优秀"的要求。从这个意义上讲，可以概括为"两通"、"一短"。

"两通"：一是通俗。讲话往往是靠人的听觉接受的，所以，要使听讲人听清楚、听明白，语言就要通俗易懂。不要用那些生僻怪异、晦涩难懂的词语和术语。引用古语典故要注意听讲对象和语言环境，要使人能够理解。二是通顺。要做到文从字顺，语言通达，读起来上口，听起来入耳。不要用那些字面上虽能讲得通，但读起来拗口、听起来别扭的语言。

"一短"：就是句子要短。这也是从人的听觉习惯考虑的。不是说一律要用短句，但长句一定要少用，尤其不要用那种一口气读不完的长句。句子长了，作为书面材料阅读还可以，而听起来容易连不上、听不清，产生误解，还容易使听讲人生厌。

写讲话稿要能体现出它的基本语言特点，一个行之有效的方法是"写着读"、"读着写"，即边读边写，体验写出的句子是否好读，如果不好读、不上口，即使从文理上能讲得通也要修改。要做到"通俗易懂"，首先要做到"通俗易读"。

关于领导讲话稿语言的基本特点，还有两种提法需要研究。一种是说领导讲话的语言应当"口语化"。领导者讲口语时语言要通俗易懂，同时在通俗中要有庄重、高雅，不能全部用口语，一些口语在写入讲话稿时也要加以改造。领导讲话稿既要有口语的自由、灵活、简短，又要有书面语的规范、缜密、严谨。另一种是说领导讲话稿中不要用"半文半白"的话。中国的文言文是前辈留下的宝贵文化财富，其中有许多言简意赅，并已为后人接受的优秀词语。有些词语可以"拿来"原封应用，有些则可以"改造"应用，这样就不可避免地要出现"半文半白"。在讲话稿中适当用一些文言文可以增添文采，增强表现力和感染力。所以，问题不在于"半文半白"，而在于用得是否恰当，别人能否听得懂。总之，作为对领导讲话语言的基本特点表述的补充，要提这样两句话：通俗易懂，但不"口语化"；有文采，但不"文章化"。

2. 领导讲话语言的新意

这一段讲"新"和下一段讲"美"，就是要对领导讲话语言提出一些较高的要求，在解决"合格"问题的基础上进而解决"优秀"的问题。

领导讲话的新意，包括主题的新意、观点的新意、结构的新意，但落脚点是语言的新意。因为语言是思维的工具，是思想的直接体现，是主题、观点的物质承担者。讲话内容的新意要通过语言的这一形式来传递、感受、领悟。怎样"出新"？可以考虑以下几种途径：

（1）转换论述方式。这是在写领导讲话稿中经常应用的。因为领导讲话的一个普遍现象是承上启下，往往上级开了什么会，上级领导讲了什么话，下级也要开个类似的会，下级领导也要讲类似的话，这样就必须避免"下抄上"、"如法炮制"的问题。这样就需要转换一下论述方式，如换正面论述为反面论述或对比论述，换集中论述为分散论述，或换分散论述为集中论述，把正面论述转换为连续几个"不是……而是……"的正反两面论述，把一般句式转换为排比句式，这样就能讲出新意和气势。

（2）进行具体分析。不是一般地、笼统地讲问题，而是展开讲，对问题及其原因进行具体分析。进行具体分析的语言，绝不可能是照抄来的语言，因此就很有可能产生出富有新意的语言。

（3）提出新的要求。就是根据具体情况提出新的、具体的要求。而这种新要求本身就是新语言。如某领导同志在某市处以上干部大会上的讲话中，对该市提出了建设"四最"标准的现代化大都市的要求，即开放程度最高、市场发育最全、高科技外向型经济比重最大、经济实力最强，并分别对"四最"作了解释说明。还对该市的城市规划、建设和管理提出了全心全意搞好"三个服务"的要求，即全心全意为对外开放服务、全心全意为建设完善市场经济体制服务、全心全意为提高全市人民生活水平及生活质量服务。这些，都体现出了浓郁的时代气息。

（4）采用修辞方式。在讲话中适当采用比喻、借代、排比、对仗、幽默、警句等修辞方式，也会达到"出新"的效果。如，通常使用排比可以使要说明的思想内容更加丰富，逻辑更加严密，层次更加清晰，气势更加恢宏；使用对仗可以使语言整洁优美，易于传颂，或从正反两方面说明，使说理更有力、更充分；使用短句可以较好地把握讲话的节奏和韵律，读来抑扬顿挫，铿锵有力。

（5）组合、创造新的词汇。组合、创造新的词汇要注意，一定要出之有理，出之自然，不能生造那些半通不通、使人似懂非懂、受之勉强的所谓"词汇"。

3. 领导讲话语言的形式美

形式是内容的依托。讲话语言的形式美可以给讲话内容增色，增强内容的感染力、战斗力。讲话语言的形式美有很多，这里着重谈以下几种。

（1）整齐美。这是符合人们传统审美习惯的一种美，它包括语言排列和句式的整齐一致，语句的对称、均衡、和谐等，给人以整齐、配套、浑然一体的感觉，能够留下比较深刻的印象。

（2）抑扬美。这是解决讲话的声音问题的。汉字分为阴平、阳平、上声、去声"四声"。阴平、阳平为"平声"，上声、去声为"仄声"。平声为"扬"，仄声为"抑"。扬声响亮、高亢，抑声低回、短促。古诗词有严格的平仄格律，文章、讲话也应当讲究平仄。要使语言有起有落、高低相应，实现抑扬之美。

（3）参差美。整齐是一种美，参差不齐，有时也是一种美。在讲话中，长词短词、长句短句相互结合、相互照应、错落有致，同样能够给人以美感。相反，如果都是不长不短的句子不紧不慢

地排下去，就显得平淡无味了。

（4）雄浑美。即语言雄浑有力，气势磅礴，鼓舞人心。

（5）连贯美。即连贯地重复用某一个词语，频频敲击人们的视觉，使人听着"过瘾"，记得牢固。

领导讲话稿的禁忌

1. 忌平淡无趣

平淡是指观点平淡，语言平淡，通篇一般化，使人听后感到没有解决什么问题。表现在：一是材料的组织和运用比较平淡，此种情况往往是观点加例子，就事论事，讲表层的情况，没有由表及里地深刻分析综合，缺少层次性与立体感。二是气势平淡，通篇一个劲头、一个节奏，没有轻重缓急，缺少波澜起伏，抓不住听众的心。三是语言平淡，像一碗白开水，没趣没味，缺少鼓动性，叫人听了打不起精神来。

一篇好的讲话稿，听了以后可以使人记住重要的观点和精彩的语言。否则就难以给人留下值得回味的东西，就很难打动人、启发人。

文章平平淡淡无人看，讲话平平淡淡没人听。讲话平淡、一般化，缘于立意不好和语言不新。如果就事论事，立意就显得肤浅。只有在深入理解事实材料的基础上，作总的概括和量化分析，从概括分析中认识事物的基本性质和现状，经过由此及彼、由表及里的分析和挖掘，在事实与观点之间架起一道"桥梁"，才能提炼出新颖的主旨来，从而给人更深的认识、更深的体会，从而更能打动人、启发人，增强讲话的感染力。呆板、枯燥的语言会令人生厌、昏昏欲睡。要使语言打上烙印，就要提示本质、一语中的，就要有特点、个性化，就要适当使用一些修辞手法。如果没有新鲜的词汇，语言就显得平淡。只有不断积累丰富、新鲜的知识，并有较高的文字表达能力和创新能力，才能写出生动活泼、通俗易懂、新颖别致的讲话稿来，从而给听众新的感觉、新的感受，激发听众的兴趣，增强讲话的吸引力。

讲话稿平淡无趣的主要原因：一是缺乏对问题的深入研究，只知其一，不知其二；只知其然，不知其所以然。所以，论述也浮在表面。二是缺乏对当地情况的具体分析，照抄照搬上级领导的讲话精神，没有较强的针对性。三是缺乏对观点、语言的提炼。

2. 忌空话套语

空话太多，或只有观点，没有论证，或只有原则要求，没有具体要求、具体措施，没有可操作性。主要体现在要部署某一项工作，但使听众听后仍然搞不清楚要怎样做这项工作，或者没有讲出激励、约束措施，使人感到该项工作做与不做、做好与做不好没有什么差别。避免空话、套话的主要方法：一是要看"实"的东西有没有。如领导层并未对开展某项工作进行缜密的研究，没有提出具体的措施，仓促上阵动员，撰稿人则"巧妇难为无米之炊"。在这种情况下，撰稿人应该积极发挥其参谋助手的作用，建议和帮助领导进行这方面的谋划。二是"实"的东西已经有了，撰稿人能否写进去。这就要在谋篇布局和选用材料上下功夫，要朝"写实"的方向努力，要多用"实"的材料，不仅要充分反映领导的具体思路，还要加以补充和完善。

讲话稿写得空、不实，原因很多：一是懒。写空话、套话最省劲，可以不费力，东抄西凑就能成章。写实话，需要深入细致地调查研究、分析问题、综合情况，颇费脑子。二是怕。没有标准的说法，领导通不过，甚至有可能被说成是态度问题。三是没有什么东西可写而硬要写。平时不注意学习，不积累材料，不到基层了解情况，一布置任务就急忙写。这样写出来的东西，不空才怪。四是无实事求是之意，有哗众取宠之心。虽然也掌握了一些事实，但还没有进行深入地分析研究，就大发议论，把自己的一知半解当做真知灼见，引申发挥，讲一大套所谓的"理论"，结果把一些实在的内容，也淹没在空洞的议论之中。解决的办法：一是端正思想态度，树立良好作风。二是坚持实事求是，实话实说。三是深入调查研究，掌握了解情况。四是加强学习，增强写作能力。

3. 忌繁冗啰唆

繁冗，即动辄洋洋万言，啰哩啰唆，拖泥带水，短话长说。在建立社会主义市场经济体制，经济建设和各项工作的节奏都在加快的新形势下，我们更应提出"戒长倡短"的要求。

造成讲话稿篇幅长的原因，从领导的角度看，一个重要原因是以会议时间和讲话篇幅的长短来衡量对某项工作的重视程度。在一些领导同志看来，开长会就是很重视，开短会就是不太重视；话讲短了，便显得没水平，有失领导的身份。所以，有的领导在审定别人代拟的讲话稿时，第一个标准便是看写的多少，倘若写了厚厚的一摞，他一看便说："不错，写得不少。"从撰稿人的角度看，也存在一种贪大求全的思想，有的也认为内容多、篇幅长，才能显示自己的才华。有的人写东西有"无三不成文"的习惯，有时候，其实只有一两点新一点儿的思想，为了敷衍成篇，硬拼凑出三四层意思来，出现生拉硬扯的现象；把一些可写可不写的话也写进去，面面俱到，不但文字冗长，而且容易把新鲜和重要的思想，淹没在一般化的东西里面。

其实，讲话稿的篇幅长短与材料取舍有很大的关系，我们必须用主题去统率材料，用材料去表现主题。凡是与主题关系密切的，能有力地说明、烘托、突出主题的就选用；凡是与主题关系不大，不能很好地反映主题的材料就要舍弃。切实做到宁缺毋滥，舍得忍痛割爱。少说废话的道理很简单，但要真正做到并不容易。讲话一定要选择那些能反映观点、支持观点的材料，力求观点与材料的有机统一。

4. 忌贪大求全

忌贪大求全，就是忌面面俱到，主次不分，像开中药铺似的。有的讲话稿过分追求完整、系统，生怕不全面，生怕分量不够，常常是一二三四五六七，系列化、集团化。分析一个问题的成因时，也是一二三四五六七，条分缕析，不厌其细。看上去很全面，很有条理，实际上是臃肿、散乱、无重点，结果不仅拉长了讲话稿的篇幅，而且使真正重要的内容淹没在无关紧要的文字中，不能展开来写。统筹兼顾，突出重点，既是抓工作的艺术，也是写好讲话稿的基本要求。一篇讲话稿的容量总是有限的，想把每个问题都讲得或写得很充分、很新颖，是难以做到的，能在几个问题或几个观点上有所突破，讲出点新意来，给人以较大的启发，就很不错了。所以，除了总结性讲话稿外，一般的讲话稿写作不要把面铺得太宽，要抓住当前最需要强调、最需要解决和最需要回答的问题来写。

解决的办法是：首先，安排文字材料的框架结构，要从实际出发，该复杂则复杂，该简单则简单，不能认为篇幅大、条条多，材料才有分量，才能体现水平。其次，要紧紧抓住本质、抓住要害，抓住最能反映事物本质的东西，从一点进入，向纵深开掘、拓展，这样的材料才会有深度。最后，无论是向纵向还是横向阐发问题，都要高度集中。能三个问题说清楚的，就不写四个问题；能四个问题说清楚的，就不写五六个问题。每个问题，也不一定非要再搞成几条。切忌搞"三三制"之类的模式。

5. 忌雷同重复

忌雷同重复，就是忌照搬照抄，千人一面，没有个人特点和风格。年年岁岁花相似，岁岁年年貌相同。雷同的讲话稿，没有新鲜的东西，与本地区、本部门的工作实际相脱离，缺少针对性和指导性。造成雷同的原因很多，有的可能是写讲话稿的新手模仿别人写的；有的是怕动脑、图省事，不愿下功夫去琢磨，担心"创新"弄不好到领导那里通不过；更多的是照搬上级或过去的文件、讲话，甚至报纸杂志上的有关文章。比如结尾，写来写去都是那么几句老话，如"回顾过去，豪情满怀；展望未来，任重道远。让我们在……领导下，在……指导下，解放思想，坚定信心，抓住机遇，开拓进取，为……而奋斗！"

讲话稿写作如同材料"加工厂",每天都在加工制造,要写出一篇有见地、有新意、能吸引人的讲话稿确实不易,有如"蜀道之难难于上青天"。必须始终保持一种创新热情,提高创新能力,力求使讲话稿有新鲜的东西。首先要对自己写的东西多问几个为什么,勇于否定自己;经常关注和研究新形势、新动态、新情况、新问题,在"新"字上下功夫,从"新"中求异,做到选用的材料新、概括的观点新、总结的经验新、提出的要求新、探索的规律新,使人听了能受到新的启迪。善于观察,勤于思考,反复比较,从老问题找出新的角度,从旧中求新,"旧题新作"分析新的情况,说出新的认识,拿出新的办法。要达到这些,一是必须在思想上、政治上有较强的敏锐性、观察力,有较高分析、认识问题的思想理论水平和解决问题的能力,能够迅速辨别新旧,判断是非,作出反应,提出见解。二是要有创新精神,敢碰书本上写过的、文件上规定过的、领导人讲过的、多数人公认的问题,也要敢于提出别人未曾提出过的见解。三是要有较强的文字表达能力和对事物的分析比较能力。

6. 忌肤浅苍白

忌肤浅苍白就是忌说理肤浅,苍白无力,没有震撼力。主要表现为:一是硬。"骨头"挺硬,"肉"不太多,"刚"性有余,"柔"性不足,尤其是一说到理直气壮,面孔就板起来了,从头到尾,通篇都是"要求"。二是旧。对大家都明白的浅显的道理,翻来覆去地讲,就像一大锅不放油盐的萝卜青菜,炒来炒去,没有滋味。三是浅,材料开掘不深,事理分析不透,内容空泛,浮皮潦草,缺乏启发性和感召力。如在阐明一个观点时,常常绕来绕去打"外围"仗，净是一些大话、空话、套话、老话，深处的东西触不到、点不透。

我们说浅、给人印象不深的主要原因有：一是撰稿人站立点不够高，视野不够开阔，特别是理论功底不够厚实。二是思想有顾虑，不敢创新，该放开的没有放开，该深入的没有深入，写得很拘谨。

精彩的讲话会产生震撼力，拨动人的心弦，给人以深刻的教育和启迪，引导人们向更高、更深的层次思考问题。为此，撰稿人必须站在思想理论的制高点上，运用马克思主义的科学理论和方法，辩证地分析事物蕴涵的深刻思想和警世哲理。用一个形象的说法，就是站在巨人的肩膀上去思考，从革命的思想宝库中汲取营养。还要采取由浅入深、层层剖析的方法。这就要求领导干部和撰稿人加强学习，学习科学理论，学习报刊社论、言论、评论员文章、权威人士论坛、杂文等，学习一些法律、经济、心理、历史、文学、科技等方面的知识以及业务知识。

7. 忌僵化死板

领导讲话稿有一定的写作法则和规律，按照一定的规范格式来写是有必要的，但这只是外在格式的统一规范，不应把讲话稿写作模式化、程式化，因为一成不变的程式会把人们捆得死死的，严重束缚人们的思想，影响讲话的生动性。当前，在领导讲话稿写作中存在着严重的思路模式化、程式化问题，没有新意。有的领导在布置写作任务时，对每一篇讲话稿如何写开头、如何写主体部分、如何写结尾，都规定得很细，有的甚至连字数都作了规定。结果讲话稿内容"似曾相识"，套路雷同。如讲话稿主体内容都是一个模式：意义作用——目标任务——思路措施——加强领导。又如开头必谈理论，开篇就是认识，振振有词，滔滔不绝。又如写加强领导，就是一要各级领导重视，列入议事日程；二要加大工作力度，层层狠抓落实；三要健全各项制度，严格基础管理；四要加强队伍建设，提高人员素质。又如写工作经验，就是一是领导重视，加强指导；二是层层发动，提高认识；三是抓好试点，以点带面；四是落实制度，带好队伍等。几乎所有的讲话稿都可以套用这几条。"众稿一词"、"千文一面"的现象，是讲话稿内容上僵化的表现。这样僵死的形式，很难写出富有生气的讲话稿来，也很难不讲重复的话。这种形式使写者厌倦、听者厌烦。

要突破僵化的八股式讲话稿写作模式不容易，一是观念的转变很难。一些领导同志习惯于讲话平淡无味、四平八稳，要改变它，难免一时不会被接受，难以通过。二是笔下生花也不易，需要很高的文字表达能力。三是冒改革的风险。作为撰稿人，不能因为讲话稿内容形式的创新难而退缩，要注意加强学习，提高素质，在实践中不断探索，力争使讲话稿有一个最恰当、最适宜、最有自己特点的内容形式。

8. 忌散乱离题

有些撰稿人员，自己还没有想清楚，就下笔写，结果往往是离题、散乱、晦涩，即没有紧紧围绕讲话的主题展开，与主题"喧宾夺主"，甚至出现"跑题"的现象。散乱，即没有一条主线贯穿，内容芜杂，事无巨细，面面俱到，主题不突出，观点不明确，观点与主题若远若近，内容与观点貌合神离，闹哄哄群龙无首，乱糟糟主线不明；逻辑混乱，重复颠倒，前言不搭后语，甚至

前后矛盾。晦涩，有的同志喜欢用生僻难懂、佶屈聱牙的词语，大量地、生硬地使用古词旧典、方言土语、技术用语以及行话等，看起来好像很有学问的样子，实际效果往往适得其反。当然，一些古词旧典如用得恰当，有时会起到画龙点睛、使讲话增色的作用，但不能滥用。有些技术用语、行话等在必须使用时，也应该加以说明、解释。

9. 忌粗疏差错

现在，一些讲话稿失之于粗疏、差错百出的现象时常出现，不仅影响了讲话稿的质量和领导干部的形象，而且对指导工作产生了不良后果。主要表现在：一是从主题思想看，主要是没有体会领导意图、概念不对，判断不准；概括不当，引申偏差；观点不准确，与上级政策相悖，与有关政策不衔接。二是从内容上看，主要是事例不真实，没有反映事实本质，不能全面准确、恰如其分地表达，引用的事例、细节、引文、数据不准确、有出入或前后不统一。如引用领导讲话不符合原意，断章取义，搞实用主义等。三是从文字上看，语言不够中肯贴切、一分为二，片面化，绝对化，走极端；语言表述不准确，不规范；文字粗糙，语法不全，语句不通，语气不妥，词不达意，用语不准确、不严密，甚至生造词汇。四是从行文格式上看，不规范，不统一，不严谨。如一些专用名词、时间、数字不规范。有的随便简化专用名词，在讲话稿中第一次出现时也不用全名；有的数字前后不一致，在同一篇讲话稿中，一会儿用阿拉伯数字"850 元"，一会儿用中文数字"八百五十元"；有的基数、序数、分数、倍数、确数、概数混用。

讲话稿不准确，存在差错，主要是由于工作作风不够严谨细致，责任心不强，基本功不扎实。要消灭差错，首先要在思想上高度重视，树立"准确是讲话稿的生命所在"的观念，增强责任心，形成认真负责的作风。要像马克思那样"从不满足于间接得来的材料，总要找原著寻根究底，不管这样做有多么麻烦"。其次要加强学习，提高素质，增强文字表达能力。最后，要做好推敲、修改和校对工作，减少文字差错。

这些在领导讲话和讲话稿写作中存在的弊病，无疑影响着领导讲话的客观效果和讲话稿的写作质量，必须通过加强研究，促进领导讲话水平和讲话稿写作水平的不断提高。当然，这些弊病概括不了领导讲话和讲话稿写作的所有问题，只是择其主要者略加叙述，让大家引以为戒。

起草领导讲话稿的几点基本要求

1. 避免雷同

领导者参加会议应邀讲话，常常会遇到多位领导人讲同一个问题，如果在这种情况下再重复讲，势必使听众失去兴趣，会场将产生无人关注的局面。起草人员应预先考虑到这一点，在避免雷同上下功夫，使领导讲话既全面又独特，紧紧抓住观众，收到好的效果。一般来讲，独辟蹊径会避免雷同现象，常常也会出乎

意料地大受欢迎。有些会议的主办单位分头请领导出席并讲话，所送的是相同的背景材料，缺乏总体设计，起草讲稿很可能重复。避免雷同确实需要动脑筋、想办法。一般说来，撰稿人可以在以下几个方面下功夫：一是可根据领导者的特定身份就会议的主旨阐发观点，展开议论，这样可较为自然地成为"一家之言"；二是适当变换议题的角度，用独特的角度来看待问题、阐发观点，使人耳目一新；三是选择那些富有新意的材料来说明问题，不同程度地满足人们审美活动和求异思维的需要，使听众开拓视野，回味无穷；四是会议组织者要有总体设计，撰稿人不仅要拥有会议背景材料，还应该和会议组织者研究讲话的内容、侧重点。避免重复的方式方法是多种多样的，需要撰稿人预先着手，多角度展开同一主题下的不同论述，以使领导讲话独具色彩而富有成效。

2. 独树风格

领导讲话最忌千篇一律地发表意见，平淡无奇。每个人都有异于他人的品格，异于他人的特点，这就是风格、个性。领导讲话也要有风格、个性，这是客观实践所决定的。传达贯彻上级指示，安排部署工作，每个领导都有各自的方式方法，不可能千人一面。领导者的讲话只有突出个性，才能够紧紧地抓住听众，引起听众强烈的共鸣，从而使讲话化做听众的意愿和自觉行动，成为促进工作目标实现的强大动力。如果整篇讲话都是文件搬家、照抄报纸，那么听众的感觉便始终处于麻木的、未触动的状态。毫无新意的讲话，只会使听众越来越没有耐心。任何一篇成功的讲话稿都有其独具的风格，或真挚细腻，或警喻深刻，或文采飞扬。起草领导讲话稿，不应拘于一章一法的限制和束缚，应随讲话的内容和场合而随时变化，不仅要逻辑严明、思路清晰，而且要生动活泼、文采盎然，这样可使讲话更富有生气，富有感染力、号召力。

3. 适当调剂

由于会议不同，领导的讲话有长有短，如果是遇到长一些的讲话，一般来讲与会者会感到疲劳，精力往往不会像开始那样集中，特别是到会议最后，主要的东西已经讲完，听众的情绪开始松弛下来，以至台上开大会，台下开小会、闲聊、打瞌睡，甚至有的收拾东西准备走人。这样，讲话就需要调剂情绪和气氛了。对这一点，撰稿人也要预先考虑到，适当在较长的讲话中增加一些"调剂品"，激发听众的情绪和注意力。运用即兴调剂要因领导讲话的内容而变化，因听众不同而变化，有时用在开头，有时用在中间，有时用在结尾。讲话即兴调剂是领导者机智灵活的表现，能够很好地借鉴使用调剂艺术将使领导讲话自始至终保持活力，富有吸引力。

起草领导讲话稿的注意事项

1. 要有服务意识和奉献精神

起草领导讲话稿是一项重要的辅助决策活动，是一种代言行为，也是一项复杂的劳动过程。领导讲话稿是用以指导工作的，稍有松懈都可能造成不可弥补的损失。因此，起草领导讲话责任重于泰山。做到这一点，就要有一种主动服务意识和无私奉献精神。要想到，能够以自己的一技之长为领导服务，为人民服务，是一种机遇、一种荣誉，是自身价值的展示，应该抓住时机，为之献身。对领导交给的材料任务，要感到是一种信任、一份责任、一种义务，如果不能按时完成，就应该有一种夜不能寐、食不甘味的感觉。如果有讲话起草任务躲着走，不尽心、不尽力，不仅是对工作不负责任，也是对自己不负责任。长此以往，就会失去领导信任，业务上的提高、政治上的进步就无从谈起。所以，一定要能吃"苦中苦"，能坐"冷板凳"，以一流的状态、作风和敬业精神去对待和搞好领导讲话稿的起草工作。这就要求我们应该有"清灯孤影苦思寻，字斟句酌撰公文，暑寒饥渴浑不顾，错把晨曦当黄昏"的工作精神和"耐得寂寥与清贫，虽苦犹荣坦荡心，蛰身栖居文字苑，耗尽青春亦无恨"的崇高境界。

2. 要切实吃透上级精神

领导讲话一般都是传达落实上级文件或会议精神的，本单位开展一项工作也必须保持和上级精神相一致。所以，一定要明确上级精神，总体上讲的什么，重点是什么，当前做什么，应注意些什么问题等，都要反复学习，紧紧把握。只有这样，才能为写出高质量的讲话稿打下基础。如何吃透上级精神呢？要注意准确归纳。因为上级文件、会议精神往往博大精深，要善于抓住中心，把握主题，突出重点，否则就会觉得句句都重要，难以取舍，不得要领。一方面不能照搬照抄，但同时对基本精神、关键论述等也必须适当学用。关键要掌握好一个"度"。可以从两方面入手：一是在起草文稿时，着力研究上级精神，深刻理解精神实质，把握政策准确全面，引用政策原汁原味，落实政策不折不扣，确保上级精神在文稿中得到切实体现。二是在文稿审核时，看其内容是否符合上级精神，所提措施办法是否与现行政策相悖、是否具有可操作性，做到贯彻上级精神全面不变形，体现上级政策规定具体不走样。

3. 要准确领会领导意图

起草领导讲话稿的最大特点就是"要我写"，而不是"我要写"，属于一种被动型写作，也就是平常所说的受命写作。要想以己之笔写出领导的心中所想，变被动为主动，就必须把领导的意图吃透、弄准。常言道："定位不准，累死三军"、"理定而辞畅"、"领会上头，摸清下头，两头一碰，才有写头"，能否领会好领导意图，是决定讲话稿写作成功与否的一个重要方面。我们必须把握领导思想，表现领导主张，体现领导要求。认真按照领导思路打磨文稿，做到领导的思考深入到什么层次，讲话稿就准确表达到什么层次；领导的指向触及到什么方位，讲话稿就准确跟进到什么方位；领导的要求具体到什么程度，讲话稿就准确反映到什么程度。

（1）要进一步明确讲话稿写作与领导意图的关系。讲话稿一般是受命写作，也就是"命题作文"。讲话稿成功与否，在很大程度上取决于领导的认可程度和满意程度。常言说："三分匠人，七分主人。"受命于谁，文章思维和特征服从于谁，这是受命写作的一个重要原则。在这个基础上融会有关政策、精神和理论，在领导的意图上进行阐述发挥，这样的授命写作才能打得住。绝不能

固执己见，把自己的观点强加于领导，写进文稿之中。

（2）要明白领会领导意图的主要途径。

①学习好党和国家的路线、方针、政策和法律、重要规划，了解每个时期突出强调的方针政策。这是因为，领导意图从本质上讲是党、国家和人民意志的具体体现，因此要把握住这个方面就会把握住领导意图的总体。

②主动捕捉机会参加一些会议，看一些会议文件，了解一个时期安排的工作重点、原则、要求、措施，掌握领导层的活动意向和动态。领导的行政活动是领导意图的具体体现形式，了解了领导活动动态，有助于加深对领导意图的理解，同时有利于把领导意图具体化。

③积极参与领导参加的活动，与领导常谈论一些问题，了解领导者思考的热点问题。要掌握领导日常谈论的重要思路和观点，并对其连贯思索，这样对领导的思想情况会有系统、整体的理解。

④直接具体领受领导指示，最好是当面征询领导者对一些热点、难点、疑点问题的有关解决措施，对一些模糊问题要及时予以澄清。与其他文章写作相比，领导对自己将要作的讲话，有时会提出比较成熟的见解和构思，但更多的时候是只有要点，甚至连要点都没有。领导已有成熟见解和构思的，比较容易处理，只需毫不遗漏地将其记录下来并转化成顺畅的文字就可以了；对领导的要点式意图则要敢于将自己考虑到的、在拟稿中可能遇到的各种问题一次性提出来，请领导明确指示处理意见和办法，切忌在动笔之后再三番五次找领导问这问那；对连要点都没有的拟稿任务，起草人员则要全面思考、深刻分析，及时请示领导，征求各

方意见。切忌唯唯诺诺、不懂装懂，白白放弃了深入了解领导意图的良机。否则写出的文稿会做大的改动，甚至推倒重来。

（3）要熟悉领导者的领导习惯。领会好领导意图，还应熟悉领导者的思维方式、常用工作方法和讲话习惯。这里所要讲的并不是习惯的好坏问题，是讲话者自身一些特有的东西。讲话和报告类的文字材料，由于是领导者亲自讲，因而要根据个人的思维习惯、讲话习惯写作，使文稿与讲话者的特征基本吻合起来，以求达到更好的效果。要通过听、谈、议、读等渠道，从领导者讲话中了解个人的特点，然后再将这些特点反映到文稿中去。否则，文与人的习惯特征不统一，领导者和听众都会产生一种陌生感或不习惯的感觉，不会达到预期的效果。从另一个方面来讲，文稿特征与领导习惯相差太远而不被领导者看中和接受，也很难完成任务，对起草者的影响也不好。熟悉领导的思维和讲话习惯并不难，只要留心亲耳仔细听几次领导者脱稿讲话，就会熟悉基本特征，再琢磨分析一下，一般都会适应，其过程是可以缩短的。

总之，讲话稿是表达领导思想、体现领导个性、展示领导风采的重要载体，领会领导意图对写好文稿至关重要。要不断"了解领导、适应领导、学习领导"。"了解领导"就要了解其理论素养、思想内涵、决策取向；"适应领导"就要适应其思维特征、性格特点、语言习惯；"学习领导"就要学习其领导艺术、道德品质、人格魅力，在讲话稿中充分体现其特点，与领导风格充分对接。要把握好9个字："知意图、看对象、分轻重"。知意图，就是对领导提出的重要观点、想法及近期在其他场合的讲话精神领会好，把领导还未想清楚、说明白的问题弄清楚，明确表述出来，并随藤摸瓜，完善领导意图，把领导暂尚未谈到且又比较重要的问题补充到讲话中来；看对象，就是根据特定场合和特定的对象来设计讲话内容，使讲话紧扣会议的中心议题；分轻重，就是对一篇讲话的各个部分作深入分析，把应当突出的重点找出来，下大力气写深写透。

4. 要大量搜集写作素材

常言道："巧妇难为无米之炊。"素材，是写作的基础，如同搞建筑必须有水泥钢筋、木石砖瓦等建筑材料一样。起草讲话绝不可凭主观想象，而是要建立在充分素材的基础上，实际上是对素材的归纳、消化、加工和升华的过程。搜集素材有两个含义：一个是要有众多的文本材料；另一个就是平时多注意思考，进而形成有独特见解的观点群。

（1）注意平时收集分析材料。收集材料，就是掌握素材，包括综合情况、重要数据、生动事例及重要思想观点。"备料"一定要充裕。有人对收集材料觉得并不重要，不当回事，而在写作运用时却常常有了新的认识，感到它的使用价值了，后悔没有积累，再找时间来不及了，甚至无法找到。有时积累的一些材料可能平时用不上，但在关键时候能用上一个观点、一个事例、一句话，这个材料就没有白白积累。因此积累时不可嫌多，运用时又不可能很多，这也许就是素材积累与使用之间的一个特点。收集材料途径有三：

一是调查研究，取得第一手现实材料。特别是写"讲话稿"、"意见"、"规划"时特别需要这样的依据。通过调查取得的第一手材料往往具体生动，真实可靠，印象深，感受深。常言说，"涉浅水者得鱼虾，入深水者得蛟龙"，调查研究必须深入实际、深入群众、深入现场，沉下去，摸实情。要坚持实事求是的思想路线，不唯上，不唯书，坚持真理，不看风使舵，不随风倒，更不能带着各种框框去找材料，削足适履，歪曲事实。要客观地倾听，平等地讨论，适当地提问，注意点面情况的结合，对调查的材料要做必要的核实。

二是广开材源，积累第二手材料。即收集一些与所写公文有关事物的变革情况，以便分析其发展变化，作出正确的分析判断，提出有见解的观点。报纸、文件、会议材料、信息、简报等与自己工作有关的材料，都可及时记下来，分门别类积累起来，用时非常方便。

三是有备无患，储备基础材料。积累一些与文稿写作有关的公文，包括法规、政策、文件、讲话、纪要等，甚至收集一些古今中外的精辟议论，作为形成文稿观点和进行综合分析的依据，或直接引证所用。

调查、收集、积累材料有三忌。一忌凭兴趣出发，要从工作需要、贯彻执行党的方针政策的需要出发。如果凭兴趣出发，就可能片面、狭隘，甚至有意无意地歪曲了材料。二忌听风就是雨，道听途说，一知半解，凭想当然办事。三忌实用主义地调查收集材料。

总之，调查积累材料，要靠勤看、勤问、勤想，一要广，二要实。要养成勤奋读书、阅报、看文件、记笔记和思考的好习惯，一些词语、成语要常读读、看看，对一些重要文件、讲话的关键段落要能够背诵。这样可使你的材料库和思想库应有尽有，样样俱全，头绪清晰，有备无患，用时才会信手拈来。人脑不怕用，就怕空。其记忆力的容量是无比巨大的，相当于全世界图书馆的信息储存总量，是数字计算机的 100 万倍。只要用心，积累大量的语言材料丝毫没有问题。

（2）注重系统思索储蓄观点。好文章要有真知灼见，那就要在思想认识达到一定程度、形成观点群并有较强的逻辑线索之下才能形成。历史上的不朽名作，都是在相当的思想积累、生活积累、感性积累、观念积累之下，经过提炼加工完成的。有些作家写了一两本好书再写不出新东西，也是积累不足或者积累耗尽的缘故。我们所讲的观点问题，实际上就是对客观事物的分析认识得出的结论，是在认识客观事物运动规律的前提下如何结合实际去有针对性地认识问题、揭示问题、解决问题的思路。

写文章不能就事论事，要把理性与现实结合起来。有了材料，不能堆砌，而要虚实结合，理论联系实际。无实，空洞无据，不能服人，更不能具体生动地感人；无虚，就事论事，就没有深度，不能发人深思，启迪人的智慧。选材用材得当才能避免"空"和"长"的问题。

所谓储备观点，就是讲要注意积累一些有战略性的思想，有备无患，需则用之。这样在写文章时，就可以在分析、选择、提炼材料的基础上以逻辑思维为经，以事实叙述加必要的形象描述为纬，织出美的绫罗绸缎来。否则现学现卖、现想现卖，都不会搞好文字工作。

储备观点关键要能抓住抓准问题。抓问题是指抓一个时期有反映价值的情况。能不能写出有意义、有分量的文章，首先看问题抓得准不准。问题抓得准，抓在点子上，抓在火候上，抓在要害上，文章就有了生命力，写的文字差一些也不要紧，那只是个修改、补充的问题了。反之，问题抓不准，文字写得再好，精雕细刻，也不能用。所谓抓在点子上，就是说现实生活中，实际工作中有这个情况，而且是个重要情况，而中央和上级部门正需要了解这个情况；抓在火候上，就是眼下最需要这个情况，早了不行，迟了也不行；抓在要害处，就是抓住这个情况的最本质最关键的部分，而不是拖泥带水，喧宾夺主。

抓题目一定要思想解放，敢于思索，富有创新精神。当今需要在坚持大原则前提下，勇于创新，提出并写出别人没写出的问题，提出并写出人人心中有而笔下无的东西，写出别人欲言而又未言的东西。衡量一个文字工作者水平的标准有三点：别人没想到的你写出来了，为上；别人想到但没说出来而你写出来了，为中；别人想到并说出来了而你又说出来的，为下。

第二章
开幕词、闭幕词

◎ 会议开幕词

◎ 会议闭幕词

◎ 会议主持词

会议开幕词

【定义】

开幕词是在大型会议或重要会议开幕式上对会议所作的开宗明义的短篇讲话。

开幕词的内容主要是郑重宣布会议开幕，营造隆重、热烈的气氛；介绍召开会议的形势和背景，阐述会议的宗旨、重要意义，明确会议的指导思想；说明会议的主要议题；向与会者提出开好会议的要求或注意事项；提出希望，鼓动与会人员满腔热情地参加会议，或对会议的成功表示祝愿。

【作用】

对会议起着重要的指导作用。

【写作指导】

1. 标题、时间、称谓

（1）开幕词的标题，主要有三种写法。

①由大会名称加文种组成，如：

×××大会开幕词

（××××年×月×日）

×××

②由致词人姓名、大会名称、文种组成，如：

×××同志在×××大会上的开幕词

（××××年×月×日）

③双标题，主标题显示会议的主旨，副标题注明是什么会议的开幕词，标题下面注明时间和致开幕词人姓名，如：

振奋精神，繁荣文艺——在中国文学艺术界联合会第五次代表大会上的开幕词

（××××年×月×日）

×　×

（2）时间：标题之下，用括号注明。

（3）称谓：称谓是对与会者的统称，根据会议的性质及与会者的身份确定。如果是党的会议，称谓比较简单，就是"同志们"三个字，后加冒号；如果是代表大会，就是"各位代表"，后加冒号；如果是国际会议，要按照国际惯例来排列顺序。较常见的是："各位嘉宾，女士们，先生们"，后加冒号。

2. 正文

（1）开头。一般开门见山地宣布会议开幕。开头的内容包括以下几项：

①宣布大会开幕。最简单的说法是："××××大会现在开幕。"也可以有些变通的说法或灵活的处理，如："今天，《维也纳公约》缔约方大会第五次会议和《蒙特利尔议定书》缔约方大会第十一次会议部长级会议在北京隆重开幕，大家聚集一堂，共商保护地球的具体行动，具有十分重要的意义。"

②对大会的规模和参加大会人员的身份进行介绍。有些开幕

词可以有这项内容，大致说法是："参加这次大会的代表有×××人，他们分别来自……"

③对大会表示祝贺，对来宾表示欢迎。大致说法是："我代表×××对大会表示衷心的祝贺！对与会的各位代表和来宾表示热烈的欢迎！"

（2）主体。主体是开幕词的核心部分，主要包括以下几个方面的内容：

阐明会议的重要意义。具体涉及：这次会议是在什么形势下召开的，会议将要讨论解决什么问题，这个问题的现实价值如何，有什么迫切性，会议最终将会达到什么目的，等等。

今天，我们在这里隆重集会，召开××师范学院教学工作会议。这次会议是在学校"十一五"规划开局之年以及学校全力迎接教育部本科教学工作水平评估和准备申报硕士学位授予权的关键时刻召开的一次极其重要的会议，其意义十分重大。

——《××师范学院教学工作会议开幕词》

说明会议的主要议程等。议程明确的会议，可以将议程直接列项表达。

如议程不宜列项，则要对会议将要讨论的主要问题进行阐述。向与会者提出希望和要求。

希望与会同志克服会期紧、任务重的困难，集中精力，把会议开成一次统一思想、团结协作、振奋人心、迎评促建的再动员和誓师大会。

——《××师范学院教学工作会议开幕词》

3. 结尾

开幕词一般用简短、有力，有号召性和鼓动性的话语结束全文，如："最后，祝大会取得圆满成功。祝各位在××愉快。谢谢！"

【写作特点】

简明性、全面性、针对性、口语化。

【范文一】

××科技股份有限公司高层管理人员培训大会上的讲话

（1982 年 9 月 1 日）

公司总经理

同仁们：

大家上午好！

为适应××的快速发展以及在公司未来发展道路上的高效管理，首届××科技股份有限公司高层管理人员培训大会在今天隆重开幕。此次培训大会北京××科技股份有限公司实施以人为本的发展战略，全面贯彻弘扬企业核心价值文化理念，全方位多角度提高企业核心竞争力的关键之举。今天很荣幸邀请到×××软件股份有限公司为我公司高层管理人员带来精彩的培训课程和×××公司独特的企业文化分享。在此，我谨代表北京××科技股份有限公司向用×××软件股份有限公司各位高管、培训师表示衷心的感谢。

随着"××"一期工程全面建成投产、二期工程全面实施、三期工程规划建设，公司重大项目不断增加，许多工作的开展及推进需要企业高层总体管控，各部门协调配合，员工责任明确、各司其责。公司一批重大项目先后纳入项目管理体系中运作和实施，其中包括 ISO9001 体系项目推进、ERP 系统项目推进、重大项目合同评审推进等。

×××公司凭借自身专业软件公司的技术优势，结合"××"企业实际需求，开发出适合××企业特点的涵盖生产管理、供应链保障、销售服务、人力资源、财务管理、仓储物流等模块的现代企业管理系统软件，并逐步使之得以广泛应用。实现精细管理、敏捷经营、成本节约、效率提升，使所有业务流程、管理过程实现数字化、标准化，最终达到企业科学管理、规范管理的目标。不仅如此，我们还要在员工培训、人才管理、母子公司管控、企业文化建设等方面和用友进行深入交流、共同分享、密切合作。在相互信任、真诚合作、共同发展的基础上，北京××科技股份有限公司愿在此次高层管理人员培训大会上，认真学习管理技巧、虚心请教管理经验、逐步完善管理知识结构。

此次培训大会共计×天。培训课程内容有：职业经理人的修炼、金字塔与结构性思维、非财人员的财务管理等。这次的培训对象是：北京××科技股份有限公司副总理级别以上高层管理人员。这次的培训单位是：×××软件科技股份有限公司。21世纪的竞争是一个以经济和科技为核心的综合实力的竞争，而这里面的核心却是人才的竞争，古有云：得人者得天下耳。而一个企业是否具有竞争力，关键是企业所拥有人才的综合水平的高低、竞争力的大小，因此只有拥有一支具有强劲竞争力高素质的学习型人才队伍才能使企业成为行业内的执牛耳者。所以通过对员工培训开发，能够使员工的综合素质得到提升，使管理者的意图得到更好的贯彻执行，使公司的制度得到深入的落实，最终实现提高企业核心竞争力的目标。在这里，希望通过此次爱玛科技股份有限公司高层管理人员培训大会，增强我们公司管理人员的综合能力，完善管理知识结构，增强团队协作能力，强化组织的向心力，继而形成可持续发展的优势，提高企业组织绩效。

最后，预祝首届××科技股份有限公司高层管理人员培训大会取得圆满成功。

谢谢大家

【范文二】

××公司团代表大会开幕式上的讲话

××公司团委书记

各位领导、各位代表、青年朋友们：

在××建工集团公司党政领导的亲切关怀下，在广大团员、团干部的共同努力下，共青团××建工集团有限公司第一次代表大会今天开幕了。首先，我代表共青团××市委，向大会的召开表示热烈的祝贺，并借此机会，向长期以来关心和支持共青团工作的各级党政领导，表示衷心的感谢，向曾经辛勤工作在共青团岗位上，把青春奉献给共青团事业的团干部们，表示崇高的敬意，向在座的各位代表，并通过你们向努力工作在一线岗位的团员青年们，致以亲切的问候！

多年来，建工集团各级共青团组织在集团公司党委的正确领导下，坚持服务大局、服务企业、服务青年，求真务实，真抓实干，团的各项工作取得了优异成绩，为全市企业共青团工作的发展做出了应有的贡献，积累了宝贵的经验。

多年来，建工集团各级团组织，坚持用邓小平理论和"三个代表"重要思想武装团员青年，不断加强和改进青年的思想政治工作。通过组织团员青年开展形式多样的主题教育活动，增强了广大团员青年爱党、爱国、爱企业的意识，提高了广大团员青年的思想政治素质，为企业的改革发展奠定了思想基础。

建工集团各级团组织坚持"党建带团建"，不断强化自身建设。特别是在团的组织建设、团干部队伍建设、团员队伍的管理以及推进团的职能化进程等方面进行了积极探索，取得了可喜成绩。

建工集团各级团组织以培养优秀青年人才为出发点，不断加强青年人才队伍建设，积极探索企业共青团参与青年人力资源开发的有效途径。通过采取规范制度、建立完善青年人才库、推优入党、推优荐才等一系列有效措施，形成了良好的青年人才工作机制，优化了青年成才环境，为企业青年人才培养做出了积极贡献。

多年来，建工集团各级团组织以经济建设为中心，深入开展"青年突击队""青年岗位能手""创新创效"等团的品牌活动。特别是青年突击队工作，始终坚持"政治建队、建楼育人"的宗旨，坚持抓建设、促发展，抓精品、创品牌，不断规范工作机制、创新队伍建设、优化队伍结构、增强队伍素质、提高竞赛水平、丰富竞赛成果。建工集团的青年突击队不仅充分发挥了生力军、主力军的作用，同时培养出了×××青年突击队、×××青年突击队、×××青年突击队等一批××市优秀青年突击队标杆和一大批优秀人才。在××市青年突击队成立50周年之际，建工集团各级团组织以实际行动和丰硕成果，向社会展示了青年突击队的青春风采和良好风貌。可以说，建工集团为新时期××市青年突击队事业的发展发挥了不可替代的作用。

最后，祝大会圆满成功！

谢谢大家！

【范文三】

中国注册会计师协会会长×××同志在注册
会计师代表大会上的讲话
（200×年×月×日）

各位领导、各位代表、各位来宾：

中国注册会计师协会第四次全国代表大会今天隆重开幕了！

出席今天大会的有×××和×××有关部门的领导同志，有来自注册会计师行业和相关组织、企业界、科研院所、高等院校的代表和嘉宾。

在此，我代表中国注册会计师协会，向各位领导和嘉宾莅临大会表示热烈欢迎和衷心感谢！向各位代表表示诚挚地祝愿！

此时此刻，我的内心十分激动。回顾1996年中国注册会计师协会全国特别代表大会以来的八年，中国注册会计师行业发生了巨大的变化，队伍规模不断扩大，行业各项建设取得重大进步，注册会计师在社会主义市场经济体制建设和维护社会公众利益方面发挥出日益突出的积极作用，并成为越来越受人羡慕和尊重的行业。

回首过去的八年，行业中的每一件大事，每一次改革，每一步发展，仍然历历在目，令我心潮起伏：

——我们不会忘记，随着中国注册会计师协会和中国注册审计师的联合，社会审计的两支大军实现了统一。统一的法律规范、统一的职业标准、统一的监督管理，为注册会计师行业更加快速、健康地发展，提供了重要的、必不可少的条件。

——我们不会忘记，经过一年的努力，1999年底，注册会计师行业率先在中介组织中实现脱钩改制，极大激发了行业活力。会计师事务所真正成为由执业人员发起设立的自主经营、自我管理、自我约束、自担风险的独立的中介机构，为行业跨世纪的发展奠定了基础。

——我们更不会忘记，世纪之初，国内外爆出的公司财务欺诈事件，使行业遭受严峻的信任危机。我们没有因此而低迷，没有因此而放弃理想和信念。在困难和挑战面前，我们振奋精神，从我做起，高举诚信建设的旗帜，采取一系列措施，积极加强行业诚信和职业道德建设，表达了注册会计师行业对社会公众利益负责、讲诚信、讲道德的诚意和职业追求。

——我们同样不会忘记，多年来各级领导、各政府部门、社会公众，对注册会计师行业的关怀、支持和理解。国家和社会对行业的关爱与培育，给予我们源源不断的前进力量。

从1996年到2004年，我们走过了不平凡的八年，走过了积极探索的八年，走过了改革创新的八年。

当前，国家政治经济形势大好，党的十六大以及十六届三中、四中全会，提出了全面建设小康社会、完善社会主义市场经济体制、加强党的执政能力建设的奋斗目标，也对包括注册会计师行业在内的专业化市场中介行业的发展提出更高要求。

注册会计师行业建设和发展仍任重道远，需要行业全体同仁付出更大的努力，继续团结一致、锐意进取、改革进取、改革创新，在队伍的专业素质建设、职业道德建设等方面取得更大的进步。

面对新的形势和任务，需要我们认真思考行业发展的历史方位，充分认识行业担负的重任，明确发展目标和建设方向。这次大会，就是在这样一个重要时刻召开的。

我期望各位代表，通过本次大会，总结历史、展望未来、统一认识，把经验总结好，把协会建设好，把行业发展好！

我相信，我们行业将以本次大会为契机，在新的起点，取得新的更大的发展成就！

最后，衷心预祝本次大会取得圆满成功！

谢谢大家！

【范文四】

振奋精神，繁荣经济

——×××在中国国际××展览会开幕式上的开幕词

（19××年×月×日）

×××

女士们、先生们：

早上好！由×××××有限公司主办。中国×××协会与我分会所属的××市国际贸易信息和展览公司承办的"中国国际××展览会"今天在这里开幕了。我谨代表中国国际×××委员会××市分会、中国××商会××分会表示热烈祝贺！向前来××参展的西班牙、比利时、中国台湾省、香港地区以及我国各省的中外厂商表示热烈的欢迎！

本届展览会将集中展示具有国际水准的各类××产品及生产设备，为来自全国各地的科技人员提供一次不出国的技术考察机会；同时，也为海内外同行共同切磋技艺创造了条件。

朋友们，同志们：××是中国最重要的工业基地之一，也是经济、金融、贸易、科技和信息中心。××作为长江流域乃至全国对外开放的重要窗口，将实行全方位的开放。我国政府已将××的开发开放列为中国今后十年发展的重点，××××大桥的正式通车，将标志着××新区的开发已经进入实质性的启动阶段。××将进一步改善投资环境，扩大与各国各地区的合作领域。我真诚地欢迎各位展商到××的开发区和××新区参观，寻求贸易和投资机会，寻找合作伙伴。作为××市的对外商会——中国国际×××委员会××市分会将为各位朋友提供卓有成效的服务。

最后，预祝"中国国际×××展览会"圆满成功！感谢大家！

【范文五】

××医学学术会议开幕仪式上的讲话
某医院院长

尊敬的各位领导、各位来宾、女士们、先生们：

你们好。在××××支持下，由内蒙古医学会主办，××××医院承办的×××大会在经过近四个多月的紧张筹备之后，现在正式开幕。在此，我谨代表大会筹备委员会向出席本次会议的各位领导、各位来宾、各位专家学者、各位企业界的朋友，表示热烈的欢迎和诚挚的感谢！很高兴大家能够参加这次×××会议，这是有关我们眼科事业发展的一项盛会，感谢大家的热情参与。出席这次大会的代表有××人，其中，不仅有来自我们内蒙古各个盟市的眼科同仁，还有来自东三省及俄、日、朝、韩以及蒙古的朋友，我们以热烈的掌声欢迎他们的到来。

本次会议以"××××"为宗旨，着重探讨"××××"，为此，从领导到基层，从专家学者到企业家，从院校研究到临床应用，为眼科事业的发展坚持不懈地努力，已经做了大量的工作。会议期间，将有部分专家、学者和代表展现他们的最新研究和应用成果，大家互相学习、互相交流，倡导学术结合、学术互促的学术风格，构建和谐的学术交流氛围。我们还要拓宽思维，解放思想，积极吸纳相关学科的现代科学方法和技术手段，加强学科之间的相互吸收，相互渗透，相互融合；学者专家谦虚为怀，在不断的沟通交流中、互取所长，齐心协力、通力合作共谋眼科事业的发展大计。

同时，我们也应看到我们眼科发展的现状。改革开放以来，我国眼科资源取得较快增长。随着人们生活水平的提高，白内障、角膜病、沙眼、青光眼、屈光不正等主要眼病的患病率也有较大变化。但在眼科诊治方面，虽然有一些具有很高水平的优秀专家，但与发达地区、发达国来相比面临挑战，因为具有一流水平的专家数量还相对较少，设备和技术人员的分布还很不平衡，眼科医师的整体素质还有待进一步提高，医师管理和培训制度还很不完善。我们也应就此吸收各方面的经验，为培养更多拥有一流水平的眼科医师做好准备。

眼科医学的发展，可以预见，今后我们的责任更加重大，任务更加繁重，道路更加漫长。在继承、弘扬、发展、应用的过程中，我们将继续坚持科学化发展道路，采用多渠道、多层次、多学科的方法探索现代眼科发展的理论体系，为我国眼科事业的发展和眼保健保驾护航。

朋友们，女士们，先生们，历史已经赋予我们高度的责任和使命，我相信这次大会一定能开成一个同心同德、民主团结的大会，求真务实、开拓创新的大会。

最后，预祝本次大会圆满成功！祝各位朋友身体健康，谢谢大家！

会议闭幕词

【定义】

闭幕词与开幕词相对应，是在大型会议或重要会议闭幕式上对会议所作的总结性的短篇讲话。

闭幕词的主要内容是对会议作概括性的评价，总结会议成果，并向与会者提出贯彻落实大会精神的要求和希望，宣布会议胜利结束。

【作用】

对大会作出概括性的评价和总结。

【写作指导】

1. 标题、时间、称谓

（1）闭幕词的标题，跟开幕词的写法类似，常见的写法是《×××大会闭幕词》或《×××在××大会上的闭幕词》。

偶尔也有主副标题的写法，将主要内容或主要观点概括成一句话做标题，再用"××大会闭幕词"做副标题。

（2）时间在标题之下正中，加括号注明会议闭幕的年月日。

（3）称谓一般也跟开幕词相一致。

2. 正文

（1）开头。闭幕词的开头，一般要用简洁的语言，说明大会经过全体代表的努力，已经胜利完成使命，今天就要闭幕了。如：

第××届×××代表大会第×次会议，在全体代表的共同努力下，圆满完成了各项预定任务。

（2）主体。闭幕词的主体主要是对大会进行概括总结，并提出贯彻大会精神的要求和希望。其中概括总结的部分，要列举会议完成的任务和取得的成果，不能过于空泛笼统。提出要求和希望的部分，也要突出会议精神，体现会议宗旨。

（3）结尾。闭幕词的结尾通常比较简单，最常见的说法是："现在，我宣布，×××大会闭幕。"

【写作特点】

评估性、总结性。写作时需跟踪会议进程，掌握全面情况；注意和开幕词前后呼应；补充会议内容，适当深化和发挥；高度综合概括，富有鼓动性和号召力。

【范文一】

××省××市十一届人大一次会议闭幕式致辞
市长

各位代表、同志们：

××市第十一届人民代表大会第一次会议，经过全体代表和同志们的共同努力，圆满完成了预定的各项议程。在大会即将闭幕之际，我谨以大会主席团的名义，向全体代表、列席会议的同志和参加旁听的市民，表示衷心的感谢！向为大会付出辛勤劳动的新闻媒介的朋友、武警官兵、公安干警以及会议工作人员，致以诚挚的谢意！向关心支持我们工作的省、市老领导表示崇高的敬意！

　　会议期间，代表们以邓小平理论和"三个代表"重要思想为指导，认真学习贯彻党的十六大精神，紧密联系××市实际，审议通过了各项议题和决议；并积极反映人民群众的意见和愿望，提出了许多高质量的议案和宝贵的建议。大会批准的市政府工作报告，明确了我市今后五年及×××年的奋斗目标和任务。大会经过民主选举，产生了新一届市级国家机关的领导人员。会议开得很成功，这次会议是承前启后、继往开来的大会，是民主团结、求真务实的大会，是鼓舞人心、催人奋进的大会。会议审议通过了我市全面建设小康社会、率先基本实现现代化的宏伟蓝图，必将对××市的经济和社会发展产生深远的影响。

　　各位代表，自改革开放以来，特别是十三届四中全会以来，我市各方面都发生了巨大的变化，呈现出蓬勃的生机与活力。但我们一定要清醒地看到，我市在发展中还存在不少困难和问题，尤其与兄弟城市相比，差距还很大。因此，我们决不能自满，更不能盲目自大。我们一定要增强紧迫感，增强忧患意识。发展是硬道理，发展是当前全市上下的第一要务。

　　今后五年，任务相当繁重，我们要认真落实党的十六大精神和市委十届三次全会的要求，坚持以加快发展为主题，不断增强城市综合竞争力，把××市建设成为华中地区重要的经济、贸易、金融、交通信息、科技教育中心，为全面建设小康社会、率先基本实现现代化奠定良好基础。

在这次大会上，感谢代表们的信任，选举我们组成十一届人大常委会。我们在真诚感谢各位代表的同时，更感到责任重大。我们一定不辜负大家的重托，忠于职守，清正廉洁，相互学习，密切合作，努力完成全市人民交给我们的各项任务。

各位代表、同志们，××市正处在改革开放和现代化建设的关键时期，崇高的使命激励着我们，艰巨的任务鞭策着我们。现在目标已经确定，关键在狠抓落实。把宏伟蓝图变为美好现实，要靠全市上下和全体人民的共同努力。让我们高举邓小平理论伟大旗帜，全面贯彻"三个代表"重要思想，紧密团结在以胡锦涛为总书记的党中央周围，在中共××市委的领导下，万众一心，扎实工作，奋发图强，为实现我市全面建设小康社会的目标而努力奋斗！

现在我宣布：××市第十一届人民代表大会第一次会议胜利闭幕！

【范文二】

××市科学技术协会第×次代表大会闭幕词

（200×年×月×日）

×××

各位代表、各位来宾，同志们：

××市科协第×次代表大会，在市委、市政府和省科协的亲切关怀下，在与会同志们的共同努力下，已经圆满地完成了预定的各项任务，今天就要胜利闭幕了。这是我市科技界具有历史意义的大会，是继往开来、团结奋进的大会，也是动员××特区广大科技工作者为我市率先基本实现社会主义现代化建功立业的大会！

这次代表大会得到了市领导和上级科协的重视和关怀，市五套班子领导在百忙中莅临大会，悉心指导。省委常委、市委书记×××同志，市委副书记×××同志代表市委、市政府在大会中作了重要讲话，市委常委、宣传部长×××为全体代表作了一场生动的形势报告。他们深刻论述了市场经济条件下，科学技术是第一生产力的地位和作用，尤其是科技进步对我市经济发展的重要作用；对××特区广大科技工作者在深化改革中的奋斗、献身精神给予了高度评价；同时也对科协在我市进入改革攻坚阶段，为率先实现社会主义现代化建设中所面临的机遇和挑战，提出了新的工作任务和殷切的希望。市领导亲临会议并讲话，给予我们极大的鼓舞和鞭策。我们决不辜负市委、市政府对我们的期望，决心紧紧团结全市广大科技工作者，自觉肩负起历史的重任，为把××早日建成现代化国际性港口城市建功立业！全体代表经过认真地讨论和审议，一致通过了×××同志所作的工作报告；一致通过了《××市科学技术协会章程》；大会还表彰了全市科协系统先进集体和先进工作者；向第×届全市自然科学优秀论文获奖者颁奖；向全市广大科技工作者发出了倡议书；大会选举产生了××市科学技术协会第×届委员会；聘请了一批德高望众的两院院士、专家学者担任市科协名誉主席、顾问和荣誉委员。大会圆满完成了各项预定的任务。

　　原×届委员会中部分老专家、学者由于年事已高或其他原因，这次没有参加市科协新的领导机构。他们多年对我市科技工作和科协工作作出了突出的贡献，赢得了广大科技工作者的爱戴和信赖。在这里，我们谨向他们表示崇高的敬意！我们也希望老前辈们能一如既往地关心市科协事业的发展，指导和帮助我们的工作。

　　同志们，我们已跨入一个新的世纪和关键的历史发展时期，回顾过去，令人鼓舞；展望未来，令人振奋！我们的使命艰巨而光荣，我们任重而道远。×届科协，恰逢世纪之交和千年交替，正处在我国进入全面建设小康社会，加快推进现代化建设的新的发展阶段，我们×届委员会要更加努力地学习邓小平关于"科学技术是第一生产力"的理论，在市委、市政府的领导下，进一步弘扬"献身、创新、求实、协作"的精神，满腔热情地为我市的广大科技人员服务，加强××特区科技工作者的团结、协作，做好"三主一家"工作，在改革开放和社会主义现代化建设中，奉献才智，再立新功，再创辉煌！

　　最后，我代表全体与会人员向为本次会议提供热情、周到服务的全体工作人员和有关单位的同志们表示衷心的感谢！

　　现在，我宣布××市科学技术协会第×次代表大会胜利闭幕！

【范文三】

全国"推行生殖健康家庭保健强化公共服务"
现场研讨会闭幕式上的讲话
县妇联主任

尊敬的各位领导、各位专家，女士们、先生们：

下午好！

为期两天的全国"推行生殖健康家庭保健 强化公共服务"现场研讨会即将闭幕了。本次会议的顺利进行，离不开各方面的共同努力，在此，我谨代表中共××县委、县人民政府向为本次会议顺利召开而付出辛勤劳动的各位工作人员，致以最亲切的问候！向为本次会议热情慷慨地提供各方面支持和帮助的组织和个人，表达最真诚的谢意！向拨冗前来参加会议的各位领导、专家和代表，表示最诚挚的感谢！

这次全国"推行生殖健康家庭保健 强化公共服务"现场研讨会，是一次规模盛大的高层次、高水平的盛会。会议期间，各位领导、专家和与会代表的通过主题发言、经验介绍、交流和现场考察，研讨了人口计划生育网络在新时期推行生殖健康家庭保健及健康促进、强化公共服务中的任务和发展机遇，交流了人口计划生育网络健康促进的实践，讨论了健康促进项目的基本模式及人口计划生育网络在拓展中的作用，让我们深受启发。会议之后，我们将积极吸纳与会领导、专家的宝贵意见和建议，集中方方面面的智慧，把研讨的成果转化为正确的决策，落实到我县计划生育的实际工作中去，我们衷心希望各位领导、各位专家，一如既往地支持我县的计划生育工作，为我们的工作提供有益的指导，县计划生育部门的同志，要以这次会议为新的起点，牢牢把握新时期计划生育工作的发展趋势和要求，以高度的责任感、使命感和勇于创新的进取精神，切实提升我县的计划生育工作水平。

最后，再次感谢各位领导、各位专家和代表的光临，祝各位领导、各位专家和代表归程平安，身体健康，合家幸福！

【范文四】

××中学第十五届科技文化艺术节闭幕式致词
校长

各位嘉宾，各位老师，同学们：

晚上好！

××中学第十五届科技文化艺术节到今天就要结束了。今晚，我们在这里，以文艺晚会的形式，以"集结号"的形式，把一个多星期以来开展的各项活动当中最精彩的节目，集中放到这里来展示。因此，今晚的节目，将是最值得期待的视觉和听觉的盛宴。在这里，你会惊叹于我们同学出色的才华和卓越的智慧，他们的创造力，以及他们对艺术、对美的独特理解和诠释。

这次科技文化艺术节，涉及的范围和内容比以往任何一届都广，都丰富，虽然准备时间不长，甚至有点仓促，但是，在同学们的共同努力下，在老师们的关心和指导下，每一个项目都开展得很成功：班级合唱比赛、十佳歌手比赛、书法摄影比赛、英语讲故事比赛、艺术插花比赛、配乐朗诵比赛，等等。

为了这届艺术节，我们的老师付出了很多，我们的班主任自始至终和我们在一起。在这里，我提议我们用掌声感谢那些策划、组织这次活动的领导和老师，感谢那些积极参与学生活动的我们的师长。

在这次活动中，我很抱歉的是，没有让更多的班级或个人在舞台上展示他们的作品和才华，由于时间的限制，由于艺术节众多的节目在短时间内过于集中，或由于其他条件的规定，我们很多节目在彩排中被刷下来了。将来，我们将改革文化艺术节的形式，把它分散在两个学期当中，单独开展"舞蹈节"、"合唱节"、"器乐节"、"书法节"、"小品话剧节"等活动，到时候，同学们就可以找到一展才华的机会了。

同学们，科技我所爱，因为它育智，文化我所爱，因为它育情，艺术我所爱，因为它育心。德、智、体、美、劳，全面发展，多元发展，正是我们××中学所追求的人才培养标准！

同学们，第十五届科技文化艺术节即将闭幕，但我们的科技文化艺术之花却永开不败！

谢谢各位！

【范文五】

××省××市第十一届人大一次会议闭幕词

（××××年×月×日）

各位代表、同志们：

××市第十一届人民代表大会第一次会议，经过全体代表和同志们的共同努力，圆满完成了预定的各项议程。在大会即将闭幕之际，我谨以大会主席团的名义，向全体代表、列席会议的同志和参加旁听的市民，表示衷心的感谢！向为大会付出辛勤劳动的新闻媒介的朋友、武警官兵、公安干警以及会议工作人员，致以诚挚的谢意！向关心支持我们工作的省、市老领导表示崇高的敬意！

会议期间，代表们以邓小平理论和"三个代表"重要思想为指导，认真学习贯彻党的十六大精神，紧密联系××市实际，审议通过了各项议题和决议；并积极反映人民群众的意见和愿望，提出了许多高质量的议案和宝贵的建议。大会批准的市政府工作报告，明确了我市今后五年及××××年的奋斗目标和任务。大会经过民主选举，产生了新一届市级国家机关的领导人员。会议开得很成功，这次会议是承前启后、继往开来的大会，是民主团结、求真务实的大会，是鼓舞人心、催人奋进的大会。会议审议通过了我市全面建设小康社会、率先基本实现现代化的宏伟蓝图，必将对××市的经济和社会发展产生深远的影响。

各位代表，自改革开放以来，特别是党的十三届四中全会以来，我市各方面都发生了巨大的变化，呈现出蓬勃的生机与活力。但我们一定要清醒地看到，我市在发展中还存在不少困难和问题，尤其与兄弟城市相比，差距还很大。因此，我们决不能自满，更不能盲目自大。我们一定要增强紧迫感，增强忧患意识。发展是硬道理，发展是当前全市上下的第一要务。

今后五年，任务相当繁重，我们要认真落实党的十六大精神和市委十届三次全会的要求，坚持以加快发展为主题，不断增强城市综合竞争力，把××市建设成为华中地区重要的经济、贸易、金融、交通信息、科技教育中心，为全面建设小康社会、率先基本实现现代化奠定良好基础。

在这次大会上，感谢代表们的信任，选举我们组成十一届人大常委会。我们在真诚感谢各位代表的同时，更感到责任重大。我们一定不辜负大家的重托，忠于职守，清正廉洁，相互学习，密切合作，努力完成全市人民交给我们的各项任务。

过去的五年，市十届人大及其常委会在××主任的主持下，做了大量富有开创性的工作，为发展社会主义民主，健全社会主义法制，保障促进我市改革开放和现代化建设顺利进行，作出了应有的贡献。他们卓有成效的工作，也为今后的人大工作打下了坚实的基础。这次换届，由于年龄原因，十届人大常委会部分组成人员没有参加新一届市人大常委会，但在过去的工作中，他们认真履行职责，为我市改革、发展、稳定和人大工作的开拓创新，作出了多方面贡献，为今后人大工作打下了坚实基础。在这里，让我们表示衷心的感谢和崇高的敬意！

当前，全市正掀起学习党的十六大精神的热潮。十六大报告是我们党在新世纪新阶段的政治宣言。报告强调指出，加强政治建设和政治体制改革，发展社会主义民主政治，建设社会主义政治文明，是全面建设小康社会的重要目标。这为进一步完善人民代表大会制度，加强和改进人大工作指明了前进方向，也对人大工作提出了更高的要求。我们要深入贯彻党的十六大精神，以"三个代表"重要思想为指导，依法做好人大各项工作。要坚持以经济建设为中心，把解放和发展先进生产力作为首要职责，用立法手段巩固改革成果，促进市场经济体制进一步完善，及时审议、决定事关全局的重大事项，加强计划预算监督，支持和促进"一府两院"工作，保障国民经济持续快速健康发展；要坚持先进文化的前进方向，把发展社会主义民主、健全社会主义法制作为根本任务，积极扩大公民有序的政治参与，充分发挥人大代表作用，继续深入推行执法责任制，增强执法监督实效，促进依法行政、公正司法，大力推进我市物质文明、政治文明和精神文明协调发展；要坚持执政为民，把人民满意作为人大工作的最高追求，保持与人民群众的密切联系，忠实地代表人民意志，为人民讲话，替人民办事，对人民负责，努力实现广大人民群众的根本利益；要坚持解放思想，实事求是，与时俱进，把创新人大工作摆在重要位置，在敢于和善于依法行使职权的同时，不断改进和完善人大工作的思路、方法、程序，努力实现人大工作的制度化、规范化、程序化，更好地代表全市人民管理地方国家事务，发挥地方国家权力机关的作用。

各位代表、同志们，××市正处在改革开放和现代化建设的关键时期，崇高的使命激励着我们，艰巨的任务鞭策着我们。现在目标已经确定，关键在狠抓落实。把宏伟蓝图变为美好现实，要靠全市上下和全体人民的共同努力。让我们高举邓小平理论伟大旗帜，全面贯彻"三个代表"重要思想，紧密团结在以胡锦涛为总书记的党中央周围，在中共××市委的领导下，万众一心，扎实工作，奋发图强，为实现我市全面建设小康社会的目标而努力奋斗！

现在我宣布：××市第十一届人民代表大会第一次会议胜利闭幕！

会议主持词

【定义】

会议主持词是会议主持者主持会议时使用的带有指挥性、引导性的讲话。一般大型或正规的会议都要有会议主持词，所以其使用频率较高。

主持词和其他公文一样，也有其特点，有其特有的写作套路，不熟悉它，不掌握它的写作规律，就难以得心应手，更难达极致。因此，有必要对其进行研究和探讨，以便使写出的会议主持词更规范、更具体。

【作用】

会议主持词要根据会议的安排,对有关内容和事项作出说明,对一些重要问题进行强调,对领导讲话作出简明扼要的评价,并对会后如何贯彻落实会议精神提出要求、布置任务。

【写作指导】

1. 开头部分

这一部分主要介绍会议召开的背景、会议的主要任务和目的,以说明会议的必要性和重要性。可分为五方面内容:

一是首先宣布开会。

二是说明会议是经哪一级组织或领导提议、批准、同意、决定召开的,以强调会议的规格以及上级组织、上级领导对会议的重视程度。

三是介绍在主席台就座的领导和与会人员的构成、人数,以说明会议的规模。

四是介绍会议召开的背景,明确会议的主要任务和目的,这是开头部分的"重头戏",也是整篇文章的关键所在。介绍背景要简单明了,"这次会议是在××情况下召开的",寥寥数语即可。因为,介绍背景的目的在于引出会议的主要任务来。会议的主要任务要写得稍微详尽、全面、具体一些,但也不能长篇大论,要掌握这样两个原则:一是站位要高,要有针对性,以体现出会议的紧迫性和必要性;二是任务的交代要全面而不琐碎,具体中又有高度概括。

五是介绍会议内容。为了使与会者对整个会议有一个全面、总体的了解，在会议的具体议程进行之前，主持人应首先将会议内容逐一介绍一下。如果会议日期较长，如党代会、人大政协"两会"，可以阶段性地介绍，如："今天上午的会议有几项内容"，"今天下午的会议有几项内容"，"明天上午的会议有几项内容"。如果会议属专项工作会议，会期较短，可以将会议的所有内容一次介绍完毕。

2. 中间部分

在这一部分，可以用最简练的语言，按照会议的安排，依次介绍会议的每项议程，通常为"下面，请××讲话，大家欢迎"，"请××发言，请××做准备"，"下一个议程是××"之类的话。

有时在一个相对独立或比较重要的内容进行完了之后，特别是领导的重要讲话之后，主持人要作一简短的、恰如其分的评价，以加深与会者的印象，引起重视。如果会议日期较长，在上一个半天结束之后，应对下一个半天的会议议程作一简单介绍，让与会者清楚下一步的会议内容。

如果下一个半天的内容是分组讨论或外出实地参观，那么，有关分组情况、会议讨论地点、讨论内容、具体要求以及参观地点、乘坐车辆、往返时间、注意事项等都要向与会者交代清楚，以便于会议正常进行。会议主持词的中间部分写作较为简单，只要过渡自然、顺畅，能够使整个会议联为一体就行了。

3. 结尾部分

这一部分主要是对整个会议进行总结，并对如何贯彻落实会议精神提出要求，作出部署。

一是宣布会议即将结束。基本上是"同志们，××会议马上就要结束了"或"同志们，为期几天的××会议就要结束了"之类的话，主要告诉与会的同志们议程已完，马上就要散会。

二是对会议作简要的评价。主要是肯定会议效果，如："××的讲话讲得很具体，也很重要"，"这次会议开得很好，很成功，达到了预期目的"之类的话。

三是从整体上对会议进行概括总结，旨在说明这次会议所取得的成果：解决了什么问题，明确了什么方向，提出了什么思想，采取了哪些措施等。总结概括要有高度，要准确精炼，恰如其分，它是对会议主要内容的一种提炼，对会议精神实质的一种升华。总结会议，但不是对会议内容的简单重复，而是突出重点；概括会议，但不是对会议内容的泛泛而谈，而是提升会议的主旨。这样，就使与会者对整个会议的主要内容和精神实质有一个更为清晰的了解和把握。

四是就如何落实会议精神提出要求。每次会议都有其特定的目的，为达到这个目的，会后都有一个如何落实会议精神的问题。

因此，这不但是结尾部分的重点，也是整个主持词的重点。写好这一部分，要做到以下几点：

第一，语言要简洁明了，一是一，二是二，不绕弯子，不作解释说明。

第二，要求要明确、具体，不能含糊其辞，要体现出会议要求的严肃性、强制性、权威性。

第三，布置任务要全面，不能漏项，否则，就会影响会议的落实效果。

第四，要看会议的性质和内容选取写作方式，如必须完成任务的专项工作布置可采用命令的口气、动员大会性质的可采用号召式，这当然要根据会议的性质和内容，选择恰当的写作方式。

第五，与会单位要将会议贯彻落实情况在一定期限报会议组织单位，以便检查会议落实情况。

【写作特点】

地位附属、篇幅短小、语言平实、重在头尾、结构独立。

【范文一】

××省×××县环境综合整治工作会议主持词
200×年×月×日

同志们：

今天这次会议是经县委、县政府研究决定召开的，主要任务是研究部署当前我县城区环境综合整治工作，动员全县上下迅速掀起环境综合整治高潮，加快解决城市环境存在的突出问题，努力创造优美、舒适、文明的城市环境。参加这次会议的有：……

今天的会议议程有两项：

（一）由×××同志宣读《×××县城区环境综合整治活动实施细则》；

（二）由×××同志作重要讲话。

下面逐项进行。进行第一项，由×××宣读《×××县城区环境综合整治活动实施细则》。

……

进行第二项由×××作重要讲话。

同志们，这次会议明确了我县城区环境综合整治工作的指导思想、基本思路、目标任务和完成时限，可以说这次会议非常重要。刚才，×××同志就我县的城区环境综合治理工作作了部署，明确了各单位在这次城市环境综合整治工作中所分担的工作任务和工作责任，可以说重点突出，任务明确，责任分明，×××同志还围绕我县城区环境综合整治工作作了重要讲话，对如何做好城区环境综合整治工作提出了希望和要求，我们一定要按照这次会议的要求，认真抓好落实。下面，我就贯彻好这次会议精神提三点要求。

一是各单位要充分认识环境综合整治工作的重要性和必要性，要迅速进行再动员，再部署，提高思想认识，坚定信心和决心，尽快掀起城市环境综合整治的高潮。

二是有关部门要搞好协作配合，做好强有力的宣传教育，形成上下"齐抓共管"的局面，营造综合整治的浓厚氛围。

三是坚持整治的高标准，按照城市环境综合整治工作会议的要求，整治一片，成功一片，巩固一片，决不走过场。要建立健全综合整治责任制和失职追究制，明确分工，明确责任，落实到人，确保我县城市环境综合整治落到实处。

今天的会议议程到此结束。

散会。

【范文二】

2009 年××省××县贯彻实施行政许可法工作会议
主持词（2009 年×月×日）

同志们：

现在开始开会。本次全县贯彻实施行政许可法工作会议是由县政府决定召开的。会议的主要任务是认真贯彻落实国务院、省、市政府贯彻实施行政许可法工作会议精神，全面安排部署我县贯彻实施行政许可法工作。参加今天会议的有：全县各乡（镇）、场长、司法助理；政府各部门主管法制工作的负责人、法制科长；副县长×××同志在百忙之中也出席了今天的会议。

会议的中心议程主要有三项：一是请副县长×××同志代表县政府作重要讲话；二是由我宣读《人民政府办公室关于全县开展〈中华人民共和国行政许可法〉贯彻实施情况检查工作的通知》；三是由法制办×××副主任宣读《政府关于清理行政许可项目和行政许可实施主体工作方案》和《行政执法人员培训方案》。首先，请副县长×××同志作重要讲话。

……

下面，由我宣读《人民政府办公室关于全县开展〈中华人民共和国行政许可法〉贯彻实施情况检查工作的通知》。

……

下面，请×××同志宣读《人民政府关于清理行政许可项目和行政许可实施主体工作方案》和《行政执法人员培训方案》。

……

方才，×××副县长代表县政府作了重要讲话，我宣读了《人民政府办公室关于全县开展〈中华人民共和国行政许可法〉贯彻实施情况检查工作的通知》，×××同志宣读了《人民政府关于清理行政许可项目和行政许可实施主体工作方案》和《行政执法人员培训方案》。县长的讲话高屋建瓴，全面准确地阐述了行政许可的概念、特征、种类、主要原则及制度，深刻分析了贯彻实施行政许可法的重大意义，并对全县如何做好贯彻实施行政许可法工作进行了全面细致地部署，落实了工作责任，提出了具体要求，希望大家能够认真学习，并结合工作实际，狠抓落实。我宣读的检查《通知》和×××宣读的两个《方案》里也都对各项工作提出了明确的步骤和时限要求，希望各位能够按照《通知》和《方案》中的要求，在规定的时限内做好各项工作。

就会议精神的贯彻落实，我再强调三点意见。

一是要统一思想，深刻领会会议的精神实质。思想是行动的先导，全面做好贯彻实施行政许可法的各项工作，首要一点就是要在思想上高度重视、认识上深刻领会贯彻实施行政许可法的重大意义。会后，各乡（镇）、场，县直各部门都要召开班子会、干部会，认真学习和讨论×××副县长的讲话，吃透精神，领会实质。要通过对领导讲话的学习和讨论，进一步加深对贯彻实施行政许可法工作的认识，坚定做好贯彻实施行政许可法的决心和信心。

二是要积极运作，真正把各项工作落到实处。现在距行政许可法正式实施还有一个月的时间，还有大量艰苦细致的准备工作要做。因此，各乡（镇）、场，县直各部门务必要按照×××副县长的讲话和各个方案的要求，抓紧时间，积极抓好各项工作的落实。回去后，要立即向单位主要领导汇报、并向班子其他成员传达各项工作的具体要求，确保每个班子成员都能够充分了解这项工作，牢牢把握工作主动权。要安排专人负责清理审批项目和实施主体、组织执法人员报名参加培训工作，以上几项工作必须在规定的时限内不打折扣地完成。尤其是县政府组织的这次行政执法人员培训工作，各乡镇、各部门不要以经费短缺、工作人员忙为借口，不参加培训或减少应参加培训的人员，应从促进规范执法、公正执法、维护法制统一和尊严、进一步改善全县经济发展软环境的高度来认识此次培训的重要性，不要因一时的经费短缺等原因而失去这样一个很好的学习机会，对此，×××副县长在讲话中也做了强调。报名期间，按照报名情况，县政府届时将派督查组到行动迟缓的乡镇和部门进行专项督查。同时，各乡镇、各部门还要按照《通知》要求，认真组织好贯彻实施行政许可法的自查工作，确保我县贯彻实施行政许可法工作在9月份的全省大检查中不出现差错。

　　三是要精心组织，加强对贯彻实施行政许可法工作的领导。开展清理行政许可项目、清理行政许可实施主体、组织人员参加行政许可法培训、开展贯彻实施行政许可法自查，这几项工作相互交织，不仅情况复杂，工作量也很大，而且政策性、专业性也都很强。因此，各乡镇、各部门一定要加强对这几项工作的领导，主要领导和分管领导都要亲自抓，亲自管，做到精心组织，责任明确，确保学习培训、审批项目和实施主体清理、贯彻实施工作的自查等各项工作任务能够如期完成，并达到理想的成效。

散会！

【范文三】

2009 年××省××县教育工作会议主持词
2009 年×月×日

尊敬的各位领导、同志们：

大家好！

今天，我们在这里召开 2009 年全县教育工作会议，主要是客观总结 2008 年工作，安排部署 2009 年工作任务，进一步统一思想，明晰思路，夯实责任，确保 2009 年各项教育工作的全面完成，实现办人民满意教育的奋斗目标，努力推进全县教育事业又好又快发展。

参加这次会议的县领导有：县委常委、县委宣传部部长×××同志，县政府副县长×××同志，让我们以热烈的掌声欢迎他们的到来！出席今天会议的还有：各乡镇政府领导，教育系统行风监督员、人大代表、政协委员，民办学校领导，教育局机关全体工作人员和教育系统各单位中层以上领导，共计 200 余人。

这次会议共有 7 项议程：一是由教育党委书记、局长×××同志，作《2009 年教育工作报告》；二是由教育局党委副书记、督导室主任×××同志，宣读《关于表彰 2008 年度学校工作先进集体、教育工作特殊贡献单位、行风评议先进单位的决定》；三是为获奖单位颁奖；四是由县政府与教育局和乡镇政府代表签订控辍责任状、教育局与学校代表签订学校工作责任状；五是由县政府副县长×××同志作重要讲话；六是由教育局人事股股长×××同志，传达《国务院关于实施绩效工资的指导意见》和《教育部关于绩效考核工作的指导意见》；七是由第一中校长×××同志和第四小学校长×××同志，作"一评三考"工作经验介绍。

……

同志们，2009年是我县教育科学发展、关注民生、促进公平、充满希望的一年。让我们在县委、县政府的正确领导下，解放思想，振奋精神，求真务实，奋力拼搏，圆满完成各项工作任务，为推进我县教育新跨越、作出新的更大贡献！

最后，祝大家身体健康，工作顺利！

【范文四】

××省××市××县创建全国文明城市动员
大会会议主持词（200×年×月×日）

同志们：

现在开会。这次创建全国文明城市动员大会是经县委研究决定召开的。主要议题是动员全县人民积极参与到创建文明城市活动中去。参加今天会议的有：各镇党委书记、镇长、分管副书记、分管副镇长、宣传委员，县直党政群机关、正局级事业单位、直属机构主要负责人和中型以上企业分管政工的负责人，受表彰的先进单位和个人代表。

这次会议的议程有六项：一是表彰先进；二是县委副书记、副县长×××同志宣读《中共××县委××县人民政府关于争创全国创建文明城市工作先进城市的实施意见》；三是表态发言；四是县委书记×××同志讲话；五是县委副书记×××同志讲话；六是县委副书记、县长×××同志讲话。

……

同志们，这次创建全国文明城市动员大会的议程已进行完毕。会上，对200×年度精神文明和宣传思想工作先进单位先进个人进行了表彰。×××书记宣读了《中共××县委××县人民政府关于争创全国创建文明城市工作先进城市的实施意见》，特别是×书记对创建全国文明城市和宣传思想工作提出了非常重要的意见，希望大家一定要认真学习、深刻领会，抓好落实。

下面，我就这次会议的贯彻落实问题再强调以下几点：

一是要提高认识，抓好落实。要组织广大党员干部认真学习×书记的讲话精神，切实把思想和行动统一到×书记讲话精神上来，统一到县委对加强新形势下创建全国文明城市的部署和要求上来。树立创城工作的紧迫感和危机感。创建全国文明城市时间很紧，标准很高，创建任务非常繁重，特别是我市创建热情很高，同时与其他城市竞争相当激烈。全县上下必须齐心合力，达成共识，进一步增强紧迫感和危机感，立即行动起来，迅速掀起创建全国文明城市的热潮。

二是以创城为契机，带动和促进各项工作。要把创建工作作为全县经济和社会各项事业发展的总抓手，把各方面的任务统揽于一个总体目标之下，集中方方面面的力量，全面推进我县的城市现代化。特别是要通过创城，提高县城辐射力。要把创城工作作为改善县城环境，提高社会服务水平的助推器，作为全面提高市民文明素质的突破口，带动两个文明建设全面发展。要把创城工作落实到为人民群众办实事上，使人民群众真正得到实惠。

三是切实加强领导，落实责任。要切实加强对创城工作的组织领导，全面落实工作责任，确保各项任务的落实。当务之急，是要下大力气抓好市容环境卫生的综合整治，为创城创造良好条件。

同志们，在党的十六大召开前，创建全国文明城市工作面临前所未有的机遇和挑战，让我们以邓小平理论和江泽民同志"三个代表"思想为指导，与时俱进，开拓创新，求真务实，真抓实干，深入贯彻好这次会议精神，确保创建全国文明城市取得成功，以优异的成绩向党的十六大献礼。

会议到此结束，散会！

【范文五】

××省××市城市绿化动员大会主持词

（××××年×月×日）

同志们：

现在开会。这次城市绿化动员大会，既是新春佳节之后按照惯例召开的第一个会议，也是一个收心会议。会议的主要议题是，总结回顾去年的城市绿化成绩，安排今年的城市绿化工作，动员全市人民积极行动起来，迅速掀起春季城市绿化高潮，从而进一步改善我们的城市环境，提高城市的品位和形象，为创建国家园林城市作出更大的贡献。今天的会议议程主要有三项，第一项请××同志作动员讲话；第二项作表态发言；第三项请××市长讲话。

现在进行第一项，请××同志作动员讲话。（略）

下面进行第二项，表态发言，首先请××发言，××作准备。（略）

下面请××发言。（略）

下面进行第三项，请×市长讲话。大家欢迎。（略）

同志们，刚才××同志对去年我市的绿化工作作了简要总结，对今年的绿化工作作了具体安排部署，××分别作了发言，介绍了他们搞好绿化工作的经验，他们的作法值得我们各个县市区、包括市直有关部门学习借鉴。×市长也作了很好的讲话，对进一步做好全市的城市绿化工作提出了明确要求，希望大家结合各自实际和分配的任务，认真抓好落实。下面，根据节后的工作，我再提几点要求：

第一，要认真贯彻好今天的会议精神，切实搞好城市的绿化工作。城市绿化工作的重要意义，刚才××同志和×市长都谈得非常清楚了。城市绿化工作，是市委、市政府的一项重要工作，也是我市四创工作的重要组成部分。市委、市政府多年坚持春节后上班第一天召开城市绿化工作动员会议，就表明了我们对这项工作的认识和重视。希望大家进一步提高认识，切实加强领导，按照今天会议的统一部署，认真组织好春季绿化工作。在绿化过程中，要特别做好以下五个结合：一是专业绿化队伍与社会各界积极参与相结合。二是抓重点、出精品与整个城市的整体绿化相结合。专业队伍要抓精品抓重点，市直各个部门、各有关单位要在整体绿化上下功夫，作出自己的贡献。三是政府的投资与人民群众的广泛参与、义务植树相结合。四是加大绿化投资建设与严格的管理相结合。市政府每年都要投入大量的城市绿化经费，绿化之后，加强管理、保证绿化效果是一项很重要的内容。因此，专业队伍要加强管理，社会各界广大人民群众也要积极保护，爱护好我们的绿色家园。这二者要很好地结合。五是原则要求、严格的责任制与考核相结合。我们提出绿化工作的原则要求和严格的责任制，一定要和严格的考核统一起来，以严格的考核来检验绿化的成果。这是我讲的第一个问题。

第二，就是要收心，集中精力抓好工作。我们经常讲"一年之计在于春"，但实际上从去年农历腊月二十三之后，大家都忙着过节了，节后按照习惯，到正月十五才算正式过完年，这前后将近一个月的时间，很多人的精力都没有完全放在工作上。过春节是个传统习惯，只要没有影响到正常工作，本来也无可厚非。但是，在高高兴兴过节的同时，同志们一定要明白，今年是"十一五规划"的第一年，改革、发展、稳定的任务很重，做好今年的工作，对我市今后很长一个时期的发展，都具有十分重要的意义。因此，希望大家能够迅速地收心，尽快从过节的氛围中调整出来，集中精力抓好各项工作。明、后天，市政协、人大会议就要陆续报到召开。当前，我们一定要首先集中精力把"两会"开好。今天参加会议的都是各单位的主要负责同志，这次会议之后，对本单位的工作，尤其是农历正月十五之前的工作都要进行认真具体的安排部署。尤其是两会期间，各单位主持工作的同志，更要把工作安排好、安排细、安排实。市直机关工委和新闻宣传部门，在这一段时间内，要注意监督检查各个单位坚守工作岗位的情况、工作开展的情况，好的要进行表扬，差的要进行公开曝光。总之一句话，希望大家把心迅速收回来，按照市委八届十一次全会精神的要求，"关注今日"，能今天干好的工作就今天干好。要从"今天"开始，切实紧张起来，做好招商引资、项目建设等各项工作。昨天已经立春，马上就要进入春季了，春暖花开，温度会上升很快，我们的很多基础设施建设工作，尤其要紧紧抓住这个时间，能开工的尽快开工，已经开工的要加快进度。

第三，要继续做好党风廉政建设工作，尤其是节日期间的廉政工作。春节之前，我们就明确提出了这方面的要求。总体上看，大家做的都不错，但还需要继续坚持。为什么这样说呢？因为按照我们的惯例，不过"十五"节日就没完，节日之前拜早年，节日中间拜大年，过了春节上班拜晚年。因此正月十五之前就容易形成一个相互走动、吃喝的高峰期。所以，大家仍然需要紧绷党风廉政建设这根弦，要始终如一地按照上级的要求，在各方面严格要求自己，继续做好节日期间的廉洁自律工作，尤其要坚决防止和反对用公款大吃大喝、用公款送礼等行为的发生。在这里我向大家简单通报一个情况，我市原政法委副书记××，前一段时间因为群众举报其参与了小煤窑建设而被"双规"审查。大家都知道，前一个时期，中央对公职人员尤其是领导干部参股小煤矿建设非常重视，制定了严厉的处罚措施。因此，刚接到对××的

举报时，我就批了一个意见："请政法委××同志和他谈话，如果有，立即改正，立即退出。"但是当组织上找到他本人时，他信誓旦旦拍着胸脯说"请组织放心，绝没有参与"。随后，纪检部门介入调查的结果却是，他不但参与而且问题还不少，不仅是个人顶风违纪参与了小煤窑建设、入股分红，而且在参与小煤窑建设当中还接受贿赂，为他人谋取不正当利益，同时还有利用自己政法委副书记的职权为犯罪嫌疑人说情等错误行为。基于其错误的严重性，组织上不得不对其实行了隔离审查。以上说到的这些问题，有些是××本人主动交待的，有些是群众举报的，但不管怎样，其错误的性质都是非常严重的。考虑到他本人在组织审查期间认错的态度比较好，对组织上没掌握的一些情况能够主动交待，对非法所得的赃款积极进行了退赔，经市委常委会议研究决定，给予其开除党籍、开除公职处理，不再移交司法机关追究责任。对××事件的处理，一方面表明了市委、市政府的态度，在处理违法乱纪干部方面，我们是严肃的，对大家是严格要求的。另一方面，我们对干部也是关心爱护的，在对××进行处理时，充分考虑了他本人对所犯错误的认识态度以及他本人也表示愿意当反面教材、警示教育大家，因此对其处理是从宽的。现在给大家通报这个事件，目的就是要警示教育大家，一定要严格要求自己，对党风廉政建设，一刻也不能放松。过了节后，我们还要专门召开会议进行党风廉政教育。

第四，安全稳定工作还要切实抓紧。节日期间，由于大家的共同努力，××安全稳定形势总体比较平稳，往年比较多的交通事故问题也有所下降。但是，安全的弦一刻也不能放松。大家在

　　媒体上都已经看到了，正月初一下午两点多，××的××又发生烟花爆竹爆炸，死了30多个人，伤的还有几十个，造成了巨大的生命和财产损失。但追究这起事故的起因，仅仅就是一个小孩放炮引起了仓库的爆炸。所以，大家一定要高度重视起来，继续排查不安全因素，尤其要多注意平时容易忽略的隐患部位。关于社会稳定工作，市里的"两会"明天就要报到召开，3月初全国的"两会"也将召开，希望各个单位尤其是领导同志，以高度的责任心和过细的工作，继续做好各种不稳定因素的排查，把问题消灭在萌芽状态，解决在基层单位，确保安全稳定。

　　今天是上班的第一天，我们召开这个会议，就是希望大家能够收心。会议之后，各单位要抓紧安排好各自的工作，在集中精力开好"两会"的同时，保证各方面工作有条不紊地开展，为全年的工作奠定良好的基础。

　　散会！

第三章
会议报告

◎ 汇报性工作报告

◎ 传达性工作报告

◎ 动员性工作报告

◎ 部署性工作报告

汇报性工作报告

【定义】

汇报讲话是指工作人员向上级汇报工作的书面材料，汇报讲话一般是下级向上级，包括个人汇报，即工作一段时间后就个人工作情况向上级汇报或本单位的全体员工汇报。

【作用】

这里报告可以起到下情上达的作用，是上级掌握下属工作情况的一种工作方法。

【写作指导】

第一，对个人或本部门情况向听众作一个简单介绍，让听众对个人情况或单位情况有所了解。

第二，介绍个人或部门这一段时间以来的主要工作，可以详细交代个人或部门工作中所采取的措施，为下面主体部分作一个铺垫。

第三，重点总结前段时间工作任务完成的情况以及取得的成绩，同时指出工作取得成绩的原因。

第四，实事求是地指出工作中仍存在的问题，不能过分夸大困难，强调客观原因，也不要回避问题，避重就轻。

第五，从思想认识、工作作风、工作方法，以及组织措施等方面提出下一步工作安排，向听众表明态度和决心。

【写作特点】

详略得当，重点突出，层次清楚，逻辑严密。

【范文一】

××××年××市×局反腐倡廉工作汇报材料
（××××年×月×日）

同志们：

近年来，我局反腐倡廉工作在市局、区政府的正确领导下，严格执行党风廉政建设责任制，充分发挥反腐倡廉教育在党风廉政建设中的基础性作用，坚持标本兼治、综合治理、惩防并举、注重预防的方针，加强领导，靠实工作责任，完善工作措施，认真实践和积极探索工商行政管理机关教育、制度、监督和惩治工作的有效措施，切实加强行风建设和纠风工作，切实维护党的纪律，充分发挥职能作用，全力推进惩治和预防腐败体系建设，党风廉政建设和反腐败工作取得明显成效。

一、抓责任，促落实，健全反腐倡廉责任体系

一是加强领导，健全机构。市局关于推进惩治和预防腐败体系建设工作开展以来，分局党总支高度重视，坚持把贯彻落实省局《实施办法及分工方案》作为重要政治任务，摆在突出位置，分局两次召开股所长会议进行安排部署，专门研究《实施办法及

分工方案》，进一步统一思想，明确重点，靠实责任，提出具体要求和方法步骤，狠抓落实。分局党总支书记、局长×××认真履行第一责任人职责，在日常管理工作中及时分析全系统反腐倡廉工作的形势，研究制定切实可行的对策。

二是明确目标，落实责任。认真贯彻落实《建立健全惩治和预防腐败体系××××年—××××年实施意见》。分局为切实加强对惩防体系建设的领导，及时成立惩防体系建设工作领导小组，由分局党总支书记、局长×××担任组长，副局长任副组长，各股所负责人为成员，领导小组下设办公室，办公室设在人事监察股，落实了专人负责抓好此项工作，同时结合实际，制定下发我局《实施方案》和《分工方案》，并将任务分解落实到各部门，举各方之力共同推进惩治和预防腐败体系建设。

三是完善制度，严格考核。把惩防体系工作和党风廉政建设工作责任制考核结果作为衡量领导班子、领导干部工作能力和工作实绩的重要依据，并纳入年度工作绩效考核。同时把惩防体系工作和党风廉政建设工作作为全年工作的重要内容，纳入领导班子、党员干部目标管理，与党建工作和精神文明建设紧密结合，同部署落实，同检查考核，进一步落实了惩防体系工作和党风廉政建设工作领导责任和工作责任，加强了对惩防体系工作和党风廉政建设工作的组织领导和责任落实，为工作有效开展提供了动力。

二、抓纪律，严管理，领导干部廉洁自律工作不断深化

一是继续加强对《实施纲要》的学习贯彻落实，深刻领会精神实质。采取集中学习，重点辅导，干部职工自学相结合的形式，

强化党员干部对建立健全惩防体系重要性、紧迫性的全面认识。局机关及各工商所坚持把学习《实施纲要》作为一项重要内容，积极学习，认真讨论，营造了学习宣传的良好氛围。分局党总支成员给党员干部集中辅导。为了使纪律教育学习活动扎实有效地开展，不走过场，分局为中层干部统一配发了《干部廉政教育活动登记备案册》本，每年人均记录学习 20 次以上。

二是强化领导，认真落实工作责任制。今年 3 月份，在党风廉政建设工作会上，局长与班子成员及各部门负责人签订了《党风廉政责任书》18 份，落实了党风廉政建设和反腐败工作责任制，并按照"一把手负总责，谁主管谁负责"的原则，将领导干部在党风廉政建设和反腐败工作方面应担负的责任进行分解细化，切实把党风廉政建设和反腐败工作落实到了领导，落实到了每个部门，落实到了每一位干部，同时将党风廉政建设责任制和绩效考核相结合，充分发挥绩效考核量化作用，保证了党风廉政建设和反腐败工作的有效开展。

三是以开展纪律教育月学习活动推进反腐倡廉教育。去年是"纪律作风建设年"，分局在活动期间，组织广大党员干部认真学习《中国共产党纪律处分条例》、《行政监察法》等党政纪条规，进一步筑牢广大党员干部拒腐防变的思想道德防线。

三、抓教育，筑防线，反腐倡廉宣传教育工作有声有色

一是大力开展廉政文化"五进"活动。分局以营造党风廉政宣传"大氛围"为目标，开展以"以廉为荣、以贪为耻"廉政文化教育，以"五进"为主要内容和"五上"为主要载体，大力开展以廉洁奉公、诚实守信、爱岗敬业、公道正派的学习教育，将廉

政文化建设作为反腐倡廉建设的一项重要的基础性工作，积极开辟新的宣传阵地，拓宽宣传渠道，我局 2008 年开展活动以来共制作各种廉政板画 70 余块，廉政宣传板报 15 期，发放廉政书籍 40 本，同时在分局内网和外网都设置了党风廉政建设专栏，在"××工商之家"开创"惩防体系"专栏，并分类党廉建设、惩防体系栏目，在讨论区模块里开展"如何贯彻落实市局党廉及作风建设会议精神，提高执行力"大讨论，各股所及个人热烈参与讨论，发表意见，为分局的党风廉政建设和纪律作风建设的进一步提升提出了许多积极、有意义的建议。

二是上好反腐倡廉专题辅导课。为有效加强党风廉政建设，促进反腐倡廉工作开展，我局严格执行上级的工作部署，充分利用党总支学习扩大会、党廉建设专题会议以及开设专题辅导讲座、廉政座谈会等多种形式做好反腐倡廉的教育工作。去年以来，分局开展了"廉洁奉公、执政为民"切实加强党风廉政建设、学习十七届四中全会精神等专题辅导课，邀请区监察局陈华富局长进行"如何加强机关作风建设"的讲座，通过多方位的教育学习，引导党员干部树立执政为民的意识，严格依法行政、廉洁从政，筑牢拒腐防变的思想道德防线。

三是加强反腐倡廉警示教育。组织干部观看警示教育主题片，今年 1 月份，分局结合党风廉政建设和纪律作风整顿，开展了"廉政视频教育月"活动，在活动月每个星期用一个半天时间组织各单位人员观看《××市机关作风明查暗访专题片（之二）》、《公仆本色》、《锤炼》等纪律作风和廉政视频，及时提醒，长敲警钟，并组织干部职工认真讨论，对违反纪律作风和腐败案件进行剖析，总结教训，引导干部职工树立正确的世界观、人生价值观和政绩观，为进一步改进机关作风，查找存在问题，加强党员干部学习教育，牢记职责使命，起了很强的震撼作用。

四、抓制度，立机制，源头预防和治理腐败工作稳步推进

一是严格落实领导干部"一岗双责制"。每年，分局党总支统筹安排，精心组织，就如何抓好党风廉政建设工作多次召开专题会议，召开股所长会议进行安排部署，统一思想，明确责任，提出具体要求和方法步骤，把党风廉政建设工作纳入年度目标管理，作为考核各所领导班子工作成绩的主要内容，实施上级对下级、下级对上级的双向述廉制度，分局领导班子向全体干部职工述职述廉。各单位负责人向分管部门领导述职述廉。自身廉不廉洁，述廉真不真实，由大家来鉴定，使上对下、下对上的双向监督得到加强。

二是加强制度建设，建立长效机制。在制度建设上，从增强规范性和适用性的角度出发，重点完善各项监督管理制度和行政执法工作制度。分局党风廉政建设和反腐败工作领导小组办公室将制度分类细化，使惩防体系制度建设的目标具体、明确、全面。在调研的基础上，将惩防体系建设涉及到的制度分类为八个方面：①建立健全反腐倡廉基本制度；②建立健全行政审批制度；③建立健全工商执法工作制度；④建立健全干部选拔任用和管理监督制度；⑤建立健全财务管理制度；⑥建立健全工程项目和固定资产监管制度；⑦建立健全纪检监察工作体制；⑧建立健全保证制度落实的责任制。为确保惩防体系制度建设目标的实现，领导小组办公室加强指导，对分局《分工方案》各牵头单位进行了一次

制度建设情况摸底，截止2010年2月统计，共需建立128项制度，含已经建立的67项制度（其中，40项制度暂不需修订，27项制度需修订），及待建立的61项制度。

三是组织基层行政执法人员面向监管服务对象代表述职述廉。为了全面推进基层行政执法人员面向监管服务对象代表述职述廉工作的开展，将监督关口向基层延伸，进一步促进监督基层工商部门改进工作作风，增进工商部门与监管服务对象相互间的沟通，营造一个良好和谐的执法环境，去年9月底，分局6个工商所全部开展了向监管服务对象代表述职述廉工作。共36名基层正、副所长和组长分别从执法监管、依法行政、服务地方经济发展、个人自身学习修养及廉洁自律等方面，向各自辖区的地方领导、企业、个体户、消费者代表进行了述职述廉。共邀请100多名有关职能部门领导和监管服务对象代表参加述职述廉大会，共发放征求意见表和意见建议票300份，征求到意见和建议31条，反馈整改措施4项。

四是开展廉政风险防范管理工作。分局制定"查找廉政风险健全防控机制"工作实施方案，分析研究和查找工商行政管理机关在行使行政审批权、行政执法权和队伍管理权，特别是管人管财管物管项目的岗位、人员中容易发生问题、存在廉政风险的薄弱环节，进行廉政风险评估，有的放矢地制定廉洁自律和防控管理措施，将预防腐败的责任落实到每一个岗位，推进党风廉政建设关口前移。经过查找，全局在案、费、照、巡查监管及处理消费者申诉等各个工作环节中共查找廉政风险点47处，重点梳理出与廉政风险相关的10大高危违规行为，目前对相应薄弱环节均已采

取了初步防范措施，强化了前期预防。今年 3 月份，分局组织各单位学习《××市×局廉政风险演示图》。为提高执法效能，今年我局共发放《行政执法行为监督告知书》87 份，发放《征求意见书》22 份。

经过全体干部职工的努力，分局惩防体系建设取得了一定成绩，但是我们也清醒地看到工作中存在的问题和差距，下一步，我局将把惩防体系工作放在工商工作的全局中来谋划部署，认真落实"一岗双责"，切实加强思想、作风建设，力争分局的党风廉政建设工作上一个新台阶。

【范文二】

闪亮党员新形象，奉献真情为旅客
——优秀共产党员××汇报发言稿
（××××年×月×日）

尊敬的各位领导、同志们：

今天，我们迎来了党的 85 周岁生日。作为客运总公司的一名普通的服务员、一名普通的共产党员能够有幸地站在这里，向各位领导和同志们汇报自己的工作，心情格外高兴和激动。回想自己的人生路，可以说始终没有离开过党组织的关心、教育和培养。我是××××年从原东部港务公司固机队来到客运总公司，做客运服务员，××××年加入中国共产党。15 年来，在客运服务岗位上，我取得了一些成绩和荣誉，但每一个成绩、每一项荣誉都离不开党组织的培养和教导，离不开周围同志们的帮助。但我所做的一切，和司机师傅以及其他优秀党员相比，还有很多不足，党员先进性教育活动的开展，对新时期党员先进性如何体现提出了更高的要求，同时新时期客运服务工作，也需要我们党员更好地发挥模范作用，所有这些，都需要我更加努力工作，发挥好带头作用，塑造好党员的新形象。

一、牢记党的宗旨，爱岗敬业，甘愿奉献为旅客

胡锦涛同志讲过："权为民所用、情为民所系、利为民所谋。"这是党员先进性的集中体现。在客运服务岗位上，"情为民所系"正是我们共产党员服务于旅客的动力之源。作为一名共产党员，就是要做到爱岗敬业、甘愿奉献、全心全意为旅客服务，把"情为民所系"具体落实到实际工作中，让党员的先进性在客运岗位上闪光。

在服务旅客过程中，我时刻牢记自己是一名党员，坚持高标准，严格要求自己，用心、用情为旅客服务。比如，当我看到一些旅客因不了解客轮班期，而经常来晚误了船期时，就把航线、航班和电话等信息印制在小卡片上，分发给过往旅客；当我看到一些旅客因雨天没带雨具而被雨淋湿的时候，就自费购买了一次性雨衣，给需要的旅客使用。

在市场经济中，人们在看待"服务与被服务"、"有偿服务与无偿服务"上，观念发生了改变，甚至有些人对类似这样的事，认为"没好处的事儿不做"，而我觉得，作为共产党员，只要旅客有难事就要帮，没有好处也要做，否则"情"就不能为民所"系"。所以，无论什么样的旅客，我都视他为亲人，把"热爱客

运服务岗位，只要旅客需要，甘愿无私奉献"作为党员先进性的出发点，把"旅客高兴和满意"作为党员先进性的落脚点，在岗位上为旅客奉献真情、热情和亲情。

15年来，我义务照顾老弱病残旅客6000余人次，为没钱买票的旅客垫付票款累计3200余元，拾金不昧折合现金1800余元。春夏运期间，坚持早来晚走，每年义务奉献工时达800多个。

二、闪亮党员形象，承优创新，以身作则带团队

我们客运有句话叫"客运无小事"，意思是说"客运服务虽然由一件件小事组成，但是这些小事如果做不好，影响很大，因为在外国人面前我们代表中国，在中国人面前代表大连，在大连人面前代表大连港"。客运服务正是带有这样一种规律性，所以它是一个系统，也是一门学问，需要不断学习、研究和创新。特别是随着时代变化，市场经济发展加快，旅客的需求以及对服务的要求在不断提高，仅仅依靠一个"情"字，还远远不能满足旅客的需求，只有把握好服务的规律，不断增强客运整体服务的诚信度，才能为旅客服务好，让旅客满意。

作为一名共产党员必须要主动适应形势的要求，发挥模范带头作用。坚持带头学习，在学习和继承客运服务好的经验基础上，拓宽学习渠道，把握好服务规律，让服务有所创新；同时还要带头凝聚团队力量，通过自身的"闪光点"，把思想要求进步、工作勤恳扎实的职工，聚集在一起，打造出具有客运特色的服务品牌，增强服务的诚信度。

在学习上，我采用四种形式：一是自学，做好理论知识的储备，让自己紧跟知识时代脚步，适应市场变化，满足旅客日益增

长的服务需求，如自学了大专课程和财会相关知识；二是立足岗位学，学习了旅客心理学、七对待服务法，研究旅客的心理和行为变化，掌握旅客的一般心理规律和满足普通旅客心理需求服务的规律，并把服务理论应用到实际服务中，不断总结和提高服务；三是走出去学，学习各行业内楷模的经验；四是请进来学，邀请×师傅和××师傅为大家传授服务技能，邀请××集团的省劳模×××讲述成长经历和"从小事做起"的服务经验，丰富服务内涵。

通过学习，我找到了服务上的不足，并不断改进服务、创新服务。比如，我提出的"三多服务"，即"多说话——细节是金"，就是在服务中，多说一句与少说一句往往产生不同的效果。当有人要买站台票时，我们多说一句："接船还是送船？送几点的船？"就会减少旅客的问话，节省旅客的时间，提高服务效率。"多动手——让旅客满意而归"，就是服务中，常遇到旅客提出"要针线、胶带、纸杯等"的不同要求，需要我们动手想办法解决，而不能因为没有把旅客打发走。"多留心——延伸服务找市场"，就是要留心团体旅客的乘船特点、联系方式，在船票调整票价、船期变动时，打个电话通知一下，既增进了与旅客的感情，也争揽了客源。

在凝聚团队力量上，2004 年我负责组成了"××服务小组"，成员都是通过个人申请，总公司组织严格考核、把关，从服务一线中筛选出来的积极要求进步、工作勤恳负责的青年职工。近年来，我带领小组利用工休时间，安排外语水平较好的××、××和××，轮流组织大家学习韩语、英语和日语等服务常用语，并强化服务实际应用。还带领小组集思广益，汇编了近3万字的《××服务手册》，提炼了小组愿景，即建成"全国水上客运运输行业中最优秀的团队"，形成了"今天的服务就是明天的效益，今天的旅客就是明天的回头客，今天的信誉就是明天的市场。用我们的服务为企业创造价值，同时实现自身价值"的小组价值观，打造了"团结、奉献、苦学、勤奋"的小组团队精神。我们还正在根据"手册"，录制规范服务光盘，并把它作为教材，让更多的服务员把握服务规律，作好客运服务工作。

如今，小组的4名党员和2名发展对象，都能以身作则，时时发挥模范作用，处处展示党员先进性，整体凝聚力和服务的诚信度都得到了明显增强。小组成员由10名扩大到12名，其中有1名是劳务工。小组先后荣获"省青年文明号"、"市青年文明号"、"市学雷锋十佳集体"等光荣称号；徒弟××被集团评为"十佳优秀员工标兵"；××和××在××市窗口单位"双语演示赛"中获得第一名。

三、坚定理想信念，淡泊名利，无怨无悔写人生

不管遇到什么事，一名合格的优秀的党员都应该始终坚定自己的理想信念。信念不变，就能在平凡的工作中，任劳任怨、无私奉献，结出不平凡的果实；理想坚定，就能在荣誉与困难面前，经受住考验。即使遇到再大的困难，我也不会逃避和退缩。我的家庭不富有，而帮助别人有时需要钱，但我宁肯自己省吃俭用，也要把攒下钱捐给那些最困难的人。

各位领导、同志们，××港是一个具有光荣传统的百年大港，××港的党员队伍是肩负建设东北亚国际航运中心重任的主力军，

作为其中的一员，我将更加努力工作，用行动实践诺言："做一名让党组织放心和旅客满意的、合格的、优秀的共产党员。"

【范文三】

××市××镇市容环境卫生工作情况汇报讲话

（××××年×月×日）

各位领导、同志们：

今天，市检查组莅临我镇对我镇市容环境卫生进行检查指导，按照检查日程安排，我代表××镇委、镇政府对我镇市容环境卫生工作向各位作简要汇报：

一、我镇市容环境卫生工作开展情况

在镇党委、政府的高度重视和市城管局的大力支持下，我镇城市管理工作取得了明显成效，2003年成功跨入省卫生镇行列，并在去年底顺利地通过了省卫生镇年审验收，城市形象不断提升，城市魅力不断增加，为我镇三个文明建设和人们群众身体健康营造了一个良好的城市环境。近段时期以来，我镇城管战线上的广大干部职工励精图治，兢兢业业地做好各项市容环境卫生工作，城市管理工作质量日益提高，主要体现在"五个进一步"。

1. 公用事业管理机构和人员配置进一步落实到位

根据市委市政府的统一工作部署，我镇成立了公用事业服务中心和各县（社区）环境卫生管理办公室。公用事业服务中心于前日正式挂牌成立，市城管局有关领导亲临我镇出席挂牌仪式；

×个县（社区）环境卫生管理办公室于×月×日正式挂牌成立。目前，我镇公用事业工作机构和工作人员全部落实到位，公用事业服务中心下辖环卫所、园林公司、路灯公司和各县（社区）环境卫生管理办公室。环卫所担负镇中心区的街道路面保洁工作，现有环卫工人×人；园林公司负责全镇的绿化美化工作任务，现有绿化工人×人；各县（社区）环境卫生管理办公室按照属地管理办法，负责本社区内的环境卫生管理工作，现共有工作人员700多人，其中，日常巡查管理人员×人、清洁员×人、绿化工人×人，公用事业服务人员达到了全镇常住人口总数的3%。

2. 城市管理规章制度进一步完善

为规范城市管理，我镇政府根据国家、省、市有关城镇管理的法规，结合本镇实际，制定了《××镇城市环境卫生管理规定》、《××镇建设管理规定》、《××镇市政管理规定》、《××镇城市环境卫生属地管理办法》等规章。制定了《××镇"门前三包"卫生管理制度》、《××镇户外广告整治工作方案》、《××镇"人力三轮车"整治工作方案》、《××镇主干道路整治工作方案》等工作实施方案，使我镇城市管理工作日益规范化、制度化，有力地指导各项工作顺利开展。

3. 环卫基础设施档次进一步提高

不断加大对环卫基础设施建设的投入，为了整治露天堆放垃圾现象，我们通过近几年的悉心经营，共建设了×座地坑式垃圾沉箱。除了两个扶贫县尚未建设完成，其余各县（社区）都已经拥有1~2个垃圾沉箱，使全镇大部分范围内看不到垃圾露天堆放。这一做法得到了上级有关部门的充分肯定，这个月初，市建设

"五有"新县工作领导小组还专门派员前来参观考察垃圾沉箱的建设情况。我镇投资兴建的××环保发电厂于去年正式投产运作，垃圾处理量达到×吨/日，年发电量达到×亿度，不仅有效地处理了本镇的垃圾，还承担着周边×个兄弟镇的垃圾处理任务。另外，购置了一批环保果皮箱，按街道人员流量确定间距，在主要道路上放置。

4. 环境卫生保洁工作进一步加强

根据当前形势发展的需要，对镇中心区大街小巷的保洁时间由原来的 16 小时提到了现在的 18 小时。环卫工人在每天早上 7 时前基本上完成当日普扫，保洁工作一直做到晚上 11 点，使整个白天街道保持整洁。购置了"牛皮癣"清洗设备，对"牛皮癣"进行跟踪治理，除每天专门派出 3 人用清洗机沿街进行清洗外，还发动广大环卫工人在各自负责的路段上，做好保洁工作的同时，对"牛皮癣"行为进行现场监控，取得了一定的成效，维护良好的镇容镇貌。

5. 城市绿化美化水平进一步提升

通过多年的绿化建设，全镇的绿化面积有×公顷，镇中心区绿化面积×公顷，绿化覆盖率为 31.15%；中心区外绿化面积×公顷，绿化覆盖率为 30.48%。绿化主干道路×条，绿化面积×平方米；绿化次干道×条，绿化面积×平方米；公园×个，绿化面积×平方米；广场×个，绿化面积×平方米。同时，根据全市的统一动员部署，我们积极开展绿化美化建设高潮，种植人行道树×多株、灌木×万多株，绿化草坪×多平方米。

二、我镇市容环境卫生工作尚存在的问题

1. 市民社会大卫生观念不强。不少市民社会公德感不强，不珍惜环卫工人辛勤劳动的成果，随意倒垃圾、随手扔垃圾、烟头、随地吐痰、高空抛物等现象时有发生，未能形成多扫不如少扔的观念，有时一段刚刚打扫干净的路面，没过多久又被破坏，给环卫工人的工作增加了很大的压力。

2. 卫生死角仍然存在。一是在一些相对比较偏僻的农县，由于监督检查较少，形成卫生死角；二是一些插花地和交叉地，由于界线不明，形成卫生死角；三是一些道路旁边的餐饮店乱倒脏水和垃圾形成的卫生死角；四是一些废品收购店旁边和拾荒者聚集点形成的卫生死角。

3. 占道经营、摆放、摆卖行为尚未得到彻底整治。有的业主不按要求围挡，建筑材料乱堆乱放，影响了市容市貌；一些店铺、排挡等将东西摆到店外，占住人行道。

4. 农贸市场卫生管理工作力度还有所不够。我镇中心区老市场已经有10多年时间，由于设施方面的先天性不足，给卫生管理带来了一定的难度，存在着一些脏、乱、差现象，随着××新市场的建设和投入使用，要以此为契机，抓好集贸市场管理，按高标准管理好市场，统一进行划行就市，高台摆卖，保障市场环境卫生和食品卫生。

三、下一步工作打算

为切实做好我镇市容环境卫生工作，贯彻落实市政府进一步加强我市市容环境卫生管理工作的意见，努力实现"国家卫生镇"全履盖的目标，今后一段时期内，我们要切实做好"五个加强"，为我镇即将举办的第三届"××节"提供一个良好的环境，为我镇经济社会全面、协调和可持续发展营造一个和谐的空间。

一是加强环卫设施的投入和提高环卫工人的待遇。进一步加大投入，完善各项环卫设施，提高环卫设备、工具的档次，取缔手扶拖拉机运输垃圾和敞开式手推垃圾车，代之于封密式的垃圾运送车，提高机械化清扫化清扫程度，对已经进行改造升级的沥青路，要逐步实现机械清扫。提高环卫工人的待遇，保障与同等劳动强度的待遇持平，调动环卫工人的工作热情和积极性。

二是加强宣传教育，发动全民共同参与。在电视、报纸等媒体上加强对环境卫生工作的宣传力度，树立环卫行业的正面典型进行大力宣传和推广；切实搞好每年4月份的"爱卫月"宣传教育活动，印发传单、倡议书广为散发；在各个比较大的社区建立卫生督导员联系机制，不断提高人民群众的环境意识，促进广大市民从自我做起，从点滴做起，积极参与到爱护环境卫生的行列中来。

三是加强监督检查，确保工作落实到位。建立督导员责任制度，对公用事业服务中心的监察人员进行分工，除平时的部门督促指导外，每名监察人员联系1~2个县（社区）环境卫生管理办公室，负责对各环卫办的工作进行跟踪督促，全面掌握工作开展及落实情况。在原有的每月城管工作检查评分制度的基础上，继续加大监督检查工作力度和实施奖惩措施，对检查的情况不仅仅通报分数，还要对存在的问题进行通报，并限期进行整改。

四是加强部门之间的统筹协调。城管工作，需要全社会、各单位和人民群众的共同参与配合，要进一步落实好"门前三包"

制度，各单位、社区要认真落实好门内达标制度。要加强各部门的统筹协调，尤其是公安、城建、工商、交通等部门要积极配合做好城管工作，确保各项城管工作措施落到实处。

五是加强环卫市场体制建设和改革。积极探索科学合理的环卫管理制度，将环卫、绿化、路灯等行业不断推向市场化，实行承包商经营，政府监理，对工作落实得不到位的地方进行扣罚，增强管理人员的工作积极性主动性，提高工作效率和工作质量，切实做好市容环境卫生工作。

我镇市容环境卫生工作，领导十分重视，部门积极配合，群众共同参与，在持之以恒地努力下，取得了一定的成绩，但是离上级的要求还有差距。做好城市管理工作意义重大，影响深远，在此，请上级领导和兄弟镇区同仁对我镇市容环境卫生工作多加指导、多提宝贵意见。我们相信，在市城管局的正确领导下，在镇委、镇政府的大力支持下，在我镇城管工作人员的不懈努力下，我镇市容环境卫生一定会做得更好。

【范文四】

××同志关于农县饮水安全工作汇报讲话

（××××年×月×日）

同志们：

县政府召开农县饮水安全工作会议主要是贯彻落实国家、省、市关于做好农县饮水安全工作的精神，特别是贯彻落实县×届人大×次会议《政府工作报告》中关于改善民生的工作部署，要利用2~3年时间完成全县自来水"县县通"工程，年内解决××等5个乡镇4.5万人的安全饮水问题的有关要求，总结前一个时期工作，安排部署"十一五"期间的农县饮水安全工作。

一、充分认识全县安全饮水工作紧迫性和解决农县安全饮水问题的重要性

我县农县大规模改水是从1980年开始的，经过20多年的建设，解决了农县饮水问题，从吃小井水、泡子水、土井水到绝大多数县屯吃上了自来水，从根本上改变了世世代代吃不干净水的局面，全县人民的生活质量和身体素质有了很大的提高，这归功于各级党委和政府把民生问题当作头等大事，在解决群众饮水问题上，舍得投人力、物力、财力。

但是，按照国务院常务会议、全国水利厅（局）长会议要求和县政府提出的3年解决群众饮水安全问题的要求，我们还有很多工作要做。我县总人口为×万人，集中供水受益人口为×万人，全县供水普及率为93.9%，饮水安全和基本安全人口为×万人，饮用不达标水人口为×人，其中饮用氟超标水×人、苦咸水×人、其他超标水×人；饮用水量不达标为×人，全县饮水安全普及率60.1%，可以说全县饮水安全工作任务非常重。

当前，全县饮水安全工作存在的主要问题：一是随着经济的发展，人口的增加，供水能力不能满足需要。二是自来水工程设备老化，水质、水量得不到保证。从1980年至今，我县人口饮用自来水问题基本解决，目前存在的主要问题是水质不好、水量不足、持续供水能力差、管道老化。以前改水工作任务是从吃坑水、

土井水变为吃自来水，这次是让全县农工吃上安全水、放心水，达到规定标准的用水量。三是设计不合理。上世纪80年代改水，由于大家都没有经验，管径设计不合理，管材选用不科学，再加上输水时间长，现在不敢加压，造成吃水困难。四是投入大。解决全县饮水安全问题初步预算为×万元，仅靠县、乡财力解决这个问题难度非常大。五是管理体制落后、机制不活。国营事业单位铁饭碗，收费欠账不断增加，职工没有危机感，服务不到位。投入机制单一，国家、省、市、县、乡有多少钱办多少事，不给钱就停，没有长远打算。

总的说，我县饮水安全工作既有机遇，又有现实的困难。我们必须高度重视，增强责任感，这是各级政府必须解决的问题，要确保全县人民喝上放心水。

二、明确工作目标，突出工作重点，确保2～3年内解决全县饮水安全问题

国务院根据全国的农县饮水安全工作实际提出利用"十一五"、"十二五"10年时间解决农县饮水安全问题。我们不能等，我县群众已经吃上了自来水，实现饮水安全工作目标，不能让群众等8年、9年，我们要在3年内全部解决农县饮水安全问题。

（一）要进一步统一思想

以党的十六届五中全会精神和"三个代表"重要思想为指导，认真落实科学发展观，认真贯彻县委八届三次全会和县十五届人大五次会议精神，坚持以人为本，因地制宜，科学规划，分步实施，切实加强我县农县饮水安全工程建设，努力改善群众的生产生活条件，不断提高群众的健康水平和生活质量，加快推进社会

主义新农县建设，积极构建和谐社会。

（二）要明确工作目标

一要确定总的工作原则和目标。饮水安全工程关系到百姓的切身利益，解决饮水安全是各级政府的责任，是一项"德政工程"和"民心工程"，我们要抓住国家实施饮水安全"十一五"规划有利契机，加强农县供水基本建设，完善农县供水社会化服务体系，以"先急后缓、先重后轻、突出重点、分步实施"为原则，利用3年时间全面解决我县饮水不安全问题，让百姓喝上健康、安全的水。二要按照农县饮水安全评价指标体系要求供水。水质：供水水质符合《农县实施〈生活饮用水卫生标准〉准则》要求的为基本安全；水量：生活用水量每人每天不低于×升为基本安全；方便程度：用水方便程度为人力取水往返时间不超过20分钟为基本安全；水源保证率：水源保证率不低于90%为基本安全。不符合以上指标中的任何一项均可视为不安全。三要确保实现各年度工作目标。2007年解决××乡、××镇、××镇、××镇的饮水不安全问题，打深水井×眼，对管网系统进行部分改造，解决饮水不安全人口×万人。

（三）要强化措施，确保按期完成任务

一是坚持以农县自来水站管理体制、运行机制改革为突破口，为农县饮水安全工作提供动力。承包人要选择有资金实力、有管理能力和有责任心的人。出让经营权的年限可以3年、10年，最长不能超过15年。认真签订合同，明确双方权利、义务，政府负责水源，合理确定水价；企业保证运行，保证水质，保证管理及资产的投入，文明经营；用户负责进户内的投入。二是坚持科学设计，保证高标准、高质量施工。请专业队伍搞好设计，设计使用期至少30年。根据人口、经济、社会发展科学规划，从材料采购、施工队伍选择、施工质量，都要严格把关。打井设计要参考油田油井资料，最好请油田队伍施工。三是加大投入力度。各乡镇必须把出让自来水经营权所得资金全部用在饮水安全工程上，虽然企业负责，政府也要资助。同时县农县饮水安全办公室要做好对上争取资金工作，"十一五"和"十二五"期间都得安排，多渠道融资，多元化投入。

同志们，饮水安全工作是一件关系民生的大事，只要全县各级党委和政府高度重视，全县人民广泛参与，我们就一定能够按期实现全县人民吃上干净水、健康水的工作目标。

传达性工作报告

【定义】

重点用以传达党和国家的方针、政策、法令、决议，以及上级机关的重要指示和重要会议精神的工作报告，称传达性工作报告。例如：保持中国共产党先进性教育、贯彻"三个代表"重要思想、党的十七大精神等，都是此类报告所要传达的。

【作用】

传达上级的思想要求。

【写作指导】

1. 开头

开头可以是开门见山的指出会议的目的，比如，需要传达贯彻的政策、精神；也可以先说明会议召开的背景，或传达上级对此关怀与重视。

2. 主体

正文主体写作要围绕所传达贯彻的内容展开，主要阐述这一精神或政策的性质、影响、意义，以及在本单位怎么落实。另外，还可以对此提出具体要求或率先表明本单位的觉醒。

3. 结尾

平实地对本次报告内容作出总结，提出希望和要求，也可以是号召与会者领会传达的政策和精神，把贯彻实施到具体工作中；还可以是重申本次传达的会议精神的背景和意义，激起与会者的思想觉悟。

【写作特点】

重点要突出，任务要明确。

【范文一】

全省领导干部大会精神传达讲话

（××××年×月×日）

×××

同志们：

根据会议安排，下面我把×月×日下午省委召开的全省领导干部大会主要精神向大家传达一下。

×月×日下午召开的全省领导干部大会，是省委在××省改革发展的关键时期召开的一次重要会议，会议的主要任务是分析当前全省改革发展面临的形势，并对当前及今后一个时期我省的主要工作进行安排部署。会议由××省长主持，省委××书记作了重要讲话。

×书记的讲话首先对全省近年来的工作作了简要的回顾和充分的肯定，深入分析了我省所面临的国际、国内形势和欠发达的省情。

他指出：××省面临的最大问题是发展不足。纵向比成绩明显，横向比差距不断拉大。×书记用 GDP 总量、人均 GDP、城乡居民收入三组数据分析了"十五"末的200×年××省在全国排名×位，到200×年排全国第×位，先后被广西、内蒙古、陕西、江西、天津超过，四年后退五位的事实。××省面临的最突出问题是新产业发展和新项目储备不足。尽管××在产业结构调整上下了很大决心，但由于各方面原因，产业结构单一化重型化的问题依然突出，支柱产业大多属于传统低端产业，新的增长点不多，新兴产业项目不足，而且产业链条短、规模小，高端产品少。××面临的最紧要问题是干部队伍对大发展思想准备不足。干部队伍中，对大发展的思想认识、重视程度和行动措施还没有达到应有的深度、高度和力度。一些同志不去想大发展，对发展的深层次矛盾和严峻形势缺乏清醒认识，心思用不到发展上，更想不到大发展上，满足于资源优势下的小日子，习惯于按部就班，以文件贯彻文件，以开会落实开会，在得过且过中打发时光。一些同志不敢干大发展，由于我省近些年在全国排位连续下滑，加上几起突发事件的负面影响，导致缺乏大发展的胆气、魄力和信心，或者认为××追赶已没有希望，或者认为××只要不出乱子就可以了，稳重有余闯劲不足，不敢谋划大思路，不敢出手大举措，不敢跳起来摘桃子。一些同志不善谋大发展，有思想固化、观念保守的问题，有知识老化、本领不强的问题，有情绪畏难、精神疲软的问题，有作风不实、干劲不大的问题，特别是谋发展、抓推动、干实事的意识不强、能力不足，打不开发展的新局面。

×书记指出的××发展中存在的问题、××干部队伍中存在的问题，在我们×县表现的更为突出，所以说，我们一定要深刻反思、认真总结，努力加以克服，全面开创×县发展的新局面。

分析了形势和存在的问题后，×书记着重从三个方面对全省当前及今后一个时期的工作作了全面部署。

第一方面："顺应转型发展的时代潮流，登高望远谋划未来发展"。

　　×书记指出，在转型发展、安全发展、和谐发展中，转型发展是基础，安全发展是保障，和谐发展是目标。只有转型发展，才能拓展更为广阔的发展空间，才能提高发展的价值链，才能实现发展的跨越。转型发展是世界潮流。转型发展是我国实现可持续发展的战略之举。转型发展是××的根本出路。转型发展是更好更快的发展。

　　×书记在讲话中通报了省委常委会对我省转型发展、跨越发展的定位，即：以建设国家新型能源和工业基地为基础，努力建设全国重要的现代制造业基地、中西部现代物流中心和生产性服务业大省，早日建成中部地区经济强省和文化强省。全省"十二五"主要经济社会发展目标是：GDP 年均增长 13%，总量力争达到 17000 亿元，努力实现翻番；财政收入年均增长 15%，总收入达到 3400 亿元，一般预算收入达到 1800 亿元，实现翻番；全社会固定资产投资年均增长 20%，总量力争超过 5 万亿元，年均投资达到 1 万亿元；工业增长年均超过 15%；城乡居民收入实现翻番，城镇居民收入"十二五"末超过 3 万元，农民收入超过 9000 元。

　　从我们×县来说，我们也初步制定了全县"十二五"主要经济社会发展目标：立足于×县基本县情，全力实施大项目、大生态、大教育、大民生、大环境"五大建设"，努力打造富裕、文明、宜居"三新×县"，到"十二五"末，全县 GDP 年均增长 65%，总量达到 120 亿元；财政收入年均增长 73%，总收入达到 25 亿元，一般预算收入年均增长 54%，达到 7 亿元；全社会固定资产投资年均增长 20%，总量达到 75 亿元；城镇居民人均可支配收入年均增长 20%，达到 2 万元；农民人均纯收入年均增长 20%，突破 5000 元。

第二方面："以工业新型化、农业现代化、市域城镇化、城乡生态化为重点，加快推进转型发展和跨越发展"。

×书记首先强调：工业新型化、农业现代化、市域城镇化、城乡生态化，是转型发展的根本举措，是跨越发展的主要依托，也是统筹兼顾、互促互动、内在统一的发展战略。

必须创新思想观念、思维方式和工作手段。一要打好"资源为王，成本优势"这张牌。发现和用好资源的稀缺性，在竞争中获取成本优势，更多地掌握市场交换的话语权、市场竞争的主动权、市场开发的优先权。二要坚持资源跟着高端产业走。今后原则上不再审批纯粹商品煤项目，要根据高端产业的需要予以配置，文化旅游资源也要在整合集聚中走向高端化，让资源在与高端产业的融合中实现最大值。三要实现"材料加工"向"加工材料"转变。前者以原材料为重点，后者以增值为中心，是从开采冶炼及初加工向集研发、生产、加工成套、服务于一体转变。四要突出创新引领、标准为上。既要适应市场又要敢于引领市场，敢于在优势领域创制技术路线、生产模式和技术标准，用创新增加供给，用供给创造需求，把无形资产转化成经济效益，实现资源驱动向创新驱动转变。五要板块化发展、园区化承载、集群化推进。以大企业为龙头，以各级各类开发区为承载，做到基础设施和生产要素共建共享，形成集群发展的突破态势。六要树立"资源有限、创造无限"理念。既要"有中生有"，用资源换资本、换技术、换市场、换项目，又能"无中生有"，在创意中开创新的产业大天地。

第三方面："以解放思想和提升干部素质为先导，为转型发展跨越发展提供坚强保证"。

×书记指出：思想有多远，发展就有多远。在××转型发展、跨越发展的关键时期，我们必须再次吹响解放思想的冲锋号，冲破一切影响和制约我们发展的思想心结和体制障碍，在转型和跨越的大道上劲跑。

首先，解放思想是前提，要甩掉包袱、快步前进。一是要从煤炭依赖中解放出来，二是要从政府依赖中解放出来，三是要从内陆经济思维定势中解放出来，四是要从计划经济模式中解放出来，五是要从守成求稳的心态中解放出来。

其次，干部保证是关键，要下大力气加强作风和本领建设。具体讲，领导干部要做到以下六点：

一要有世界的眼光。认识××省情和发展阶段离不开世界眼光，科学定位××的产业布局和发展路径离不开世界眼光，招商引资、招才引智同样离不开世界眼光。比如，我们要发展煤化工，就必须掌握世界煤化工的最新技术，积极与世界煤化工企业和有煤化工投资背景的银行、财团合作。比如，在煤矿安全生产方面，南非、印度等发展中国家近年来百万吨死亡率控制在 0.03 左右，走在世界前列，很值得我们关注。

二要有战略的思维。境界决定格局，格局决定结局。每个领导干部要做到走一步、看两步、想三步，时常关注政策的走向、世界的走向、经济的走向、科技的走向，善于在复杂局面中谋篇布局，在严峻挑战中抓到机遇，在激烈竞争中争取主动，在战略把握上高人一筹。

三要有"结合"的本领。要在用好政策与破解难题的结合上长本领。要深刻理解国家宏观调控政策，完善我省产业和项目规划。要用心学习政策、研究政策、用好政策，确实把这些政策吃透，用政策破解现实难题。要在项目策划、布局与项目推进的结合上长本领。在策划、布局项目的同时，要高度重视项目的推进和落地。要不怕困难，着力执行，决战决胜。要在改革发展与安全稳定的结合上长本领。作为煤炭大省，必须始终紧绷安全生产这根弦，始终信守所有发展中安全发展是最硬的发展，始终秉持所有指标中安全指标是最硬的指标，始终以如履薄冰、如临深渊的心态把安全生产作为发展工程、生命工程、民生工程抓紧抓好，推动全省安全生产形势持续好转、稳定好转。

四要有敢闯的勇气。要在关键环节和重要领域大胆探索，比如在资源开发上闯，通过中南部铁路建立我们自己的出海大通道；在新兴产业发展上闯，打造××经济新的支撑。要敢于和善于破解难题，越是面临严峻挑战，越要迎难而上、知难而进，越要有勇气、有担当。要勇于争先，市县工作要按照××一流来定位，全省性工作要按照中部一流来考虑，一些地区、企业和领域要争取全国一流、世界一流。要在导向上和制度上激励干部大胆试、大胆闯，允许在闯的过程中有失误，不能允许不去闯、不作为。

五要有学习的自觉。全省的党员干部特别是领导干部要掀起一场学习的新高潮，要用中国特色社会主义理论武装头脑，要学习经济、科技、历史、文学，要多了解一些互联网、循环经济、低碳经济、云计算等新知识。要建设学习型的党组织，进而实现全省干部队伍素质提升上的新跨越。

六要有高尚的操守。要勤政为民、公道为政、廉洁为官；要有公仆本色、赤子情怀、担当意识；要珍惜荣誉、珍惜职位、珍惜人生；要直面艰苦、忍耐清苦、乐于吃苦。要大力弘扬太行精神、纪兰精神等宝贵精神财富，工作上要夙兴夜寐，生活上要朴素无华，肯奉献、能舍弃、耐寂寞，不怕困难，始终保持向上的精神状态。

在讲话的最后，×书记指出，推动转型发展、跨越发展，必须进一步加强党的领导。一是各级党委、政府要把抓转型、谋跨越作为主要任务。二是以基层组织建设为抓手促进各项任务有效落实。三是要形成一级抓一级、层层抓落实的工作机制。四是上一级党委、政府要切实关心支持下一级工作。五是形成转型发展的强大合力。

可以说，×县今年提出的实施大项目、大生态、大教育、大民生、大环境"五大建设"的总体战略部署是完全符合×××书记讲话精神的，我们实施"五个一工程"、加快转型发展的策略，更是率先贯彻落实了×书记讲话精神，真正做到了超前谋划、科学决策。希望全县各级各部门：一要站在全局和战略高度认识这次干部大会的重要意义，会后立即召开本乡镇、本单位全体干部职工大会，认真学习、宣传×××书记的重要讲话精神，要原原本本、一字一句研读，努力做到融会贯通，切实领会其精神实质。二要切实制定贯彻落实措施，进一步完善工作思路，强化工作措施，狠抓工作落实，确保"五大建设"、"五个一"工程和创先争优活动各项工作举措落到实处。三要进一步解放思想、转变作风、求真务实、真抓实干，努力开创我县转型发展跨越发展的新局面，以优异的成绩向省、市和全县人民交出一份满意的答卷。

全省领导干部大会精神传达完毕，谢谢大家！

【范文二】

××在学习、传达"两会"精神报告会上的讲话
200×年×月×日
××

各位同志：

第十届全国人大三次会议和全国政协十届三次会议已胜利闭幕，今年的"两会"是在我国经济社会发展的关键时期召开的重要会议。作为全国人大代表，我仅从五个方面汇报十届全国人大三次会议的基本情况以及我个人的认识和体会。

一、概况

（一）九点体会

1. 会期短了。从×月×日到×月×日，包括中间12日休会一天，会期总共8天半。

2. 会议更简朴了。无论是飞机场还是火车站，迎接代表的仪式、仪仗队取消了。

3. 会议物品少了。会议文件袋没有了，取而代之的是一只简单的塑料袋。

4. 会议程序简化了。取消了发改委和财政部在大会上向代表作工作汇报的议程，汇报以真实的实际材料发给代表。

5. 透明度增加了。小组讨论向更多的记者开放，包括外国

媒体。

6. 审议表决的报告充分吸取了代表的意见。以前在闭幕式上审议表决的只有《政府工作报告》是修改稿。而今年，除了《政府工作报告》，审议表决通过的"两高"报告也是修改稿。

7. 议案组首次在各个代表团设立联络员，以便随时向代表介绍情况、解答问题，并为代表做好服务工作。

8. 议案的质量更高了。近年来，代表联名提交的意见、建议每年均超过千件，但作为议案处理的最多不过一半。今年，代表共提交意见建议×件，全部被作为议案进行了处理。这些议案内容集中在食品安全、义务教育、社会保障、土地使用等方面。

9. 会议服务更加细致。会前人大网站就开设了"两会"专题栏目，并给每一位人大代表都建立了个人信箱。

（二）六大热点

1. 和谐社会成为热点之首。围绕这一热点，社会事业发展、安全生产、收入分配、社会保障、生态建设等，是代表们讨论的焦点话题。

2. 改革红线贯穿全年。规范有序，统筹协调推进经济体制改革，是全面协调可持续发展的制度保障，改革成为贯穿××××年的一条红线。

3. "三农"困难大希望更大。一些代表谈到，××××年农民确实增收了，但是比较于去年的物价上涨，其实是笑里藏酸。如何在财政支持、发展规划等方面真正体现"以工促农、以城带乡"，保持"三农"发展的好势头，在两会上广受代表关注。

4. 百姓难事是焦点。看病难、看不起病；上学难、上不起学等教育和医疗等百姓生活中的难事，牵动着代表的心。

5.《反分裂国家法》受关注。审议反分裂国家法草案成为十届全国人大三次会议的一项重要议程。

6. 反腐败任重道远。如何建立惩防并举的反腐败体系，加大预防腐败的工作力度，用改革的办法解决产生腐败现象的深层次问题；加快政府职能转变，加强制度建设，加大对权力运行的监督和制约，仍是许多代表关注的话题。

二、关于《政府工作报告》

1. 表决。人大代表共有 2988 人，×日上午×人出席了会议，并听取总理作的《政府工作报告》，进行表决。×人赞成，×人反对，×人弃权，×人未按表决器。这是一个重要的、非常有代表性的信息，表明代表们对总理的报告是相当满意的。

2. 27 次掌声。在总理作报告的过程中，共被代表们是从内心发出的 27 次掌声所打断。这些掌声根据内容的不同，也表示了不同的态度。有的表示满意、有的表示支持、有的表示要求、有的表示渴望、有的表示感谢、有的表示同意。其中当总理谈到《反分裂国家法》的相关内容和总理报告结束后，代表们报以了热烈的、长时间的掌声。

3. ×个字坦陈政府缺点。"政府自身改革和职能转变滞后，行政审批事项仍然过多，社会管理和公共服务职能比较薄弱；一些部门之间职责不清、协调不力，管理方式落后，办事效率不高；有些关系群众利益的问题还没有得到根本解决；有些政府工作人员依法行政观念不强；形式主义、官僚主义、弄虚作假和奢侈浪费的问题比较突出；腐败现象在一些地方、部门和单位比较严重。"

4. 直面问题和困难。温总理在报告中对我国存在的问题和困难进行了几方面的概括：（1）经济领域中存在的农业问题、固定资产投资问题、能源紧张问题、物价上涨的压力问题没有得到根本的解决；（2）社会发展中存在的农业问题、地区差距问题、贫困差距问题、低收入问题以及社会稳定问题突出；（3）包括就业和环境问题在内的经济社会中一些长期性问题和深层次问题依然存在；（4）转变政府职能和依法行政问题依然突出。

5. 提出了工业反哺农业，城市支持农县的方针。2007 年在全国农县普遍实行免除农业税和"两免一补"。《政府工作报告》真正为老百姓说话、为老百姓想事，为老百姓谋福利。

6.《政府工作报告》能够正确面对问题，也能正确对待成绩。总理在报告中指出：一年来成就集中表现在经济保持平稳较快发展，综合国力进步增强，改革取得重要进展，对外开放取得新突破，社会事业加快发展，人民生活进一步改善。那么具体来说 6 个指标：2004 年国民生产总值达到 13.65 万亿元，比上年增长 9.5%。GDP 不是一成不变的，一年后国家可以对 GDP 进行修正；财政收入 2.63 万亿元，增长 21:4%；社会消费品零售总额 5.4 万亿元，增长 13.3%；进出口贸易总额 1.15 万亿美元，增长 3%，居世界第三；城镇新增就业 980 万人，超过预期目标；城镇居民人均可支配收入增长 6.8%。

7. 提出社会发展的预期指标。这在以前的政府工作报告中是从来没有的。报告指出预期指标共有四项：国内生产总值增长 8% 左右，城市新增就业 900 万人，城市登记失业率控制在 4.6%，居民消费价格总水平控制在 4%，国际收支基本保持平衡。

8. 《政府工作报告》求真务实、亲民爱民，为民富民，这是人大代表普遍的反映。

三、科学发展观与和谐社会

科学发展观至今还没有一个权威的定义。我在这里向大家介绍一种观点——科学发展观是以人为本的发展观，是全面的发展观，是协调的发展观，是可持续的发展观。简而言之，科学发展观就是以人为本，全面、协调、可持续的发展观。

什么是和谐社会？它涉及什么内容？和谐社会在理论界还处于研究阶段，没有统一的定论。我向大家介绍两种观点。（1）和谐社会应该是民主法制、公平正义、诚信友爱、充满活力、安定有序，人与自然和谐相处的社会。（2）和谐社会的目标是扩大社会中间层，减少低收入和贫困群体，理顺收入分配秩序，严厉打击腐败和非法致富，加大政府转移支付的力度，把扩大就业作为发展的重要目标，努力改善社会关系和劳动关系，正确处理新形势下各种社会矛盾，努力营造一个更加幸福公正、和谐节约、充满活力的全面小康社会。

四、关于《反分裂国家法》

1. 《反分裂国家法》的制定符合中国人民的根本意愿。近一个时期以来，台湾当局妄图使用"宪法"和法律的形式，通过公民投票和政宪改造的方式为台独寻找法律支撑，严重损害了中华民族的根本利益，严重威胁中国主权和领土完整。这是13亿中国人绝对不能答应的。

2. 《反分裂国家法》的制定经过了特别的立法程序。《反分裂国家法》的草稿经人大常委会讨论后才慎重启动。常委们对《反

分裂国家法》草稿进行了热烈的讨论。主要观点集中为：坚决拥护。认为《反国家分裂法》有理、有利、有节，合情、合理、合法；立意准确，字句恰当，角度分寸无可挑剔。162名常委，全票表决通过。

3.×月×日，国家主席胡锦涛在全国政协十届三次会议民革、台盟、台联界委员的联组会上，就新形势下发展两岸关系提出四点意见：坚持一个中国原则决不动摇；争取和平统一的努力决不放弃；贯彻寄希望于台湾人民的方针决不改变；反对台独分裂活动决不妥协。"四个决不"表达了中国政府、中国十三亿人民坚定的立场和最大的善意和诚意。我认为这使两岸的谈判空间更大了，这是灵活性与原则性相结合的典范，得到了海内外华人的普遍赞扬。

4.×月×日王兆国同志做了《反分裂国家法》草案的说明，说明对各种问题说得很透彻，得到与会代表的广泛好评。

5.×日上午9点23分大会表决通过《反分裂国家法》，9点30分宣读表决结果，2901名代表中，赞成票2896，反对0票，2人弃权，3人未按表决器。获得了高票通过。

五、体会

作为参政党，我们要更好地参政议政，一要做到钻进领导人的头脑里，二要做到钻进老百姓的头脑里。无论是全体大会还是小组讨论的内容，或是所发的会议材料，都是我们实现"两钻"的好素材。参加这次盛会是我学习的过程、提高的过程，是我了解社会、了解国情的过程，也是我了解民意、民情、民愿、民盼的过程，是我了解国家大事的过程，也是我了解国家困难的过程，学习国家新政策的过程，是我提高参政议政能力和水平的最好的课堂。

动员性工作报告

【定义】

动员性工作报告是指在动员工作会议上的讲话，主要是为了完成某项重大任务，或者某项突发事件，对与会者进行宣传鼓动，促使他们意识到事件的重要意义，必须认真对待，全身心投入。

【作用】

是从思想上动员与会者，促使他们采取行动，带动和影响周边群众。

【写作指导】

（1）会议目地——可以用简短的几句话介绍会议的背景。

（2）当前形势——从正反两方面介绍作为一个铺垫，引出这次会议的主题，也就是动员听众要解决的问题。

（3）提出问题——客观地介绍要达到这样的目标，现在的有利条件和不利条件有哪些，用摆事实的方法说服听众。

（4）布置任务——这是整个讲话的重点，一定要详细、清楚地交代，主要是一些操作性的事项。

（5）鼓动听众——用鼓动性的语言调动听众的激情，焕发他们的工作热情，并以祝颂式或者希望式的话语结尾。

【写作特点】

要讲得入情入理，振奋人心，鼓舞斗志。

【范文一】

以思想大解放推动大发展
——××市人口计生系统动员大会主持稿
（××××年×月×日）

同志们：

现在开会。

为了认真贯彻落实市委十一届三次会议精神和市委关于开展"以思想大解放推动××市经济社会大发展大讨论活动"的实施意见，切实把全市人口计生系统的"思想大解放推动大发展"大讨论活动开展好，经计生委党组研究决定，召开这次动员大会。

参加我们今天这次动员大会的有：计生委机关和直属事业单位全体干部和各县（市）区人口计生局的主要负责人。市直机关党工委对我们这次会议非常重视，市直机关党工委副书记×××同志和宣传处处长×××同志在百忙中来参加我们这次会议，一会儿×书记还要在会上为我们做重要讲话，在此，我代表××市市人口计生委和今天与会的全体同志，对×××和×处长的光临表示最热烈的欢迎！（鼓掌）

今天会议的议程有两项：一是由计生委党组书记×××主任做动员报告，二是请×××书记做重要讲话。

下面首先请计生委党组书记×××主任做动员报告。（略）

下面请市直机关党工委副书记×××同志做重要讲话。（略）

下面，让我们大家再一次以热烈的掌声对×××的讲话表示感谢！

同志们，刚才×××主任做了动员报告，对我们全市人口计生系统如何开展好这次"思想大解放推动大发展"大讨论活动进行了全面部署，市直机关党工委×××书记也做了非常重要的讲话，使我们更加明确了搞好这次大讨论的意义和方向。下面，我再就贯彻落实好这次会议精神强调三点意见：

第一，计生委内各处室、计生委直各单位和各县（市）区人口计生局，要认真学习贯彻好×主任的报告和×书记的讲话精神，认真按照市人口计生委关于开展"以思想大解放推动大发展"大讨论活动实施方案要求，迅速掀起学习讨论的热潮。

第二，各部门各单位在开展大讨论过程中，要认真解决好×主任在报告中强调要突出解决的几个问题，确保大讨论有的放矢，有针对性，务求实效。

第三，要切实把开展大讨论活动和做好当前人口计生各项重点工作结合好。力争通过大讨论，实现×主任提出的深化"三关爱"，实现"三转变"，力求"三突破"，达到"三满意"的奋斗目标，为开创××市加快发展、科学发展和跨越式发展，作出我们人口计生系统应有的贡献！

散会！

【范文二】

××市××区"五五"普法动员大会主持稿

（200×年×月×日）

×××

同志们：

现在开会。

今天，区委、区政府在这里召开全区"四五"普法总结表彰暨"五五"普法动员大会，总结经验，表彰先进，全面部署我区的"五五"普法工作。

出席今天会议的有：区委副书记、区委政法委书记、区纪委书记×××，区委常委、区政府常务副区长××，区委常委、宣传部部长×××，区人大常委会副主任×××，区政协副主席×××等领导，各街道、乡镇普法依法治理领导小组组长、政法书记、宣传委员、普法联络员，区直部门分管领导、普法联络员，"四五"先进集体和先进个人代表等。

今天会议的主要议程有三项：

一是表彰我区"四五"普法工作先进集体和先进个人。

二是区委副书记×××同志作"四五"普法总结和"五五"普法部署报告。

三是有关单位和部门作表态发言。

首先进行会议第一项议程，大会表彰。请区委常委、宣传部

长×××同志宣读表彰全区"四五"普法工作先进集体和先进个人。（略）

现在进行会议第二项议程，请区委副书记×××同志作"四五"普法总结和"五五"普法部署报告。大家欢迎！（略）

下面有请×××单位的××上台发言。（略）

有请×××单位的×××上台发言。（略）

请×××单位××部门的代表发言。（略）

下面请×××单位××部门的代表发言。（略）

最后，请×××单位××部门的代表发言。（略）

同志们，全区"四五"普法表彰暨"五五"普法动员大会将要结束了。这次会议是区委、区政府决定召开的一次重要会议。刚才，举行了隆重的表彰颁奖仪式，×书记作了重要报告，五个单位作了表态发言。×书记的报告站在落实科学发展观、推动"四个北仑"建设和构建社会主义和谐社会的高度，回顾总结了"四五"普法工作，深刻阐述了新时期开展法制宣传教育工作的重要性和紧迫性，对深入贯彻"五五"普法规划进行全面部署，并提出了明确具体的要求。×书记的报告十分重要，全区各级一定要认真学习、认真贯彻。下面我就贯彻会议精神再强调三点意见：

一是要认真组织这次会议精神的传达学习，深刻领会和全面把握贯彻"五五"普法规划的基本精神和主要内容，明确今后一个时期法制宣传教育工作的目标、任务和要求，进一步提高认识，统一思想，层层发动，做好贯彻落实。各街道、乡镇和各部门单位要在近期内对"五五"普法工作进行一次专题研究，积极组织开展法治北仑和"五五"普法宣传月活动，营造氛围，在全社会掀

起建设"法治北仑"和贯彻落实"五五"普法规划的高潮，确保"五五"普法工作的顺利启动。

二是各街道、乡镇和各部门单位要按照区委关于建设"法治北仑"的决定和区"五五"普法规划的要求，结合当前和今后一个时期的我区工作重点，以及本辖区、本部门和本单位的实际，认真组织制定法治建设规划和"五五"普法规划。要求两个规划在9月底报送区法治办和普法办。

三是全区各级要充分认识开展"五五"普法工作的重要意义，切实担负起法制宣传教育的重大责任。要进一步建立健全党委领导、人大监督、政府实施，全社会广泛参与的工作机制，建立一级抓一级，层层抓落实的责任机制，进一步形成普法工作的强大合力。

会议到此结束。散会！

【范文三】

××××年冬季征兵工作动员会议讲话

××××年×月×日

各位公民、同志们：

根据国务院、中央军委××××年冬季征兵命令和××省人民政府征兵办公室的指示，我市今冬征兵工作将于×月×日开始。

征兵工作是一项带有全局性、战略性的重要工作，做好征兵工作，是军队履行根本职能的需要，是加强我军质量建设的需要，也是维护我军良好形象的需要，这对于巩固国防，加强人民解放军的革命化、现代化、正规化建设，对于保卫改革开放成果和世界和平，都具有重要意义。

为圆满完成上级赋予我市的征兵任务，特提出如下要求：

一、要从国家发展和安全稳定的高度，充分认识新形势下抓好征兵工作的重要意义，加强对征兵工作的领导。虽然国际形势总体上趋向缓和，但天下并不太平，霸权主义和强权政治充斥世界，以美国为首的西方敌对势力，"西化"、"分化"、"弱化"我国的图谋始终没有改变，"台独"分裂活动仍然十分猖獗，国内不安定因素仍然存在。面对复杂多变的形势，要使我们的国家立于不败之地，最重要的是要按照江主席指出的那样，居安思危，常备不懈，抓紧时间加快发展壮大自己，努力增强我们的经济实力，国防实力和民族凝聚力。加强国防和军队建设，一个很重要的方面，就是要搞好征兵工作，向部队输送优秀兵员。军队的基础在士兵，士兵的基础在新兵。各级领导要切实把征兵工作作为一项严肃的政治任务，以高度负责的态度，尽职尽责地把这项工作抓好。

二、要加大宣传发动的力度，激发广大青年的参军热情。在×月的国防教育宣传月活动中，要充分利用报刊、杂志、电台、电视等舆论工具，采取请地方党政领导发表电视、广播讲话，开辟专栏、专题节目，出动宣传车，悬挂横幅，张贴标语、口号，出墙报、板报等多种形式，宣传我军建设成就，宣传解放军的英雄事迹，对广大群众和适龄青年进行依法服兵役教育、爱国主义和革命英雄主义教育，提高全民的国防观念和公民依法履行兵役义务的自觉性，调动广大适龄青年的当兵积极性，在全社会形成"一人当兵，全家光荣，全县光荣，全厂光荣"的良好风尚。

三、要坚持依法征兵，维护兵役法规的严肃性。我国宪法规定："保卫祖国，抵抗侵略是中华人民共和国每一个公民的神圣职责。依照法律服兵役和参加民兵组织是中华人民共和国公民的光荣义务。"每个公民都要自觉履行兵役法，积极响应国家的号召，踊跃报名应征，自觉地为保卫祖国的安全和现代化建设贡献自己的青春和力量。

四、要以保证新兵质量为核心，严把新兵质量关。各级领导和征兵工作人员要讲政治、讲大局、讲纪律，正确掌握征兵的各项政策规定，强化政策观念，严格把好推荐、政审、体检、年龄、文化关，把最优秀的青年送到部队，确保我市征集的新兵个个合格。

广大适龄青年同志们：军队是造就人、培养人、锻炼人的大熔炉、大学校，是有志青年报效祖国的好地方，好场所。好男儿志在四方，乐在军营。为了国家的长治久安，为了祖国的繁荣稳定，为了广大人民的安居乐业，为了自己的成长进步，请定下决心，报名应征，接受祖国挑选，到祖国最需要的地方去建功立业。

广大适龄青年家长要识大体，顾大局，以国家、民族利益为重，积极支持子女和亲友踊跃报名参军。

我相信，经过全市各级党委、政府、领导和兵役机关的共同努力，一定能够保质、保量圆满完成我市今年的征兵任务。

谢谢大家！

【范文四】

×××在深入开展创先争优活动动员大会上的讲话

×××年×月×日

各位领导、同志们：

按照街道党工委的要求，今天我县召开深入开展创先争优活动动员大会，主要任务是传达学习全县创先争优活动动员大会精神，对全县深入开展创先争优活动进行动员部署。

一、深刻认识开展创先争优活动的重大意义

第一，开展创先争优活动是学习实践活动的拓展和深入。深入开展创先争优活动，解决群众最关心、反映最强烈的民生问题，必将在新的起点上推动科学发展观的贯彻落实，推动我县经济社会又好又快发展。第二，开展创先争优活动是激发党组织和党员活力的重要途径。这次开展创先争优活动有利于增强基层党组织的创造力、凝聚力、战斗力，有利于激发广大党员增强光荣感和责任感、保持先进性。

二、开展创先争优活动的具体要求

关于创先争优活动，我县党委制定了实施意见，各党员要认真学习领会、贯彻落实。

党员要结合"讲党性、重品行、做表率"开展活动，要将"三进三同"、"结穷亲"、"大下访"这"三项活动"与创先争优

活动结合起来，认认真真关注民生，改进作风，提升服务基层、服务群众的质量和水平，营造更好的发展环境。要把创先争优活动与创建"五个好"支部活动有机结合，加强县基层干部队伍建设。健全完善县级重大事项民主决策程序，提高议事决策的民主化、科学化水平。

三、突出重点，强化措施，真正把创先争优工作落到实处

一是公开承诺。今天动员会后，要抓紧制定具体方案，要把学习实践活动中尚未解决的突出问题列为争创目标，作出承诺，自觉接受监督。

二是积极争创。要建立创先争优活动记实登记制度，对开展、参加创先争优活动的具体过程、具体贡献和具体效果逐一登记备案，作为检查考核的重要依据。

三是领导点评。领导班子成员要根据职责分工，每半年至少进行一次集中点评，重点督促检查各党支部和党员兑现公开承诺事项的进展情况和实际效果。

四是群众评议。群众评议每年组织一次，可与党员民主评议结合进行。

五是组织考核。每年开展党员民主评议时，要对党员落实"五带头"情况进行专项考核。

六是评选表彰。在认真考核的基础上，县党委要对创先争优活动中涌现出来的先进党支部和优秀共产党员进行表彰。

四、加强领导，精心组织，确保这次活动取得预期效果

为加强对创先争优活动的领导，县党委成立创先争优活动领导、检查小组，下设办公室，负责创先争优活动的组织指导。今天

的动员部署会结束后，要根据工作重点确立活动的主题和载体，行动起来。创先争优活动，是一项系统性工程。各党组织务必高度重视，有计划地持续推进，努力把创先争优活动组织好、开展好、落实好，引导各党支部和广大党员继续以昂扬向上的精神风貌，创造更加出色的工作业绩。

部署性工作报告

【定义】

部署性会议是针对某一重要工作进行专门的部署而召开的。一般来说，部署工作报告是在动员讲话之后，由副职或分管领导所作的工作安排讲话，具有很强的操作性、具体性和可行性。

【作用】

部署工作实质是工作分工、工作安排，对保证工作顺利进行具有十分重要的意义。

【写作指导】

（1）对动员讲话作一个回应，肯定动员讲话的重要意义、重大作用，然后才转入正题，交代自己要讲的内容。

（2）阐述这项工作的重要性、意义和背景，做好这项工作的原则性要求，使听众理解和接受，增强听众的责任感。

（3）交代工作的具体安排，如具体范围、主要任务，甚至落实到具体的部门和个人，完成这项工作的详细措施和方法等。

（4）回应开头，再次强调这项工作的重要性，引起听众的注意，提出要求和希望，用祝愿语做结尾，确保工作落实到实处。

【写作特点】

内容要具体细致，用词要准确平实。

【范文一】

关于落实××局安监处安全监管工作报告
×××年×月×日

各地区宣传民警：

×月×日，××局安监处下发了"关于强化'四种车'安全监管工作的紧急通知"现将贯彻意见通知如下，请在工作中认真落实。

一、对危险化学品运输车辆监管措施

按照《关于集中开展危险货物运输交通安全整治的通知》的有关要求：

1. 全面清理挂靠单位。×月×日中午前，对全区×个化危单位有无车辆挂靠问题，书面报宣传科办公室。

2. 危险货物运输单位已明确责任民警，在已建立监管单位、车辆、驾驶人交通安全监管档案的基础上，做到"六知两保"，知驾驶人、知驾驶人所驾车辆、知运输路线、知送货单位、知违法状况、知技术状况、保安全、保守法。

3. 核查驾驶人驾驶资格。凡未领取本市核发驾驶人信息卡的，责令单位一律不得雇用。

4. ×月×日前，上报开展监督检查、交通安全教育培训、车辆检查情况。

5. ×月份，我局将会同市运管局，联合对驾驶员、押运员进行交通安全测试。

二、对学生班车的安全监管措施

1. 三类车可以认定为学生班车。学校自有、租用专业运输单位车辆。

2. 除上述三类学生班车以外，目前仍在超范围接送学生的车辆（简称"超范围学生班车"即黑车）由宣传民警进行摸排。对于经过摸排，确实不存在超范围学生班车的，写出书面材料，上报××办公室。

3. 确实存在使用超范围学生班车的，要坚决予以取缔。并与使用超范围学生班车学校签订责任书，由学校法人或校长明确表态，按照教育部等十部委"×号令"要求，不使用超范围学生班车。×月×日前，上报对超范围学生班车采取措施情况。

三、对私人大客车、大货车安全监管措施

1. 安监处于3月底前将对私人大客车、私人大货车的信息录入局信息网，要求民警核查信息必须准确、真实。特别是对无法找到的车辆，局将利用盗窃车系统和黑名单库对其进行监测。一

旦被发现，将按有关规定进行处理。

2. 对已不构成威胁的车辆，包括已办理报废、注销、盗窃、查封、转出、已过户为单位车辆、网上无信息车辆及自行解体的车辆要有相关信息材料，逐车建档。档案材料科办公室和各安办各留一套（安办留原件，交科复印件）。

3. 对无法找到和称无此车的个人，要有社区、村和街、乡安办出具的情况证明。档案材料科办公室和各安办各留一套。

4. 对前期个别街乡出具的车辆为单位使用的证明，此次必须纳入监管范围，建立监管档案。

5. 对现车主本地已拆迁或已搬家的，要在人口信息网上进行查询。不能以搬家或已拆迁等理由证明车辆的下落。

6. 对车辆存在违章和已验车等情况，民警要采取多种手段进行查找。

7. 局对找不到车辆采取视频比对和录入黑名单库后，值勤民警和检测场发现后，将采取扣留车辆或有关手续的措施，并要求其到属地安委会备案，各安委会要积极予以配合。

【范文二】

××省体育局创先争优部署大会

××××年×月×日

同志们：

在党的基层组织和党员中深入开展创建先进基层党组织、争当优秀共产党员活动，是党中央作出的重要部署。×月×日省委召开全省深入开展创先争优活动动员大会，×月×日省直工委召开省直机关深入开展创先争优活动动员大会，进行安排部署。×月×日上午我局召开党组会议，学习了省委、省直工委会议精神，研究成立了局创先争优活动领导小组，落实了工作机构和人员，研究制定了实施方案。今天召开大会，对我局开展创先争优活动进行全面动员部署。

一、充分认识开展创先争优活动的重大意义，切实增强责任感和主动性

当前，全党正在深入学习胡锦涛总书记×月×日重要讲话精神，总结运用学习实践科学发展观活动的成功经验，推动各项事业健康发展。今年是"十一五"规划的最后一年，对于××体育来讲也是新周期的开局年，是谋划好新周期规划的关键之年。这样的背景下，在全局深入开展创建先进基层党组织、争当优秀共产党员活动，充分发挥基层党组织推动发展、服务群众、凝聚人

心、促进和谐的作用，对于推进沿海体育强省建设，开创体育事业新局面，具有十分重要的意义。

第一，开展创先争优活动是巩固扩大学习实践活动成果的现实需要。创先争优活动是继学习实践活动后，党中央提出的又一项重大活动，是进一步做好整改落实后续工作的重要举措，是党内集中教育和党的建设经常性工作的有机衔接。学习实践活动中，我局突出实践性的要求，注重破解难题，取得一批重要思想成果、理论成果、实践成果和制度成果，解决了一批实际问题，取得了明显成效。但同时要清醒地认识到，用科学发展观武装头脑、指导实践、推动工作是一个长期的任务，巩固和扩大成果更需付出长期艰苦努力。开展创先争优活动，有利于进一步把学习实践活动成果运用到基层，有利于进一步抓好整改落实后续工作，兑现向群众作出的承诺，有利于进一步健全促进科学发展的体制机制，推动学习实践科学发展观向深度和广度发展。

第二，开展创先争优活动是推动××体育事业又好又快发展的有力保障。党的基层组织是党的全部工作和战斗力的基础，是落实党的路线方针政策和各项工作任务的战斗堡垒。党的十七大以来，我们致力于实现××体育事业的科学发展，大力加强党建工作，基层党组织的战斗堡垒作用和党员的先锋模范作用得到充分发挥。从总体上看，我局各基层党组织和党员队伍主流是坚强有战斗力的，在促进××体育科学发展中起着中流砥柱和生力军的作用。但也要看到，一些党员先锋作用发挥不明显，学先进、赶先进、争当先进的动力不足，个别基层党组织存在活力不够、凝聚力不强等问题。开展创先争优活动，使党组织履行职责创先进，广大党员立足本职争优秀，必将会把党的政治优势和组织资源转化为推动工作科学发展的动力和资源，从而更有力地推进××体育又好又快发展。

第三，开展创先争优活动是进一步转变干部作风、更好服务人民群众的重要途径。去年以来，按照省委、省政府部署，我局大力开展了"干部作风建设年"活动，围绕服务发展、服务群众，转变干部作风、营造风清气正的发展环境，开展了一系列活动，受到了广大党员干部群众的好评。干部作风建设是一项长期性、基础性工作，需不断深化和加强。广泛深入地开展创先争优活动，促进基层党组织和广大党员更好地联系和服务群众，及时反映群众意愿，帮助群众解决工作生活中遇到的实际困难，必将进一步推进我局干部作风建设，形成推动各项工作落实的强大合力。

二、准确把握中央和省委的要求，扎实开展创先争优活动

深入开展创先争优活动，是巩固和拓展全党深入学习实践科学发展观活动成果的重要举措，是党的建设一项重要的经常性工作。各处室、各单位要充分认识活动的重要性和紧迫性，迅速把思想和行动统一到中央和省委的决策部署上来，切实开展好此项活动。

第一，准确把握创先争优活动的总体要求。全面贯彻落实省委《意见》中提出的活动总体要求，关键是把握好"推动科学发展、促进社会和谐、服务人民群众、加强基层组织"的活动目标。推动科学发展，就是要巩固和扩大深入学习实践科学发展观和干

部作风建设年活动成果，进一步解决影响和制约××体育科学发展的突出问题，按照"增强群众体育活力、提升竞技体育实力、打造体育产业竞争力"的总体工作思路推进沿海体育强省建设，为推进我省经济社会发展、促进社会和谐的实践中当先锋、作表率。促进社会和谐，就是深入开展社会主义核心价值体系教育，营造全局系统崇尚先进、积极向上的发展氛围。发挥基层党组织和广大党员在维护稳定中的作用，及时了解群众思想动态，主动排查矛盾纠纷，理顺情绪，凝聚人心。服务人民群众，就是紧紧抓住"体育惠民"这个工作核心，强势推进"环京津体育健身休闲圈"建设，建好农民体育健身工程和城区广场公园健身工程，通过不断完善基础设施建设、为群众提供健身指导服务、倡导科学文明的生活方式等活动，帮助群众解决体育健身方面实际问题，不断满足广大群众多样化、个性化的健身需求。加强基层组织，就是优化组织设置，扩大组织覆盖，增强基层党组织凝聚力和战斗力，推进学习型党组织建设，打造高素质的基层党组织书记队伍和党员队伍，更好地发挥党员的先进模范作用，增强党组织创造力。

第二，准确把握创先争优活动的主要内容。我局开展创先争优活动，以创建"五个好"先进基层党组织、争当"五个模范"优秀共产党员为主要内容。基层党组织的"五个好"，即领导班子好、党员队伍好、工作机制好、工作业绩好、群众反映好。共产党员的"五个模范"，即自觉学习的模范、执行政策的模范、服务群众的模范、爱岗敬业的模范、遵纪守法的模范。各处室、各单位都要把建设学习型党组织的要求贯穿于创先争优活动全过程，组织广大党员深入学习领会科学发展观，学习新知识新技能，不断提升党性、提升素质，提高贯彻科学发展观的执行力。

第三，准确把握创先争优活动的方法步骤。按照省委的总体部署，我局《实施方案》对创先争优活动的方法步骤作了明确规定，共分4个阶段15个环节进行。第一阶段，广泛发动，安排部署，时间从现在起到5月底。在这一阶段，各处室各单位要广泛动员部署，精心制定方案，明确领导责任，细化工作任务，确保认识到位、组织到位、措施到位，推动活动迅速展开。第二阶段，全面争创，扎实推进，时间从×××年×月到×××年×月底。要按照实施方案全面开展创先争优活动，在此基础上统一开展"五项活动"，即"亮牌示范"活动、"岗位奉献"活动、"党性教育"活动、"服务群众"活动、"组织创新"活动，兴起创先争优的热潮。今明两年"七一"前，将对先进基层党组织、优秀共产党员和优秀党务工作者进行表彰。第三阶段，对标定位，晋档升级，时间从×××年×月到×××年×月底。这一阶段的要求是，各处室、各单位基层党组织和党员，都要对照先进典型和工作标准，查找差距，明确方向，制定跟进、赶超的具体措施。对照创先争优标准，着眼全面提升，使"五个好"党组织和"五个模范"党员比例大幅提升，全面提高工作水平。第四阶段，系统总结，完善机制，时间从×××年×月到党的十八大召开。这一阶段的主要任务是，集中展示活动成果、搞好活动总结、进行考核评议，建立起开展创先争优活动的长效机制。

三、切实加强组织领导，确保各项工作要求落到实处

这次活动历时长、参与面广、实践性强，必须充分借鉴和运用好学习实践活动经验，丰富形式，创新载体，切实增强活动的组织领导，使各项任务责任到人、落实到位，确保全体党员参与活动的全过程。

第一，加强领导，明确责任。为搞好这次学习实践活动，局里成立了领导小组，设立了专门的工作机构。各单位也要成立领导和工作机构，各处室要明确一名负责同志。各级党组织主要负责同志负总责并要亲自动员部署、亲自主持制定实施方案。局领导班子成员按照分工，认真抓好分管处室和单位的创先争优活动，形成一级抓一级、层层抓落实的工作局面。

第二，联系实际，突出特色。各处室、各单位活动开展，要始终紧扣沿海体育强省建设这个工作大局，牢牢抓住各自职责任务和岗位特点，明确活动的目标任务，制订具体实施方案，确定一个一个生动鲜活的具体主题，使目标看得见、工作能落实、党员好参加。要精心设计切合实际、特色鲜明、务实管用的活动载体，找准开展活动的着力点，通过充实的活动内容、多样的活动形式，使党组织开展活动更有针对性、党员参加活动更有积极性，保证创先争优活动取得扎实成效。

第三，统筹兼顾，协调推进。要把创先争优活动与做好当前各项工作结合起来，与深入推进干部作风建设结合起来，相互促进。作风建设是党的建设的重要组成部分，与党的建设密不可分，在推进党的组织建设的同时，要把加强和改进党的作风建设放在

更加突出的位置，切实抓紧抓好。今年我省推进干部作风建设力度更大，任务也更重。省委、省政府已进行了全面部署，明确提出了要深化行政审批制度改革、开展公开承诺和领导干部蹲点调研、落实"十个严禁"、四项集中整治，"下基层、解难题、送温暖"和"攻坚克难抓落实"等活动，要与开展创先争优活动有机结合，协调推进，强化落实，务求在重点工作上有新的突破。做到以创先争优的实际行动促进干部作风的转变，以干部作风的转变检验创先争优的成效。

第四，加强督查，狠抓落实。局领导小组办公室要采取听取汇报、专题调度、交流研讨等形式了解进展情况并及时进行通报，总结推广经验做法和先进典型，推动活动顺利开展。党员领导干部要经常深入基层单位调研指导，对分管单位党组织和党员开展创先争优活动的情况进行指导点评，及时发现和解决存在问题，确保各项任务落到实处，确保各项要求不走形式、不走过场。

同志们，开展创先争优活动是全党政治生活中的一件大事，是当前的一项重大政治任务。各处室、各单位务必高度重视，加强组织领导，精心谋划安排，认真组织实施，切实把创争活动抓实抓好，不断增强基层党组织和广大党员的凝聚力、创造力、战斗力，把我们的各项工作提升到一个新水平，推进××体育各项事业又好又快发展。

谢谢大家！

【范文三】

××市中心学校6~7月份学校安全工作部署报告
××××年×月×日

各位老师、同学们：

为了进一步做好学校安全工作，×校长、×书记多次和分管安全的同志探讨了近期学校各项安全工作，对学校安全工作做了全面细致的部署。我仅代表××市中心学校×校长、×书记，对他们的工作部署做一些简单报告。内容如下：

临近期末学校要认真做好校产的清理和维修工作，做好全校的值班护校工作，要及时发放《致家长的一封信》并收好回执。学校还要求各班要认真组织并召开一次以暑期安全为主题的班会，对暑期安全工作形势做出全面的预测并采取有效的防护措施；将安全工作与家长学校工作联系起来，确保学生暑期安全。

×校长强调，暑期安全工作是学校安全工作的重要组成部分，要高度重视，全面排查，认真分析，科学对策，特别要做好防溺水安全和交通安全工作，确保学生平安度过暑假。

一、×校长要求我们近期要做好以下几点学校安全工作

1. 采取有力措施，切实加强对当前及暑假期间学校安全工作的领导，按照年初签订的安全工作目标责任书提出的有关要求扎实做好学校安全工作。各学校近期要召开一次安全工作会议，对

各种安全隐患进行一次全面的排查，并落实专人负责，限期消除。

2. 认真抓好雨季、汛期学校的安全工作。有针对性地开展一次学校安全检查，重点检查校舍、食堂、厕所的地基、墙体、房顶和学校围墙、校园内其他建筑物及大树等安全情况，对鉴定为 C 级危房校舍要进行必要的维修、加固。检查和整改工作要全面、细致、不留死角，坚决杜绝因校舍倒塌造成师生伤亡的事故发生。同时做好学校防雷工作和学生防雷电安全教育工作。

3. 切实加强毕业考试期间学生安全工作。加强组织领导，今年学生参加考试地点在本校，但学校应把考试时间预先告知家长、事先对学生进行必要的安全教育，制订安全事故防范预案；强化措施，认真做好考试期间师生的交通、意外伤害、防暑等安全工作；加强学生心理健康教育，注意劳逸结合，减轻学生课业负担和心理压力。

4. 加强对学生进行防溺水安全知识教育和管理工作。每年夏季，学生因私自到河塘游泳、玩水而引发的安全事故多有发生，学生溺水是造成中小学生意外伤害的重要因素，应引起学校的高度重视，各学校要教育学生正确掌握游泳的安全知识，提高学生的自我保护能力。暑假期间，学校要加强与学生家长联系沟通，通过家长会或给家长信函等形式，要求家长切实履行监护人的职责，管理好自己的子女，教育子女在未有成年人陪同的情况下，不得私自到河塘、水库等地方游泳、玩水。

5. 加强对学生暑期活动的管理。暑假期间，任何学校不得组织学生补课；学校教室等公用设施一律不得对社会出租；学校教

师一律不得举办补习班、辅导班。学校如有组织学生夏令营活动，必须报县区教育局审批，并制定详尽的安全工作预案和防范措施。

6. 有针对性地对师生开展暑假期间安全教育，增强防范意识和自救自护的能力，做到防患于未然。特别做好假期值班人员的安排工作，避免各类事故发生。要加强重点、要害部位的巡逻，切断关闭假期停用场所的用电设施电源，避免火灾事故发生。要认真落实各级值班制度，各级值班人员要认真履行职责，严格执行有关制度，随时掌握安全动态，对各种突发事件和异常情况必须组织力量及时妥善处理，并按规定及时如实上报。

二、关于暑期"三进"工作

暑期是学生溺水事故的危险期、高发期，各级领导十分重视暑期学生安全工作。每年县教育工委和教育局暑期"三进"工作和暑期学生游泳安全工作都会做认真部署，现在对今年学校"三进"工作进行如下部署：

1. 建立学校"三进"工作领导小组

各校要进一步强化学校安全意识，加强对学校暑期工作的有效领导，及时成立由校长担任组长的"三进"工作领导小组，制定相关安全措施。管理渠道畅通，措施落实到位，有力地保护师生的生命安全。各位成员职责明确。

2. 思想教育和防范落实两手抓

学校实行了"层层把关，层层负责，防范第一，定人定岗"的安全工作管理模式。由安全工作领导小组针对学校的实际情况，明确责任范围、工作要求。使得全员具有安全防范意识，人人知晓安全防范措施。

1. 狠抓学生安全教育，提高学生安全防范能力

针对未成年人的生理心理特点，在放假之前各校要充分利用班会、活动课、安全健康法制课、学科渗透等途径，通过讲解、演示和训练，对学生开展安全预防教育。教师要加强对学生进行防溺水、防交通事故、防触电、防食物中毒、防病、防体育运动伤害、防火、防盗、防震、防骗、防煤气中毒等安全教育，使学生系统地掌握安全防范知识，使安全观念深入每位学生心中，增强学生的安全防范和自护能力。

2. 强化家校联系，开展"三进"活动，构筑学生暑期安全防范体系

通过学校领导、教师开展"三进"活动，与学生家长访谈，共同作好学生暑期的安全教育工作，为学生暑期平安构筑安全防范体系。

3. 落实暑期"三进"安全工作

为了确保学生的暑期安全，镇中心小学要求各校必须广泛开展以暑期学生安全工作为主要内容的"三进"活动，即县教育局干部进学校，学校领导进社区，教师进学生家庭。

广泛开展学校领导进村居、教师进学生家庭，着重做好以下几个方面工作落实。具体内容：（1）学校安全教育是否落实到每一个学生；（2）家校联系工作是否落实，《致家长一封信》是否发到每一个学生家长并做到封封有回执；（3）外来工子女、留守儿童、单亲家庭子女是否重点落实了联系、教育工作；（4）学校还

采取了哪些措施保障暑期学生安全；（5）村居内山塘、水库、河浦、江海、大井等水域场所树立警示标志，同时加强管理人员值班巡逻等工作，严防学生私自下水游泳、嬉戏。

做好学生安全工作，学校负有义不容辞的责任。学校要通过走访联系、召开座谈会、发函等各种方式，取得社会各部门的积极支持配合，共同做好预防青少年溺水的教育与管理工作。

【范文四】

××县司法局开展"服务年"活动的工作部署

按照省、市政法工作会议精神，根据县委政法委的统一部署，决定在全县司法行政系统开展以"增强服务发展意识、完善服务发展措施、提高服务发展能力"为主题的"服务年"活动。

一、指导思想

以邓小平理论和"三个代表"重要思想为指导，紧紧围绕"保增长、保民生、保稳定"的总体要求和部署，全面贯彻落实科学发展观，以自觉增强服务意识为目的，努力为全县经济社会更好更快发展提供优良的法律保障和法治环境。

二、目标任务

1、服务发展意识进一步增强。通过广泛的学习教育活动，使广大干警全面把握科学发展观的深刻内涵和基本要求，增强大局意识和服务意识，立足本职工作，依法履行司法行政职责，更加自觉地肩负起服务发展的重大政治责任。

2、服务发展措施进一步完善。根据工作职能，通过强化工作措施、健全工作机制等方法，进一步推出为全县经济社会发展服务的实际举措，更加充分地发挥司法行政工作的职能。

3、服务发展能力进一步提高。切实找准司法工作与经济社会发展的结合点和着力点，不断提高做好群众工作、化解矛盾纠纷的能力，严格公正执法、提高服务经济建设的能力。

4、服务发展效果更加明显。切实履行好"确保一方平安"的神圣职责，切实提高严格、公正、文明执法水平，不断提高司法工作的公信力和人民群众的满意度；切实提高法律保障和法律服务水平，在执法办案中努力实现法律效果与政治效果、社会效果的统一。

三、方法步骤

"服务年"活动分三个阶段进行。

第一阶段：学习动员，制定方案。从 3 月 20 日开始至 4 月 20 日。要认真组织学习关于开展"服务年"活动的有关要求，深刻认识开展"服务年"活动的重大意义，明确指导思想和目标要求，增强开展"服务年"活动的自觉性和主动性，领导班子要以饱满的政治热情和良好的精神状态积极参加活动。要结合工作实际和工作特点，制定具体的活动方案，提出切实可行的推进措施。

第二阶段：强化措施，组织实施。从 4 月 21 日开始至 11 月 20 日。要按照活动方案，有计划、有步骤地组织开展好活动，稳步实施、扎实推进。领导班子和全体干警要认真查找在营造公正高效、

稳定和谐的社会环境和为经济建设服务中存在的问题与不足，认真解决实际问题，按照"保增长、保民生、保稳定"的总体要求和部署，制定好各项保障措施，形成有效的决策机制和工作机制，努力创造显著的成果，建立活动档案，对开展活动的具体措施、内容、成效等情况及时做好记实，领导班子成员要做好个人参加活动的记录。

第三阶段：全面总结，认真整改。从 11 月 21 日至 12 月 20 日。对活动开展情况进行自查和总结，对照活动目标和要求，认真回顾总结活动进展情况，取得的成效和存在的不足，明确工作重点和努力方向，提出深化活动的新计划、新措施，建立长效工作机制。并在年底前向县委政法委报告活动总结。

四、工作任务

按全县政法工作会议对"服务年"工作所做的部署和要求，司法行政机关的服务任务是：

1、建立和完善法律服务机制。围绕全县重点建设项目，继续推行和完善为大项目提供法律服务的机制。建立健全县政府法律顾问室，为各级政府运用法律手段拉动内需、调整结构、谋划项目、扩大投资、优化环境等提出高质量的法律建议和意见。组织律师、公证员，积极帮助企业依法办理经营风险评估、融资引资、兼并重组、劳资纠纷等法律事务。围绕新农村建设工程，组织律师、公证员和基层法律服务工作者开展送法下乡，对当前"三农"工作中的土地承包、土地使用权流转、土地使用补偿安置以及农民工外出创业、返乡创业、农村招商引资等提供咨询和代理服务。

扎实开展法律六进活动，大力宣传中央和省委、市委、县委的决策部署，引导干部依法行政、依法决策、依法办事，为我县经济更好更快发展营造良好的法治氛围。

2、深入推进维护社会稳定机制。切实做好排查、预防、疏导、化解矛盾纠纷工作。深入开展矛盾纠纷排查调处工作，最大限度地把不稳定因素解决在基层和萌芽状态。深入推进"调防一体化"工作。加强与公安、检察、法院、法制等部门的协调配合，有效推进人民调解与行政调解、司法调解联动发展的工作局面。切实抓好律师参与信访工作。不断拓宽参与信访工作的渠道，建立以律师为主，律师和基层法律服务工作者共同参与信访的工作平台，发挥专业优势，做好上访人的说服教育工作，最大限度化解影响社会和谐稳定的消极因素。加强对律师参与处理热点问题和群体性事件的指导协调，引导律师既依法维护上访群众的合法权益，又坚决维护社会稳定大局。围绕维护稳定加强普法依法治理工作。重点宣传农村土地承包、企业改革改制、城市建设拆迁、土地经营权流转、农林纠纷、农草纠纷、林权改革等方面的法律法规。教育引导群众正确认识自己的根本利益和实现自己利益的合法途径，自觉维护大局稳定。开展对刑释解教人员跟踪调查工作，准确掌握回归社会后的行踪和思想动态，制定有针对性的教育和帮教措施，对有重新违法犯罪倾向的释解人员，联合各单位落实帮教包干责任制，确保不发生脱管、漏管，尽最大努力避免和减少重新违法犯罪。

3、全力做好服务民生工作。深入开展"法律进乡村、进社区"活动。通过开展"公证进万家、进社区",组建律师志愿团等形式,对当事人提供预约服务、定期服务、上门服务,积极解决群众就业、养老、医疗、社会保障等民生问题。引导律师所、公证处认真办理涉及公民财产流转、土地承包、房屋买卖、清欠农民工工资等事项,维护人民群众的合法权益。加强与农民工聚集地的法律援助协作,搞好衔接和对外宣传工作,方便打工人员及时、就地获得法律援助。适度放宽法律援助受案范围和经济困难标准,逐步扩大法律援助覆盖面,最大限度满足困难群众的法律援助需求,加大对残疾人、老年人、未成年人以及低收入人群、下岗失业人员、返乡农民工等的法律援助力度,切实维护和保障他们的合法权益,做到应援尽援。五、组织领导

组　长:局长××同志

副组长:副局长××同志成　员:依法治县办主任××同志、公证处主任××同志 、基层股股长××同志、法援中心主任××同志、政秘股股长××同志。

下设办公室

主任:政秘股股长××同志

成员:依法治县办科员××同志、法宣股股长××同志。

六、工作要求

1、要抓好活动的组织推进工作。要把"服务年"活动切实摆上重要位置,精心组织,周密安排,狠抓落实,并以此为载体,带动全年各项工作任务的完成。要建立起推进落实的责任机制,把"服务年"活动的各项任务目标分解落实到有关领导和具体部门,

确保每项任务、每个目标都有人抓、有人管。要加强对活动的组织领导。

2、要抓好司法干警的学习教育。要把"服务年"活动与深入学习实践科学发展观活动、"大学习、大讨论"活动结合起来，把教育、引导广大干警增强服务发展的意识作为"两项活动"的重要内容和基础性工作贯穿始终。要结合全县政法系统"大学习、大讨论"活动考试，并通过集中学习、专题讨论、巡回宣讲、参观考察等多种形式，增强服务科学发展的主动性和自觉性。各业务部门要把影响和阻碍经济社会发展的突出问题，进一步制定整改方案，落实整改措施。要充分发挥党员领导干部示范带头作用，从领导干部做起，带头学习，带头查摆问题，带头制定和落实整改措施。

3、要抓好活动目标任务的细化分解。要按照方案的要求，结合工作职能和全县经济社会发展实际，制定具体的活动方案，细化各项任务目标和工作措施，使"服务年"活动更具针对性和可操作性。要坚持立足当前、着眼长远，明确本部门应重点解决的具体问题，划分具体的阶段和步骤，制定具体的解决措施，确保"服务年"活动扎实深入开展。要在深入查摆、认真整改的基础上，针对突出的问题，有针对性、有重点地建立健全有关规章、制度，努力构建服务发展的长效工作机制。

第四章
会议类讲话稿

庆功会、表彰会讲话稿

【定义】

这类讲话稿主要是指在表彰集体或者个人作出优秀成绩、突出贡献、先进事迹等会议上所作的讲话。

【作用】

激励先进，树立典型，号召人们奋发向上，为崇高的事业而努力奋斗。

【写作指导】

（1）表达心情。代表组织向受到记功表彰的先进集体或个人表示祝贺和敬意。

（2）简要地介绍立功表彰对象的先进事迹，给予什么奖励，决定授予什么称号。

（3）阐明记功表彰的重要意义。

（4）分析总结记功表彰对象取得成绩的原因。

（5）号召大家向先进学习。

（6）对受表彰的集体或者个人提出新的希望和要求。

【写作特点】

夸赞功绩要实事求是，评价功绩要恰如其分，总结经验要公

正正面。

【范文一】

××中学高考庆功会上的讲话

各位老师、同志们：

六月又飞歌，金榜再报喜。一年一度牵动人心的高考尘埃落定，知难而进的××中学高三全体师生不负众望，续写高考传奇。这是××中学的骄傲，也是全县人民的光荣。在此，我谨代表县委、县人大、县政府、县政协向大家表示热烈的祝贺，并向广大教职工特别是全体高三教师致以崇高的敬意。下面，我讲三点意见：

一、汗水铸就辉煌，成绩来之不易。

今年，对××中学来说是极不平凡的一年，这个不平凡不仅因为今年是××中学五十年华诞，还因为近三年来××中学一年一个台阶，呈良性发展态势，更因为20××级是在当年优质生源流失严重，××中学学生入口成绩较低的情况下，实现了高考本科硬上线××××人，文理科双夺冠的目标。这个成绩的取得离不开县委、县人大、县政府、县政协的亲切关怀，离不开县教育主管部门的无私帮助、指导，更是××中学广大教职工，特别是高三教师们敬业奉献、辛勤耕耘的结果。近年来，××中学在×××校长的带领下，大力实施成功教育，坚持先进办学理念，创新管理模式，推进教育教学改革，使××中学呈现良好的校风、严谨的教风和浓厚的学风，高考成绩不断进步，在××市优势的排名不断上升，学校品牌影响力号召力不断扩大。我想说，对××中学近年来的教育教学工作，县委、县政府是满意的；对今年××高考取得的可喜成绩，县委、县政府将予以表彰奖励。

二、放眼全市全省，打造"×中"品牌。

今年，××中学高考优势排名位居全市前四位，从纵向上看，节节攀升，但从横向上看，与全市乃至全省的名校尚有校大差距。××中学要不断总结经验，进一步整合资源，均衡团队整体力量，提升学校整体形象。山不在高，有仙则名，水不在深，有龙则灵，知名度、美誉度就是竞争力，如果××中学每年均能输送上千名大学生，输出一批名牌高校学生，那么将极大提升学校品牌含金量和号召力，合中品牌将会更响亮。

三、牢记历史使命，担当时代重任。

百年大计，教育为本；教育大计，教师为本。党和政府对××中学有很高的要求，全县80多万人民对××中学有很高的期望，只有发奋努力，才能不辱使命，不负众望，才能无愧于××中学作为全县高中"龙头学校"的光荣称号。希望××中学以今年高考的优异成绩为契机，再接再厉，为我县教育事业的跨越发展再立新功，为全县人民提供优质的教育资源，为全县经济社会发展作出更大贡献。

谢谢大家！

【范文二】

××县县体育局局长在残疾人运动会庆功会上的讲话

各位领导、同志们、朋友们：

你们好！

在这金秋送爽、硕果飘香的收获季节里，在全国体育工作会议胜利召开的气氛下，我们迎来了我县参加×运会残疾运动员的凯旋归来。×××独得游泳三块金牌，×××夺得游泳两银一铜，×××获篮球银牌，×××获得篮球银牌、游泳铜牌，取得了可喜的成绩，在这里，让我代表县委、县政府和全县50万人民对你们所取得的成绩表示热烈的祝贺，对市残联领导的到来表示真诚的欢迎，也向辛勤培育你们的教练员和支持你们工作的家属表示亲切的慰问。

体育是关系人民健康的大事，体育水平是一个民族文明进步的重要标志。残疾人体育是全民体育中的重要组成部分，发展残疾人事业是社会文明进步的重要标志。本届省运会首次将残疾人比赛纳入全民运动会之中，这是我省体育运动史上具有标志意义的一件大事，充分体现了残疾人平等、参与、自强、共进的宗旨。

体育比赛不只是一较长短，这是一个汇报工作的舞台，向兄弟县市学习的理想课堂。通过你们克服困难、顽强拼搏、奋勇争先的精神，展示了我县残疾人身残志不残的精神面貌，展示了我们岫岩残疾人体育运动的特色，更展示了我县整个残疾人事业的发展状况，你们为家乡争了光，为××市冲击×运"三甲"做出了努力，更为落实国家××争光计划作出了××人应有的贡献。

我们的×××、×××两位同志被省队选中，这是对你们自强不息精神的肯定，也是家乡的骄傲，希望你们能继续努力，在新的征程上不断进取、阔步向前；更希望全县残疾人，对于自己的不幸，不要抱怨、不要消沉，向我们的残疾运动员学习，做一个身残志坚，勇于向命运抗争的勇者。

最后，让我们再一次向取得优异成绩的四位同志表示祝贺，希望你们能再接再励再创佳债，为家乡争光。

【范文三】

××省××市××市长出席××公司全国优秀农民工××庆功表彰会上的讲话

（200×年×月×日）

同志们：

今天，我们大家聚在一起，为全国优秀农民工××同志举行庆功表彰大会，首先，我代表市政府向××同志表示最热烈的祝贺！向××公司的全体干部职工表示由衷的敬意！××同志获得的荣誉，是××公司全体职工的骄傲，也是全市人的自豪！

下面，我就农民工工作讲三个方面的意见。

一、大张旗鼓地宣传优秀农民工，表明了全社会对农民工贡献的充分肯定

我省和全国今年举办的"优秀农民工评选活动"，主要目的是大力宣传农民工在促进经济社会发展中作出的积极贡献，努力营造全社会关注、爱护、尊重农民工的良好氛围。近几年来，数以万计的农民怀着对美好生活的渴望、对光明未来的憧憬，勇敢地走出农村，进城务工或在乡镇企业就业，以特别能吃苦、特别能奉献的精神，在促进我市经济社会发展、改变城乡二元结构、解决"三农"问题中发挥了不可替代的作用。农民工队伍的形成和不断壮大，是我市城镇化建设历史上绝无仅有的光辉范例，他们的贡献将永载史册。农民工作为我市改革开放和工业化、城镇化进程中涌现的一支新型劳动大军，广泛分布在各个行业，为城市繁荣、农村发展和现代化建设作出了重大贡献。据调查，我市农民工数量×余人。目前，外出进城务工农民已达×万人，在本地乡镇企业就业的农村劳动力有5.8万人，还有一部分半工半农或灵活就业。农民工在第二产业从业人员占57.6%，在第三产业从业人员占52%，在加工制造业从业人员占68%，在建筑业从业人员占80%，已成为我市产业工人的重要组成部分。因此说，农民工是创造社会财富的重要力量。

今年初，国务院制定出台了《关于解决农民工问题的若干意见》。这一方面充分体现了党中央、国务院对农民工的亲切关怀，另一方面也表明了农民工作为当前中国人数多、社会奉献大的劳动群体之一，他们在推动我国工业化、城镇化、现代化建设和促进城市繁荣、农村发展过程中的重要地位和不可忽视的作用。农民外出务工，一头连着城市和发达地区，一头连着农村和落后地区，是工业带动农业、城市带动农村、发达地区带动落后地区的有效形式。

二、农民工在经济建设和社会发展中发挥了不可替代的作用

作为工人阶级的重要组成部分，我市农民工以吃苦耐劳的品质和实干精神，在全市经济社会发展中发挥了重要作用。

一是农民工为全市经济发展作出了重要贡献。农民工进城在建设城市、繁荣城市经济的同时，推动了经济结构的大调整、城乡经济的大发展。大批农村劳动力进城务工就业，丰富了城镇的劳动力资源，弥补了城市劳动力供给的结构性不足，有效地抑制了劳动力成本的上升速度，为发挥我市劳动力资源优势，提高企业的竞争力作出了重要贡献，同时也为全市城镇产业的技术升级和二、三产业的发展创造了有利条件。

二是农民工为推动城乡协调发展发挥了重要作用。我市农业人口有×万人，占总人口的 85.2%，乡村劳动力总数达到了×万人。2002 年以来，全市每年有×余名农民从田间走向工厂、由农村走向城镇，非农收入占全年农民人均纯收入的份额已稳定在 60% 以上，并且呈逐年增长趋势。大批农村劳动力外出就业，不仅为城市发展增添了新鲜血液，而且还增加了自身收入、提高了对农业的投入能力，促进了城乡协调发展。

三、切实维护农民工合法权益，为农民工创造更加宽松的工作和生活条件

近年来，各级政府，劳动、工会、工促、妇联等有关部门在关心爱护农民工、维护农民工合法权益方面做了大量工作，取得了一定成效，但农民工面临的问题仍然十分突出。工资水平偏低，有些企业克扣和拖欠现象比较严重；有的企业劳动时间长，安全

卫生条件差，发生职业病和工伤事故比例偏高；劳动合同签订率低，缺乏社会保障，社会保险缺失。目前，我市正处在工业化、城镇化加快发展的阶段，将有越来越多的农村富余劳动力逐渐转移到非农产业和城镇中来。解决好农民工问题，关系我市改革发展稳定大局。因此，各级各部门有责任发挥好更好的作用。在此，我诚挚地拜托在座的各位，一定要为我们的农民工兄弟姐妹创造一个良好的工作环境，特别是劳动保障部门，担负着农民工管理服务和执法维权的重任，因此要千方百计地为他们解决实际困难。

一是搞好农民工就业服务和培训，积极为农民工提供相关公益服务。近几年来，我市把促进农村富余劳动力转移就业作为重要任务，鼓励发展各类就业服务组织，因此，劳动保障部门要进一步加强人力资源市场建设，拓宽就业渠道，尽量减少各种收费，强化就业服务市场监管，同时切实做好农民工的培训工作。要充分发挥各类教育、培训机构的作用，多渠道、多层次、多形式地开展农民工职业培训，把大批农民工培养成适合各种岗位的技能型人才。

二是依法规范农民工劳动管理，健全维护农民工权益的保障机制。要不断加强劳动合同管理和解决拖欠农民工工资问题的工作。重点督促、指导农民工较集中的建筑、餐饮、商贸、加工等行业的用人单位依法与农民工签订劳动合同，对这些重点行业的劳动合同履行情况进行了监督检查，严厉查处不签订劳动合同、签订"生死合同"等违法行为。进一步加强农民工欠薪问题的监察，及时解决此类问题。认真落实最低工资保障制度，逐步建立健全工资监控和备案制度、企业欠薪报告制度等，尽最大努力杜绝拖欠农民工劳动报酬现象的发生。要关注农民工福利待遇方面的问题，严格督促企业落实国家的有关政策规定，包括工时、休假、职业卫生条件、女职工"四期"保护等，积极引导企业参加社会保险，把农民工纳入到老有所养、病有所医的社会保障机制当中，使他们安心工作，无后顾之忧。工会、妇联、工促局也要按照各自职责，从不同角度发挥作用，与劳动保障部门密切配合，形成合力，全方位构筑强有力的农民工权益保障网；政府和企业本身更要对他们高看一眼、厚爱一层，把他们作为发展地方经济、做大做强企业不可或缺的一员。这样，才能真正激发他们爱岗、敬业的激情，才能真正发挥他们的主观能动性。我想，和谐的劳动关系因此而建立，和谐的劳动关系必将成为企业发展的不竭动力。

同志们，加强农民工工作，解决农民工问题，是一项长期而又艰巨的任务。在全社会形成关爱农民工的良好氛围，需要各级各部门坚持不懈地教育引导，需要社会各界的共同努力。我们一定要从经济社会发展的大局出发，满怀对农民工兄弟姐妹的深厚感情，进一步理解农民工，尊重农民工，善待农民工，关心农民工，帮助农民工，为全面建设"和谐××市、魅力××市"作出应有的贡献。

最后，我希望，在座的全体干部职工，以××同志为榜样，发扬任劳任怨、无私奉献和主人翁精神，爱厂、敬业，在平凡的岗位上做出不平凡的业绩；同时也希望涌现出更多的××式的先进模范人物，为××公司的大发展，为我市经济的大发展，展现出新时代农民工的风范。

【范文四】

××市××市长在市直机关"创先争优"表彰大会上的讲话

（××××年×月×月）

尊敬的同志们：

今天，市直机关工委在这里隆重举行"创先争优"表彰大会。从××××年以来，通过开展"创先争优"活动，我们的一些基层党组织、共产党员和党务工作者获得了先进的称号，受到了表彰。在此我代表市委向受到表彰的基层党组织、优秀共产党员和优秀党务工作者表示热烈的祝贺！机关党建是党的建设中的重要组成部分，借今天这个机会，我就进一步加强和改进机关党的建设讲三点意见。

一、充分认识加强机关党的建设的重要意义，强化机关党的建设的基础工作

（一）要全面认识机关党组织的地位和作用

党政机关和党员干部，是党的执政主体的重要组成部分，既是党和国家职能的实际执行者，又是各项具体事务的具体管理者。因此，党政机关以及党员干部的思想政治素质、精神状态、工作作风、工作水平和工作质量直接关系到区域经济和社会发展的大局，关系到党和政府在人民群众中的威信和形象。实践证明，机关党的工作做得好，机关的党组织就有战斗力、凝聚力和创造力，

党的路线、方针、政策就会得到有效的贯彻落实；反之，党的方针、政策就难以落到实处，人民群众就会有意见。所以党政机关及党员干部充分发挥党组织的战斗堡垒作用和党员的先锋模范作用非常重要。我们开展的保持共产党员先进性教育活动第一批次已经结束，第二批次刚刚开始。在这次先进性教育活动中，大家已经感受到人民群众对党、对党员、对党员领导干部都寄予了非常高的期望，希望我们每位共产党员都能发挥先锋模范作用，在经济建设、社会发展中起带头作用，带领广大人民群众共同发展、共同富裕。我们要不辜负人民群众的期望，就需要通过加强机关党的建设，通过长期的自我教育、组织教育，持之以恒地保持共产党员的先进性。在这个过程中，党政机关的党组织应该发挥重要的作用。加强党政机关党建工作，是一个长期的任务，也是一个非常重要的任务。

（二）要抓住机关党建工作的重点

所有工作都是由人来做，人民群众对我们党和党政机关的概念，是由一个一个具体的工作人员、一个一个具体的党员的表现来认识、来评判的。党建工作中一项非常重要的工作就是要提高党员、党员干部的整体素质，机关党建尤其要把党员干部的培训、教育工作做好，要把增强执政意识，把握执政规律，提高执政能力作为干部培训工作的重点，切实加强。所有的党政领导干部和机关共产党员，也要争做学习型干部、学习型党员，通过自身的学习，不断提高自身的素质。所有的共产党员素质提高了，我们党组织的战斗力才会增强，才可能带领人民群众共同奋斗，实现我们既定的目标。所以，党建工作一个非常重要的任务，就是要

加强对党员的培训和教育。

（三）要进一步加强和改进思想政治工作

在市场经济条件下，各种各样的利益集团正在不断地形成、改组和发展，各种各样的思潮和价值观也正在影响着我们各级党的组织和每一名共产党员。在这种条件下，用固定的模式、用简单的说教的方式进行思想政治工作显然是不行的，作用非常有限。思想政治工作就不能简单地靠理想、抱负来进行，需要结合实际。我们要讲理想，但是理想是一步一步地，通过一个个具体目标来逐步实现的，所以更重要的是要把我们一项一项具体的任务、具体的目标落实好，完成好，这样我们才可能最终实现远大的理想。如果只讲理想不讲具体的日常生活、工作中一件一件的事情，党员也好，党的组织也好，很难形成战斗力，也很难有威信。做思想政治工作更多的要树立正确的价值观、树立正确的人生观，正确地对待我们身边发生的每一件事，正确地处理每一项工作。共产党员的先进性，要通过认真地贯彻落实党的路线、方针、政策来体现，要通过做好每一件事情，为党、为政府提高威望。党组织在做思想政治工作的时候，也应该实事求是，具体地一件事一件事抓好。今天我们表彰的优秀共产党员，我相信都是在各自普通、平凡的岗位上，通过一些具体的，甚至于琐碎的事情的完成而体现出优秀，并不都是那种做出了惊天动地的伟大业绩的英雄人物。实际上，做出惊天动地伟大业绩的，做英雄的，那毕竟是少数，更多的人是在平凡的岗位上，把自己的每一件事情做好，把每一项任务完成好，这就是按党的要求办了，就是体现了共产党员的先进性。所以先进和不先进并不是不可逾越的鸿沟，如果能正确对待，一件事一件事地干好，我认为就先进；对工作挑肥拣瘦，该自己干的事情嫌琐碎嫌平凡就不干，或者把自己混同于普通老百姓，争名誉争地位，那就不先进。我相信，每个共产党员只要把自己该做的事情做好，完成好，都可以体现出先进性。

二、加强和改进机关党的工作，增强党组织的影响力和号召力

党是领导核心，要真正成为领导核心，就需要有影响力有号召力；党是执政党，要真正巩固执政地位也必须要有影响力和号召力。要让人信服，才能体现出执政党的地位和作用。

首先必须牢固树立四个意识：一是忧患意识，二是机遇意识，三是进取意识，四是责任意识。这四个意识是刚刚闭幕的省委八届五次全会提出来的，是对我们四川改革开放、发展这么多年取得成绩的一个总结，我们各级党的组织和广大共产党员都必须树立这四个意识。

第一种意识是忧患意识。要取得成绩，首先要想到困难，想到问题，想到冲突，任何事业都不可能一帆风顺，有相当多的困难。从国家来讲有国家的困难，从××市来讲有我们的困难，每一个机关也有自身可能遇到的困难、问题，我们要有这种忧患意识，不能盲目乐观。

第二种意识是机遇意识。我们现在正处于一个难得的战略机遇期，经济已经有了相当的基础，体制比较接近市场经济，并不断地完善，人民群众的生活水平得到了改善，条件相当不错，大家的积极性高涨，我们一定要抓住这个机遇，乘势而上。机遇稍纵即逝，如果抓不住，就要落后。比如从区域来比较，为什么有些地方相对发达，比较先进，而另一些地方有些落后，比较贫穷，当

然有自然禀赋，有区位优劣等原因，但是更多的还是这些区域对机遇的认识和驾驭有差异。又比如同样一个改革开放的政策，沿海的知道遇到红灯绕道走，内地相当多地区比较守规矩，遇到红灯就不走，多遇几个红灯，别人绕远了，自己就落后了，这就是能不能抓住机遇的问题。再比如广东人琢磨中央讲哪些不能干，他们反过来琢磨，除了不能干的都可以干；有些地方的人按中央说的不能干就不干，两种态度之间有很大的差异，这种差异实际体现在对于机遇观的理解上，体现在对机遇的驾驭能力上。又比如去年的宏观调控，中央通过紧缩地根、银根来调控经济，本来调控的主要对象应该是东部沿海地区，因为他们比较热，但西部部分地区就对号入座，中央说这样做就这样做，中央说那样不能做我们就不做，西部很多地方都忘了我们这地方还没有热，或者刚刚还是温，人家需要降温，但对我们来说刚刚从冷在往热转换，如果我们对号入座只有自己吃亏。机遇仅仅是一种可加利用的不稳定的有利形势，能否抓住机遇，关键在于自身能否科学判断和把握形势，从而获得超常收益。

第三种意识是进取意识。小到个人，大到一个区域、一个国家，都需要进取，不思进取就会落后。对××来说，进取实际上是一个传统，我们四十年来在党的领导下取得了辉煌的成绩，这是进取的结果。今天我们尽管取得了辉煌的成果，但横向比较仍然有很大的差距，我们与××比，都同在西部，同是资源型城市，同是钢铁立市，××比我们多30万人，GDP却是我们的两倍半，有500多亿元，今年要上600亿元，而我们只有200亿元。最近我们有个调查组到××省的××市去作了个比较，××市跟我们一样，区位不算好，居大山深处，建市之前和我们一样，几乎没有人烟；建市时间和我们差不多，也是六十年代。目前××市人口比我们多，有350万人，区域比我们大，有2万多平方公里，城市人口与我们差不多，有60万人，但××城镇居民的人均收入水平比我们高，有9000多元，比我们高出几百元。我们比较一下，在某些方面，跟人家还是有差距的，当然我们更没法跟沿海比。这说明，尽管我们过去取得了很大的成绩，但不能居功自傲，要让老百姓满意，让在座的各位都满意，我们需要进取，需要再次创业，需要大家共同努力再创辉煌，实现新的跨越。不思进取，不把眼光放开一点，就很容易成为坎井之蛙。我们不能沉湎于对过去辉煌的追忆，而应该激发对美好前景的奋斗精神，这是一个进取的问题。

第四种意识是责任意识。责任意识对党政机关及其党员干部来讲尤其重要。机关干部手中都有权，这个权力是人民赋予的，并不是与生俱来的，之所以手中有这个权，是因为人民赋予了我们这个责任；权力和责任要对等起来，有多大的权力就有多大的责任，权力是履责的条件而不是追求的目标，不应该把手段和目的颠倒过来；我们要通过运用好手中的权力从而履行好责任，我们的权力也只能围绕履行职责来运用，不能滥用权力，也不能不用权力，不能不作为，也不能乱作为。我们要合理地作为，把自己的职责履行好，把自己的权力用好。

第二，所有的工作尤其是党建工作要紧紧围绕发展这个第一要务来展开。我们党之所以能够执政，能够在执政的位置上有比较牢固的基础，关键的一点，就是始终带领人民群众在发展。如果不发展，人民群众不满意，那么我们执政的基础就会松懈，地

位可能被颠覆，所以发展对我们来说极其重要。我们一定要加快发展，我们的工作也要围绕发展来展开，所有的党支部、机关党委都应该这样做。××市现在面临的最大问题，就是发展不足，人民群众对我们不满意的两个问题，一是收入水平提升缓慢，二是人居环境改善的速度缓慢。这两个缓慢，意味着我们人民生活条件改善缓慢，根本原因在于发展不足。当然，这几年我们经济发展以两位数的速度增长，应该说比较快，但大家仔细想一想，第一我们增长的基础是低水平的；第二增速虽然是两位数，但也就刚刚两位数，基数低，速度慢，当然会跟人家拉大差距。去年我市城镇居民人均可支配收入×元，但发达沿海地区的人均收入×万多元，是我们的两倍、三倍。在别的地区快速发展的同时，如果我们还是按部就班，以缓慢的速度增长，那么我们跟沿海发达地区的差距就会越来越大，就会长久地落后，最终人民群众会对我们失望，我们的机关干部也会走出我们这座城市。现在，新毕业的素质比较高的研究生、大学生，愿意到我市来工作的不多，尤其是名校的不多，在这里工作干得比较好的一些同志也有离开的想法，说明我们这座城市的吸引力不够。吸引力不够不完全是区位问题，不完全是距离问题，更多的是我们的生活条件，包括生活水平和人居环境的问题。事实上倒回去五到十年，成都也是非常落后的，也是缺乏吸引力的，但是现在成都成了一座去了就不想离开的城市，今年成都排名"中国十大竞争力城市"第九位，靠的就是发展。重庆、西安、兰州、乌鲁木齐、昆明等同属西部大城市，和成都比都显得竞争力不足。实际上成都的自然条件和基础并不如西部其他一些大城市，比如重庆的工业基础比它好得多，为什么会形成这么一种取向，原因还是要从发展上来找。所以根本问题还是发展，我们所有的工作都应该围绕发展来展开，只有发展才有出路。跟成都相比，我们有自己的优势。××市是个宝地，山山水水都是宝，我们的地下，每座山下，不是铁矿就是煤矿，不是煤矿就是花岗石，还有茸却石，各种各样的矿产资源非常丰富，我们的水力资源也非常丰富，我们的阳光可以转化为各种各样的农副产品，附加价值非常高，非常好，再加上四十多年奋斗，有了一定基础。现阶段我市工业比重高，工业基础好，发展潜力大，相关基础条件具备，经济运行质量并不比成都差，是非常有希望的。希望大家千万不要妄自菲薄，只要我们努力，只要方向正确，只要思路正确，只要措施得力，只要大家人心齐，发展的条件是非常好的，是可能超常规发展的。我相信，在市委的领导下，全体共产党员充分发挥先锋模范作用，带领广大人民群众一道，我市的跨越式发展是指日可待的。

第三，机关党组织、机关党员干部要在工作中体现先进性。党的先进性说起来很抽象，实际上又很具体，我们把每一件事干好，把每一项任务完成，并发挥好带头作用，这就体现出了先进性。先进性的根本点是要有宗旨意识，要有服务意识。从书记、市长开始，我们每一个领导同志，都要为自己的下级服务，每一个机关干部都要为人民群众服务。如果都这样做了，就真正地树立了宗旨意识，就真正履职到位了，就正确地行使了自己手中的权力。如果领导推诿，问题就只能放下，就解决不了，困难就克服不了，发展就多了一份阻力。如果把所有困难和问题都解决了，发展就可以一帆风顺。党的组织应该教育所有共产党员，包括党员领导干部树立服务意识，重点是对下服务，眼睛不要总盯在上面，不要一门心思去揣摩领导的好恶，不要把领导的好恶作为自己行动的标准，这是没有出息的，人民群众是看不起的。要将眼光朝下盯，看看我们的下属有什么问题解决不了，有什么困难克服不了，对下负责比对上负责更符合党的宗旨意识。上级要为下级服务，整个机关要为全社会服务，为人民群众服务，"创先争优"活动强调的也是服务意识。我相信今天受表彰的先进基层党组织、优秀共产党员、优秀党务工作者在这方面已经做得不错，希望更上一层楼，更希望不是优秀共产党员的所有共产党员都要朝这个方向努力。

三、坚持与时俱进，不断开创机关党建工作的新局面

一是要完善机关党组织的工作机制。要认真落实中央《党和国家机关基层组织工作条例》以及市委发〔2003〕29号文件精神，把机关党的工作作为新时期的一项重要工作来抓。要着力解决机关党组织工作力量不强、人心思走、运行不畅的问题，要进一步建立完善党务干部管理教育机制，党务干部选拔交流机制，大力培养符合新时期党务工作要求的年轻干部。

二是要改进工作方式方法。工作的方式方法往往决定着工作的成效，我认为，机关党建工作要实现"六个转变"：即思维方式要从封闭型思维转到开放型思维上来；工作态度要从被动适应转到主动创新上来；工作着力点要从机关党建工作自我循环转到紧紧围绕经济建设抓党建上来；工作结合点要从机关党务工作和行政业务的板块式组织转到融合式的渗透和贯通上来；机关党建工作的管理要从运用行政手段指挥转到依靠自身的影响力去引导上

来；工作手段要从传统型转到科技型上来。

三是要提倡勇于创新。"创新是一个民族进步的灵魂，是一个国家兴旺发达的不竭动力，也是一个政党永葆生机的源泉。"只有创新，才有活力；只有开拓，才能发展。机关各级党组织必须致力于工作创新。要根据新形势新要求，不断充实机关党建工作新内容，积极探索机关党建工作新方法、新路子。要善于抓住重点和主要矛盾，精心策划和运用新的载体推动工作，注重并充分利用现代手段和科学方法开展工作，不断延伸机关党建工作领域，拓展新的空间。要正确处理好继承与创新的关系，在继承中求创新，在创新中求发展。要大力倡导和尊重基层的首创精神，教育、鼓励和要求各级基层党组织和广大党员、党务工作者为加强和改进机关党建工作想新招，闯新路，创特色，出亮点，切实使机关党建工作常抓常新，出新增彩。

四是要进一步把"创先争优"活动引向深入。实践证明，"创先争优"活动是新形势下加强机关党建工作的有效载体，是弘扬正气、激励先进以及抓典型引路与示范带动的好方法。因此，我们必须继续深入地抓好这项活动。要鼓励先进，鞭策落后。要坚持以发展为中心，针对不同时期党的工作重点，不断充实活动内容，增强活动的感染力和有效性，做到常抓不懈。同时，要把"创先争优"同建立保持共产党员先进性教育长效机制活动结合起来，既创新活动方式，又提升活动水平，力争在机关党组织和党员队伍中培养和树立起更多的先进和典型。

同志们，开创机关党建工作的新局面，建设繁荣进步的××市，需要各级党组织和广大党员、党务工作者满怀赤诚之心，以创先为荣，以争优为乐，以群众为本。让我们在市委的正确领导下，扎实工作，奋力拼搏，努力为实现××跨越式发展作出新的更大的贡献！

庆祝会、纪念会讲话稿

【定义】

这类讲话稿是指在庆祝或者几年重大节日、重大历史事件、重要人物诞辰、重要机构成立周年、省市解放周年等各种活动或仪式上所作的发言。

【作用】

这类讲话稿是部署工作、介绍情况、发表见解和主张，从而发动群众、鼓舞士气、统一思想和行动的有效途径。

【写作指导】

（1）内容上要有理论性和针对性，要有明确的主题和充实的材料，突出中心，观点正确，态度鲜明。

（2）结构上要条理清晰，逻辑严密，首尾呼应，环环相扣。

（3）语言上要简洁明快、通俗易懂；语气上要感情真挚，朴实庄重，饱含激情。

【写作特点】

思想积极，内容健康，热情有礼，言辞文雅。

【范文一】

在××县水土保持站建站××周年纪念会上的讲话

各位领导、各位专家、同志们：

今天，省水土保持委员会办公室、××县委、县政府隆重举行××县水土保持站建站××周年纪念会，溯往事，展今朝，总结过去，规划未来。水利部水土保持司的领导和省内外水土保持专家以及省市水土保持部门的领导欢聚×××××，共商新时期××水保防治工作良策。在此，我谨代表××省水利厅，向会议的胜利召开表示衷心的祝贺！向远道而来的各位领导和专家致以诚挚的谢意！

100 多年前，×××× 是一个山清水秀、土地肥沃的地方，既是有名的"×××"和"××××"的第一站，也是"××"首府和发祥地。境内森林茂密，柳竹成荫，河深水清，舟楫畅行。由于长期的人为破坏造成×××× 严重水土流失，从此成为我国极强度水土流失区之一，被称为"红色沙漠"和"火焰山"。从此，×××人民世世代代饱尝极强度水土流失之苦。新中国成立之后，在党和政府的重视下，组建了水土保持机构，动员和带领××人民做了大量的工作。

在历届县委、县政府的正确领导下，经过水保科技人员和流

失区群众的多年努力，×××县河田开始由红变绿，生态环境明显改善。昔日的火焰山已经披上了绿装，初步控制了水土流失，农业生产条件明显改善，土地利用结构趋向合理，经济面貌发生巨大变化，人民生活水平不断提高。但我们必须清醒地看到，××县水土保持工作局面仍然十分严峻，水土流失治理任务依然十分艰巨。水土保持是协调人与自然和谐相处的最重要手段之一，搞好水土保持，加强生态环境建设，是中华民族生存与发展的长久大计，可以说，没有良好的生态环境，就不可能有社会经济的可持续发展。

面向新世纪，我们衷心希望××人民在各级党委、政府的领导下，在各有关部门的支持下，与广大水保科技工作者共同拼搏，努力开创××乃至我省水土保持生态环境建设的新局面。谢谢大家！

【范文二】

××市××中学教师节庆祝大会讲话稿

（××××年9月10日）

各位领导，各位老师：

大家好！

一年年春华秋实，一载载桃李芬芳。在洋溢着丰收喜悦的金秋九月，我们又迎来了第26届教师节。在此，我谨代表××中学向多年来关心支持教育发展的党委、政府领导，表示诚挚的谢意！

向辛勤工作的全体教师致以节日的问候！

刚刚过去的一学年，××中校园里拼搏与收获同在，付出与回报并存。学校秉承"以人为本，依法治校，安全稳校，质量立校，科研兴校，特色强校"的办学理念，内练素质，外塑形象，强化学校管理，抓安全促稳定，构建和谐校园；坚持以课题研究促进课程改革，以课程改革带动课堂教学。一系列行之有效的教学改革如："创新写作"、"扩大阅读"、"洋思经验"、"杜郎口模式"、"分层教学"、"研究性学习"、"合作学习"、"学案导学"等先进的教学模式，在我校得到了进一步的实践。"以研促改，以改促教"的教学科研模式在我校得到了进一步推广。根据"×××教学模式"和市教育局"因材施教，三三达标"课题要求，结合本校实际，初步形成了我校以学生为主的"四环节、六步骤"的课堂教学模式和教学特色。教师的教育理念和教学行为发生了根本性转变，教师的潜能得到了充分挖掘，学生的个性得到了充分发展，教育教学质量显著提高。

近年来，在市教育局及党委政府的大力支持下，学校教学基础设施日臻完善，校容校貌大有改观。教学楼更换铝合金门窗，更新计算机，改建多媒体合堂教室，危房工程改造，整治楼前广场和学校操场，搭建论语长廊，构筑儒家文化进课堂平台，等等。现在我校高起点、高标准的篮球、足球场地，各种体育器材齐全，比赛设施完备；师生宿舍、食堂、实验室、图书室、微机室、语音室、多媒体教室、电子阅览室一应俱全；宣传栏、名言录、文化长廊激励人心、催人上进；校园环境优美典雅，高楼平房错落有致，蘑菇亭、紫藤廊相映成趣，盛开的鲜花、如茵的草坪与充满朝气的师生交相生辉，营造出了浓郁的育人氛围，推动了素质教育的全面实施。优美的校园环境，既是师生们修身养性的沃土，也为我校的发展插上了腾飞的翅膀。

学校先后获得"全国十一五重点科研课题实验学校"、"××市规范化学校"、"××市师德建设十佳单位"、"××市办学水平先进单位"、"××市教学示范校"、"××市遵纪守法光荣校"以及党委政府颁发的"群众满意学校"等荣誉称号。

成绩的取得离不开上级领导的支持和帮助，更离不开广大教师的辛勤和付出。我们的老师迎朝霞，送夕阳，日日年年。顶严寒，冒酷暑，风雨兼程。教师职业是神圣的。教师不是演员，却有着固定的忠实观众；教师不是雕塑家，却塑造着世界上最珍贵的艺术品；教师不是明星，但教师的身上凝聚着众多学生滚烫的目光。"人类灵魂的工程师"这一高度的概括，使我们懂得了教师职业的内涵，懂得了教师应该是真诚的种子，善良的使者，美丽的旗帜，挚爱的化身。教育是一项事业，事业的价值在于奉献；教育是一门科学，科学的价值在于求真；教育是一门艺术，艺术的活力在于创新。振兴民族的希望在教育，振兴教育的希望在教师。百年大计，教育为本；教育大计，教师为本。历史的使命，人民的重托，祖国的未来都落在了我们的肩上。

"铁肩担道义，爱心铸师魂"！新的学年，我们将以提高教育教学质量为中心，以办人民满意学校为宗旨，以构建和谐安全校园为目标，把学校发展作为主题，把优化结构作为主线，把教师队伍建设作为主抓，把完善基础设施作为重点，把实施素质教育、规范办学行为、提高办学效益、培养更多优秀人才作为根本，以教育教学工作统揽全局，不断更新教育观念，不断深化内部改革，不断改进教学手段。牢固树立"以教学为中心"的思想，没有教学这个中心，就没有教学质量，就没有生命线，学校也就失去了生存价值。教学质量下降了，家长就会不满意，学生就会埋怨我们，社会各界就会指责我们。所以我们要扎扎实实搞教学，认认真真抓质量。努力把我校打造成全市教育教学质量一流的学校。

选择了教师这一职业，就意味着选择了付出。教师的一生就是淡泊名利，舍弃追逐，为学生默默倾其所有，老师的爱，比父爱更深沉，比母爱更细腻，比友爱更无私。为了教育事业，永不言悔，永不言倦。这就是教师的情怀，教师的风范，教师的精神，多少年来，这一种精神激励着教师，也铸就了教师的辉煌。愿我们每个教师都能时时以此来激励和鞭策自己，增强使命感、责任感，以更加饱满的热情、旺盛的精力投入到教育教学工作中，以更加出色的工作回报社会。

播种理想收获成功，播种勤奋收获未来！只要努力与我们同行，希望就会与我们同在。老师们，让我们发扬"锐意创新潮头立，百舸争流敢为先"的斗志，齐心协力，团结拼搏，共同铸造我镇教育事业新的辉煌！

祝全体老师节日愉快，工作顺利！

谢谢大家！

【范文三】

某校纪念"五四"爱国运动 92 周年上的讲话

尊敬的各位领导、老师们、同学们：

大家好！

今天，我们在这里集会，纪念"五四"爱国运动 92 周年。首先，我代表学校党支部和行政向辛勤工作在学校各个岗位的全体员工致以衷心的感谢、向广大青年团员致以节日的问候和良好的祝愿！

我校在加强青少年思想道德建方面的卓越成绩得到了上级主管部门的赞赏和肯定，喜获了市"××××××"光荣称号，并正在创建省级"××××××"，这次"××××××"荣誉的获得，是对我校走"特色之路"，施"素质教育"，立"成人成才"之道教育理念一种肯定，同时也展示同学们积极向上、奋发进取的精神风貌，展示龙中人"敢与高的攀，敢与强的比、敢与好的赛"的精神；也更是对我们未来工作的一种鞭策和一种强劲的动力！学校修建性详细规划方案已完成；投资约×××万元的综合大楼，即将建成；这一切为我校全面实现教育现代化创造了良好的发展条件，打下了坚实的发展基础，预示着××中学大发展的春天已经来临。

过去的几年，充满了跋涉的艰辛和奋斗的坎坷，但更满载着胜利的喜悦和拼搏的豪情。我们始终秉承"以人为本，以学生发展为本，加强思想道德建设，培养创新型人才"的办学理念，为了全面提高学生的思想道德素质，采取了切实有效的措施，充分发挥学校在学生思想道德建设中的主渠道、主阵地、主课堂作用，广泛开展精神文明创建活动和形式多样的道德实践活动，积极营造有利于学生健康成长的良好舆论氛围和社会环境，构建学生热爱祖国、积极向上、团结友爱、文明礼貌的精神世界，从而初步打开了我校思想道德建设的局面，构建了一个和谐的校园。

老师们，同学们！回顾过去，我们骄傲自豪；展望未来，路漫漫其修远兮。为了迎接时代的挑战，为了构建和谐校园，让我们精诚团结，锐意进取，开拓创新，与时俱进，向着更高、更强的目标迈进，为实现龙中的新跨越，再铸××辉煌而继续奋斗！

谢谢大家！

【范文四】

奥巴马在 2009 年美国独立纪念日的致辞

先生们，女士们：

今天，我们受到这个日子的感召，不仅纪念我国诞生的那一天，而且需要继承建国初期美国公民不屈不饶的精神，是他们使这一天成为值得纪念的日子。我们应该记住，当年的这一切多么来之不易。我们进行创建美国的试验，结果获得了成功；为数不多的爱国者宣布独立，脱离了帝国强权的统治；他们还在新世界建立了旧世界不可思议的事物——民有、民治、民享的政府。

正是这种顽强的精神构筑了美国人的特征。正是这种精神指引一代又一代先驱者开拓西进之路。正是这种精神指引我们的祖祖辈辈，以坚韧不拔的毅力渡过了大萧条，战胜了专制暴政。正是这种精神指引世世代代的美国劳动者建成全世界无可比拟的工业经济。正是这种精神始终指引全体美国人民在时局艰难的时刻永不气馁，永不退缩，敢于经受任何考验，迎接任何挑战，因为我们知道美国的命运有待于我们每一个人为之努力。

在这一天到来的时候，我们还不应该忘记，在我国最紧要的关头，勇敢无私的男女军人不辱使命，保卫我们的国家，忠心为国效力——为实现和平奔赴战场；为赢得机会不辞劳苦；有时还为捍卫自由付出极为高昂的代价。正因为他们为国效力——陆军、海军、空军、海军陆战队和海岸警卫队士兵做出的奉献，我们才有可能每年庆祝这个节日。这种为国效力的精神说明，在进入建国后第三个百年之际，我国的建国理想仍然长盛不衰，生气勃勃，永远保持第一个7月4日的活力。这种为国效力的精神保证美利坚合众国永远是地球上最后、最大的希望。

为了迎接我们这个时代的挑战，我们大家都必须发扬这种为国效力和献身的精神。我们正在参与两场战争。同时我们也在抗击严重的衰退。我们长期拖延了旷日持久的问题：持续上升的医疗成本、学校设施的欠缺和对外国石油的依赖，导致问题日益恶化，我国经济以及国家本身正面临着危难。

迎接这些巨大的挑战要求每一位美国人付出巨大的努力。我们应该牢记，我们作为一个国家取得这样的成就，是因为我们在变革的时期没有故步自封。我们取得这样的成就，是因为我们没有避难就易。正是因为如此，原来的 13 个殖民地才能共建美利坚合众国。

我国人民敢于面对未来。我国人民敢于创造未来。在今年 7 月 4 日到来之际，我们必须再次振奋 233 年前独立厅（Independence Hall）凝聚的精神。

唯有如此，这一代美国人才能在历史上留下自己的印记。唯有如此，我们才能最有效地把握当前的重要关头。唯有如此，我们才能为伟大的美国历史书写新的篇章。

我谨祝愿大家 7 月 4 日节日愉快。

专题报告会讲话稿

【定义】

专题性报告会讲话，是指由在本单位、本部门或本系统内主持召开的专题工作会议上发表的讲话。

【作用】

深刻反映某一方面的问题或情况。

【写作指导】

1. 开头

在开头部分可以简单交代会议的目的、召开背景和意义，以

及出席人的介绍等，还可以谈论自己的感受和看法。

2. 主体

正文的主体部分要紧紧地围绕本次会议的主题展开，展示的情况或问题的介绍要客观、细致、全面；分析要深刻、到位；提出建议要具有针对性和指导性；总结要做到严谨、周密、经得起推敲。

3. 结尾

要呼应正文的开头，阐明本次会议的意义，并提出希望和要求，最后以祝愿号召性的语句结尾。

【写作特点】

内容要客观、全面，分析要深刻、到位，结构要简单，材料要集中，篇幅要简短，语言要简洁。

【范文一】

加强和改进党的建设专题辅导报告会

（××××年×月×日）

同志们：

按照市委党员先进性教育活动的统一安排，今天由市委副书记××同志为我们作加强和改进党的建设的专题辅导报告。召开这次报告会，目的是认真分析党的建设面临的新形势新问题，进一步明确当前和今后一个时期全市党建工作的主要任务和工作重点，切实增强做好党的建设工作的责任感和紧迫感。参加今天报告会的有：市级四个班子在家领导，市直机关和中省直部门科级以上干部。希望大家珍惜机会，专心听讲，深刻学习领会。

下面，请市委副书记××同志作报告，大家欢迎！

（报告毕）

刚才，×书记围绕大力推进党的建设新的伟大工程，不断增强党组织的创造力、凝聚力和战斗力为我们作了专题辅导报告。报告高屋建瓴、深入浅出，内涵丰富、分析透彻，既有×书记对多年党的建设工作的经验总结，又有深入基层调研后的理性思考；既有理论上的深刻感悟，也有实践中的升华提炼。为我们进一步加强和改进党的建设指明了方向。通过这次学习，我和大家一样，感到很受教育，很受启发，收获很大。下面，结合我对报告精神的学习理解，讲三点意见，供大家在今后工作中参考。

第一，要认真学习领会，掌握精神实质。×书记的报告，从加强党的执政能力建设和党的先进性建设的时代要求出发，深刻剖析了党的建设面临的挑战和存在的问题；站在马克思主义哲学的理论高度，论述了加强和改进党的建设必须遵循的基本规律；同时结合全市实际，重点阐明了当前和今后一个时期推进党组织和党员队伍建设的核心任务，对我们更加富有成效地做好党建工作具有重要的指导意义。我们要把×书记的报告作为党员先进性教育活动的一项重要学习内容，作为加强全市党建工作的重要指导依据，认真组织学习，全面深刻领会，吃透精神，掌握实质，真正把思想统一到加强和改进党的建设的基本要求上来，统一到服务全市经济社会大发展快发展的大局上来，统一到践行"勤政服务于民让人民满意、廉政取信于民让人民放心"的行动中来。

第二，要认真研究谋划，理清工作思路。结合学习×书记报告，各部门要组织召开党委（党组）和支部会议，对本部门的党建工作进行认真的总结回顾，开展深入的研究分析。要对照报告中提出的"五对矛盾"，找准自身存在的突出问题，进一步明确今后的努力方向；对照"五型"群体建设的目标要求，紧密结合本部门的行业特点、工作基础和存在的问题，切实谋划出符合部门实际、符合行业特点、有较强针对性的党建工作思路，规划出能够发挥部门优势、能够发挥党组织战斗堡垒作用和党员先锋模范作用、具有较强牵动性和可操作性的具体推进措施。

第三，要认真组织实施，扎实推进落实。按照×书记报告中提出的具体要求，着力抓好以"五型"群体建设为重点的党建工作各项任务的落实。结合党员先进性教育活动，深入开展"走千个支部、访万名党员"活动，坚持深入基层搞调查研究，深入基层群众开展服务，深入实际矛盾中解决问题。各部门要把开展"学、创、树"主题实践活动作为加强机关党的建设、保持党员先进性教育活动的核心任务，制定具体方案，落实领导责任，精心组织实施。各级党组织要牢固树立开放的工作理念，坚持求真务实、真抓实干的工作态度，不断加强和改进党的建设，为加速构筑区域特色经济新优势，实现经济社会大发展快发展提供坚强的组织保证。

各部门要把学习贯彻这次专题报告会的情况，于3月底前报市委党员先进性教育活动办公室。专题报告会到此结束，散会！

【范文二】

××省法学家××巡回报告会××

（××××年×月×日）

尊敬的"××省法学家巡回报告会"成员、市委政法委领导、同志们：

大家上午好！

为全面贯彻落实科学发展观，进一步加强党的执行能力建设，深化社会主义法治理念教育，推动"法治湖北"、"和谐湖北"建设工作，由省委宣传部、省委政法委、省法学会、省司法厅、省依法治省工作领导小组办公室共同组织的"××法学家巡回报告会"，今天深入到我县开展巡回报告活动，对我县广大党员干部紧跟学术前沿，开阔工作视野，拓展工作思路，推进科学执政、民主执政、依法执政，促进经济社会又好又快发展具有十分重要的意义。同时今天的报告会也是县委中心学习组的一次重要的理论学习，对坚持依法行政，建设"法治沙洋"具有重要的指导性和操作性，也是对推进"提振信心、率先垂范、转变作风、从我做起"主题活动的再深入、再部署。

请允许我先介绍出席今天"××省法学家巡回报告会"的省、市领导：省法学会党组书记、常务副会长×××同志，×××大学副校长×××同志，省委宣传部宣传教育处副处长××同志，

省司法厅法制宣传处科长×××同志，省法学会副主任科员××同志；市委政法委副书记××同志，市法学会秘书长×××同志。让我们以热烈的掌声欢迎他们的到来。

参加今天报告会的还有：各镇党政班子成员，县直各单位股级以上干部。

今天为大家作报告的是：×××大学副校长、法学教授，民商法博士生导师×××同志。×教授取得的丰硕成果寥寥数语不能完全概括，在此只能做个简单的介绍。×教授曾先后任中国民法研究会常务理事、××省民法研究会副会长、××省人大常委会立法顾问组组长、华中科技大学与西南政法大学兼职教授、××省妇联兼职副主席等职。曾获司法部首届优秀教师、××省有突出贡献中青年专家、××省跨世纪学科带头人等荣誉称号。获国务院政府特殊津贴。参与了《中华人民共和国合同法》和《中华人民共和国物权法》的立法起草论证工作，近十年来在法学权威刊物上公开发表学术论文数十篇，主持国家和省部级课题项目十余项，多项成果获省部级优秀科研成果等级奖。

今天，×教授作报告的题目是《市场经济背景下物权法与依法行政》。现在让我们以最热烈的掌声欢迎×教授为我们作报告！

（报告毕）

同志们，刚才×教授在辅导报告中深刻阐述了在当前市场经济背景下，物权法对于完善我国社会主义市场经济、推进依法行政、建设社会主义和谐社会的重大意义，从理论和实践上系统论述了物权法在维护我国社会主义基本经济制度，发展社会主义市场经济和保护广大人民群众根本利益等方面的地位和作用。整个报告高屋建瓴，旁征博引，讲的观点非常精辟和深刻，具有很强的理论性和指导性。×教授给我们上了一堂内涵丰富、生动具体的法制与实际相结合的思想理论教育课，使我们深受启发，对于我们进一步推进"法治沙洋"建设具有十分重要的意义。在这里，让我们对×教授的辛勤劳动表示衷心的感谢！

下面，结合我对报告会精神的学习理解，对贯彻落实此次报告会精神，我讲三点意见。

第一，要认真学习领会，掌握精神实质。《物权法》是"市场经济基本法律"，它的颁布实施，对推进依法行政，建设法治政府，提出了新的具体要求。各部门、各镇要围绕"再造一个新××"的目标，结合建设"法治××"，把学习贯彻《物权法》作为一项重要工作抓紧抓实抓好，采取开展中心组学习、召开会议、法制讲座、座谈研讨等多种形式，组织好本系统、本单位的干部职工的学习培训，使全县干部队伍能深刻领会物权法的精神，做到吃透法律条文，理解实质内涵，掀起学习的高潮。

第二，要认真研究谋划，理清工作思路。建设法治政府，提高依法行政水平，必须从着眼于保障权利、维护秩序、促进竞争的角度增强物权意识，提高保护物权的能力，这也是构建和谐社会的重要前提。各部门、各镇要借鉴学习×教授的精彩报告，结合目前开展的主题学习活动，对照科学执政、民主执政、依法执政的目标要求，紧密结合部门工作特点，开展深入的研究分析，找准自身存在的突出问题，理清工作思路，进一步明确今后的努力方向，提高正确处理行使国家权利和保障公民权利的关系的能力，提高解决社会矛盾、依法行政和促进社会和谐的能力。

　　第三，要认真组织实施，扎实推进落实。各部门、各镇要以此次报告会为契机，认真组织实施，正确处理行使行政权和保障公民权的关系，把尊重和维护国家、集体、个人的财产权利化作各级各部门及其执法人员的自觉行动，统筹协调各种利益关系，充分运用物权法等法律手段提高促进社会发展、管理经济社会事务的能力水平，将我县严格依法行政、建设法治政府推向一个新的发展阶段。

　　同志们，让我们再次以热烈的掌声对×教授的精彩报告表示衷心的感谢！

　　今天的报告会到此结束，散会。

【范文三】

农民致富奔小康先进事迹报告会主持词

同志们：

　　"农民增收致富奔小康"先进事迹报告会现在开始。首先让我们以热烈的掌声向前来为我们传经送宝的报告团全体同志表示热烈的欢迎。

　　根据中宣部的统一要求和省委宣传部的安排，今天上午市委宣传部、市农业局在这里隆重举行"农民增收致富奔小康"先进事迹报告会。对这次会议，市委、市政府高度重视，市委书记×××专门作出批示。昨天晚上，市委副书记×××等领导同志代表市委、市政府亲切会见了报告团全体成员，高度评价了他们的突出业绩和艰苦奋斗的创业精神，并要求全市上下大力学习宣传他们的先进事迹和宝贵经验，引导和带动广大农民群众增收致富奔小康。我们一定要按照省市委领导的要求，学习好、领会好报告团的先进经验，抓好贯彻落实。我们要把报告团的先进经验，传达给广大的农民群众，促进我市的农民增收致富奔小康。报告团是昨天上午在×××作了来我省的首场报告后来我市的，今天这场报告是在我省的第二场报告，也是最后一场报告。之后报告团将赴全国部分省市继续进行巡回报告。

今天在主席台就座的报告团成员有：报告团团长、中宣部宣教局副局长××同志，副团长、农业部机关党委副书记×××同志，×××省××县×村农民××同志，×××同志；报告团陪同人员有：省委宣传部××同志，省农业厅机关党委书记×××同志。

出席今天报告会并在主席台就座的有市委副书记×××同志。下面向报告团全体同志献花。

参加今天报告会的有市直有关部门的负责同志，市直农、林、水系统的机关干部，泰山区、岱岳区农、林、水系统的干部职工和群众代表共340多人。"农民增收致富奔小康"先进经验报告会现在开始。让我们以热烈的掌声欢迎报告团成员为我们作报告。

首先请×××同志作报告，他报告的题目是《让农民过上跟城里人一样的好日子》。（略）

请×××同志作报告，他报告的题目是《种粮也能致富》。（略）

请×××同志作报告，她报告的题目是《牢记党的宗旨，永

远做农民致富的领路人》。（略）

请×××同志作报告，他报告的题目是《做农民科技致富的引路人》。（略）

请×××同志作报告，他报告的题目是《永做群众致富排头兵》。（略）

请×××同志作报告，她报告的题目是《带领牧民脱贫致富奔小康》。（略）

刚才，报告团的同志为我们作了一场朴实无华、情真意切、生动感人、催人奋进的报告，使我们受到了深刻的教育和鼓舞。他们的事迹和经验虽然各不相同，各有侧重，但他们都长期奋斗在农业第一线，依靠诚实劳动，用自己的心血和汗水，为农村的改革发展和农民增收致富奔小康作出了突出的贡献，取得了骄人的业绩。在他们身上，集中反映了我们中华民族勤劳勇敢、自强不息、艰苦奋斗的传统美德；体现了我们这个时代与时俱进、开拓创新、敢为人先的精神；展现了共产党人权为民所用、情为民所系、利为民所谋的高尚情怀。他们是农村"三个代表"重要思想的模范实践者，是我国亿万农民群众的杰出代表，无愧为广大干部群众学习的榜样。大家知道，发展是我们党执政兴国的第一要务。解决好农业、农村和农民问题是全党工作的重中之重。当前农业和农村发展中面临着许多新的矛盾和问题，最突出的是农民增收困难。全国农民人均纯收入连续多年增长缓慢，粮食主产区农民收入增长幅度连续几年低于全国平均水平，一些纯农户的收入持续徘徊甚至下降，城乡居民收入差距不断扩大。如果不尽快扭转这种局面，不仅影响农民生活水平的提高，影响粮食生产和农产品供给，制约农村经济社会的发展进步，而且必将制约整个国民经济的增长，延缓全面建设小康社会目标的实现。农民增收难的问题已经到了非解决不可的时候了。我们大家也都知道，在中国，没有农民的小康，就没有全国人民的小康；没有农村的现代化，就没有整个国家的现代化。促进农民增加收入，不断提高农民的物质文化生活水平，是贯彻"三个代表"重要思想的必然要求，是以人为本的具体体现，也是坚持科学发展观的实际行动，更是农村一切工作的出发点和落脚点。努力促进农民增收，事关大局，意义重大，既是当前的紧迫任务，又是长期的工作要求；既是重大的经济问题，也是重大的政治问题。

近年来，在党中央和省市委的正确领导下，我市农业和农村经济克服了重重困难，一直保持着较好的发展势头，农村各项工作都取得了新成就。去年，全市农民人均纯收入达到×元，增长×%。但也应该清醒地看到，我市的农业和农村也还面临着许多困难和问题。"三农"问题还比较突出，农村劳动力转移不快，农民收入增长缓慢。我市作为一个农业市，有农业人口××万人，占总人口的×%，要全面建设小康社会，建设经济强市，解决好农业、农村和农民问题是一个非常迫切的问题。

我们一定要以这次报告会为契机，大力宣传中央和省委两个一号文件精神，宣传中央和省市委扶持"三农"的有关方针政策，宣传农村增收致富奔小康的先进典型和经验，引导全社会牢固树立和落实科学发展观，进一步重视和关注农业、农村和农民问题，着力营造城乡统筹发展、工农共同进步的良好氛围，营造真情关爱农民、真诚对待农民、真心保护农民的良好氛围，营造加强农业、支持农业、保护农业的良好氛围，使党在农村的各项方针政策家喻户晓，深入人心。

要关注"三农"问题，还需要积极培养和造就一大批农民优秀人才。要实现农民增收致富奔小康，除了认真落实好党的各项政策外，努力培养和造就一大批敢于和善于带领农民群众增收致富奔小康的引路人和带头人，是一个至关重要的问题。各级党委、政府和社会各界都要认真落实人才强国战略，积极扶持、关心、爱护和支持农村人才的健康成长，努力营造鼓励人才成长、支持人才干事创业的良好氛围。要加大对农民的培训力度，切实提高广大农民群众的科技、文化素养，努力为农村全面建设小康社会，加快建设经济强市进程提供强有力的人才保障。

同志们，解决农业、农村和农民问题，是全党工作的重中之重，也是全市各项工作的重中之重。做好现阶段的农业和农村工作，想方设法增加农民收入，意义重大，影响深远。让我们紧密团结在以胡锦涛同志为总书记的党中央周围，坚持以邓小平理论和"三个代表"重要思想为指导，深入贯彻落实党的十六大、十六届三中全会精神，按照城乡统筹、保护耕地、稳定粮食、加快调整、增加收入的总体思路，解放思想，干事创业，加快发展，为开创我市农村工作新局面、全面建设小康社会、加快建设经济强市进程作出积极的贡献。

下面请市委副书记×××同志讲话，大家欢迎。（略）

刚才，×××书记对这次报告会给予了高度评价，充分肯定了这次报告会的指导意义，深刻阐述了做好农业和农村工作的重要性，并对下一步解决好"三农"问题提了要求。大家要认真学习，深刻领会，并抓好贯彻落实。

最后，让我们再次以热烈的掌声向报告团的全体同志表示衷心的感谢！散会。

【范文四】

修身立德，爱岗敬业，做人民满意教师
——师德报告会主持词

××中学党支部书记×××　　（200×年×月×日）

老师们、同志们：

按照省、市部署和县委教育局党委的安排，我校深入学习实践科学发展观活动于200×年×月×日正式启动，预计到20××年×月底基本结束。活动开展以来，在县委、教育局党委的正确领导和各级指导检查组的有力指导下，我校第一阶段的学习实践活动已圆满结束。从本月初开始我校学习实践活动进入第二阶段，今天我校根据《县委学习实践活动领导小组办公室关于第三批深入学习实践科学发展观活动第二阶段的工作安排》，按照教育局党委的要求，围绕我校"办人民满意的学校"这一活动主题，在此召开"××中学修身立德，爱岗敬业，做人民满意教师"师德报告会。

出席今天会议的领导有：县委组织部长××同志，政府副县长××同志，县委组织部副部长×××同志，教育局局长××同志，教育局党委书记×××同志。让我们以热烈的掌声对他们表

示欢迎！

今天会议有三项议程：一是请党员和教师代表作师德报告；二是请×××校长讲话；三是请×××部长作重要讲话。下面进行大会的第一项议程：

首先请党员代表，县级优秀共产党员××同志作报告，大家欢迎，他报告的题目是：《用心感受教育，用爱托起明天的太阳》。

（报告毕）

下面请班主任代表，省级骨干班主任××老师作报告，大家欢迎，他报告的题目是：《创新观念让科学走进班级》。

（报告毕）

下面请学校中层领导代表×××老师作报告，大家欢迎，他报告的题目是：《全心全意做工作，青春年华洒校园》。

（报告毕）

下面，请校长×××作重要讲话，大家欢迎。

老师们，同志们，刚才几位老师用他们的热心、爱心、责任心，诠释了新时期人民教师职业道德的丰富内涵。××就师德建设的重要性、新时期师德的内涵做了深刻的分析，也对我们全体教职工加强师德修养提出了具体要求。××也对我校今后的工作提出了期望和要求。

今天召开这次报告会就是要求大家把做人民满意教师作为学习实践科学发展观活动的落脚点，就是号召大家向他们学习，学习他们，就是要弘扬一种热爱事业、无私奉献的精神，一种热爱学生、甘当人梯的精神，一种执著进取，不断创新的精神。"百年大计，教育为本，教育大计，教师为本"。没有一支师德过硬，老百姓满意的教师队伍，就很难办好人民满意的教育，就很难实现我校的新的跨越式发展，因此，需要我们每一位教师从现在做起，从一点一滴做起，把对事业、对学生的爱心与责任落实到每一节课，每一句话，每一个学生身上，让广大学生在我们的爱心与关注下健康成长。这就要求我们广大教师要以德修身，内铸师魂，外塑师表，修身立德，爱岗敬业，争做人民满意教师。

为使此次活动落到实处，我们必须把此次活动与学习实践科学发展观活动紧密结合起来，深入开展好以下几项工作：

1. 继续深化理论学习，进一步学习×××委员在均衡义务教育阶段教育均衡发展大会上的讲话，学习十七届四中全会《决定》和省、市委《决议》。

2. 认真学习《教育部关于进一步加强和改进师德建设的意见》、《中小学教师职业道德规范》。

3. 人人撰写"修身立德、爱岗敬业"心得体会文章，各教研组长负责收交，于本月15日前统一交学校学习实践科学发展观活动领导小组办公室，科研处要将优秀文章收录到我校拟编制的论文集，予以发表。

4. 组织开展好"争做人民满意的教师"活动，通过问卷调查、测评等方式，评选学生敬重喜爱的老师，予以表彰。

我校将把教师参与此次活动的情况做为年终师德考核的一项重要依据。望广大教师高度重视，认真对待，积极参与。

报告会到此结束。散会！

现场会、经验交流会讲话稿

【定义】

现场会、经验交流会是充分运用与会人员看到和听到的先进事迹和经验，进行深入分析和总结的讲话形式。

【作用】

具有较强的说服力、号召力。

【写作特点】

重点突出，层次清楚，言辞谦虚又不失力量。

【范文一】

法制教育现场会讲话稿

（××××年×月×日）

同学们：

今天我们在此召开法制教育现场会，邀请了××市司法局和××派出所的领导来给我们讲解法律知识，进行法制教育，我觉得这是非常必要而且是非常重要的，这是我们急需上好而且必须上好的一堂课，使我们获益匪浅，让我们再一次用热烈的掌声向他们表示衷心的感谢！

当前，我国正逐步走向法治社会，各项法律法规正逐步建立健全，学法、知法、守法是每一个公民应该做到而且必须做到的一件大事。刚才，我们从各位领导的讲话以及犯人们的忏悔中已经清楚地认识到，守法与犯法其实只在一线之间，在特定情况下，具备基本的法律常识，运用法律常识去指导自己的言行往往能获得法律的保护，维护自己的合法权益，拯救自己；而对法律一无所知的法盲则会不知所从、一味蛮干，不可避免地走向犯罪的深渊。

人生最大的痛苦和悲哀莫过于失去自由，失去自由、身陷囹圄时才知道法律的无情和自由的宝贵。认真分析刚才两名青年的忏悔，我们发现，他们也有过美好的学生时代，他们也不是生来就是坏孩子，他们原来也曾是优秀的好学生。但是他们不严格要求自己，结交了社会上一些不三不四的朋友，贪图一时的享受，沾染上了一些坏习惯，逐步从一名优秀的学生沦为失足青年。可以说致使他们走向犯罪的不是别人而是他们自己，是他们自己首先放弃了对法律知识的学习，放弃了对自己的严格要求，放弃了对自由和人生的正确追求，也就放弃了自己，教训是发人深省的。

无知的人最可怕，无知才会妄为，无知才会导致悲剧，法制观念淡薄，好逸恶劳，贪图享受，以身试法，最终必将受到法律的严惩。据统计，当前国内 14~25 岁青少年在社会总人口中所占的比例为×%，而这一年龄段的青少年在在押犯中所占的比例却高达×%，这一数字令人怵目惊心，惶恐难安。

目前，在我们同学们当中也有极个别同学不好好珍惜美好的青年时光，不珍惜难得的学习机会，不严格要求自己，存在着厌学、旷课、打架、衣着不整、吸烟、进网吧等不良行为，对学校的规章制度置若罔闻，对学生守则和规范不屑一顾，对老师的谆谆教导充耳不闻，自以为是、我行我素，做着危害自己一生同时也在危害别人的事。在此，我奉劝并告诫这些同学从现在开始立刻悬崖勒马，改过自新。

学校本着"对学生的终生幸福负责"的教育理念，有决心有信心为同学们的健康成长创设一个优质的人文环境，同时对同学们提出如下要求：

（一）掌握基本法律知识，依法保护自身权益

英国著名思想家温斯坦莱说过："假如有很好的法律，但人民不了解它们，这对共和国来说就像没有任何法律一样糟糕。"我们青少年正处在人生的十字路口，要想不走错路，必须铺设好自己的人生轨道，这就是要注意学习法律知识，增强法制观念，否则，便会因为不知法而走上违法犯罪的道路。如今法律在一个人的生活中已显得越来越重要。不懂法律知识的人叫做"法盲"，法盲在生活中容易吃亏，在工作中容易碰壁。一个人必须先懂得一些法律的基本知识，才能将法律作为武器来保护自己。如今获取法律知识的途径很多：可以学习专业的法律书籍，可以阅读报刊上的评案说法，可以收看电视的法治节目，也可以直接向法律专业人士咨询。只要你是个有心人，学习一点儿法律知识并不困难。你们都是高中的学生，主要任务是学习书本上的知识，不可能在这个阶段学习所有的法律知识。但是作为青少年，知道自己享有哪

些权利，当自己的合法权益受到侵害时，你知道怎样去维护它，这些还是非常必要的。

另一方面，高中生处在一个特殊的成长时期，阅历相对简单，社会经验不够丰富，鉴别是非的能力也较弱，比较容易受到自然灾害、意外事故和社会不良行为的伤害，尤其需要珍惜花样年华，加强自我保护意识。学习掌握自护知识，是生存和发展的基本功，有助于迈好人生的第一步，有助于增强与违法犯罪作斗争的信心和勇气。犯罪分子并不可怕，可怕的是不具备防范犯罪的意识和能力。青少年只有学会了自护，才能在犯罪侵害发生时，保持清醒的头脑，做到临危不惧，运用有效的防卫手段，敢于和善于与犯罪行为作斗争。

（二）坚决摈弃不良习惯，做遵规守法好学生

一些在押犯人的违法犯罪都是由"说谎、小偷小摸、意气用事"这些不起眼的不良行为逐渐滋生、发展的。在越来越多的青少年犯罪中，消费观念和生活观念的变迁成为重要的诱因。一些学生一味在生活上互相攀比，比高档、用名牌，过度的高消费使他们产生不劳而获的寄生虫思想，得不到满足就去偷去抢，坠入违法犯罪的深渊。我们千万不要为了一时的享受、一时的痛快，而毁掉自己的一生啊！

青少年充满朝气，思维活跃，喜欢接触新事物，但又思想单纯、幼稚，思想防线薄弱，容易染上不良习气。古人云："立身成败，在于所染。染苍则苍，当黑则黑。"青少年就是这么一个易染的群体，青少年一旦染上恶劣习性，人生观和品德就会向坏的方面发展，到头来只有走向变质和堕落，成为社会的渣滓。因此，拒

邪恶，永不沾，抵制各种不良习气，应该是我们青少年共同的严肃课题。

古人云："勿以恶小而为之，勿以善小而不为"、"不以规矩，无以成方圆"。英国著名文学家莎士比亚说过："纪律是达到一切雄图的阶梯。"我们要实现心中的理想，就应该时刻不忘记纪律这一"阶梯"，做遵守纪律的模范，将遵守纪律的道德观念落在行动上，从日常生活中的小事做起。希望全体同学以他们为戒，洁身自好，严格要求，追求健康高尚的生活，正视自己的不足，勇于改正自己的缺点，为自己的一生奠定良好的基础。

目前，我国已进入全面建设小康社会，加快推进社会主义现代化的新的历史阶段。面对经济全球化不断发展，现代科技突飞猛进，国际竞争日趋激烈的形势，我国将进一步改革开放，不断健全和完善社会主义市场经济体制，应对加入世贸组织之后的挑战，积极参与全球经济的竞争。这种竞争，是综合国力的竞争，科学技术的竞争，归根到底是人才的竞争。青年兴则国家兴，青年强则国家强。在21世纪中华民族实现的伟大复兴中，青少年肩负重大历史使命，我们希望各位同学遵纪守法，严以律己，从小事做起，从自己做起，自强、自尊、自重、自爱，自觉学法、懂法和守法，成为合格文明的公民。

【范文二】

企业改革经验交流会上的发言稿

各位领导，同志们：

大家好！

今天，我作为企业转制相对顺利的单位代表在这里跟大家汇报工作体会，深感荣幸。到目前为止我们公司经过几年的企业体制改革，从原来的"×××"到"×××××××"再到"××××××××××"，已基本完成了企业产权结构和员工身份的"两个置换"，建立了以民营经济为主的现代企业制度。现在我代表公司董事会向各位领导汇报一下企业转制的过程以及几点心得体会，不对之处，请批评指正。

一、领导重视，措施得力

"政府搭台，企业唱戏"，市委、市政府对我们国有集体企业改革工作特别重视，制订了《关于进一步加快国有集体企业改革和发展的规定》等一系列政策性、操作性较强的文件，使企业的改革在审批、资产处置、职工经济补偿等方面有章可循、有法可依，起到了很好的指导和促进作用。市委、市政府还专门成立了国企改革领导小组，他们对我们公司的经营、财务、资产、人员等状况进行调查摸底，耐心地给我们讲解政策，宣传发动和指导我们制订转制方案，及时纠正方案中的不当之处，使我们制订的方

案合情、合理，转制后的公司员工思想稳定，工作积极。所以说，我们×××的成功转制是离不开市委、市政府及有关部门的正确领导和大力支持的。

二、良好的经济基础和员工高素质的政治思想是转制成功的前提

企业的生命来自产品质量和信誉，物竞天择，适者生存。在市场经济时代浪潮中，销供产早就取代替了产供销的经营方式，一个企业要在竞争中乘风破浪，立于不败之地，靠的是什么呢？如果说水是生命之源，那么质量和信誉又何尝不是企业的生命呢？市场经济时代的企业，并非生产出大批量的产品，就能风雨不动安如山。我们公司能维持正常的生产经营，靠的是优良的产品质量和对客户诚守信誉的态度。有四十多年历史的"×××"牌过磷酸钙早已在消费者头脑中根深蒂固，顾客是企业的上帝，四十年来，我们以生产经营为重点，提高质量，降低消耗，生产出物美价廉，适销对路的产品，千方百计令顾客满意，从而赢得上帝的心，才保住了我们的品牌。目前虽然产品的市场竞争激烈，原材料一涨再涨，过磷酸钙已经成为微利甚至保本产品，我们仍然死守不放，就是因为这个品牌使我们×××人有关无限的精神寄托。

1998年，我公司是×××国有企业第一批转制试点单位之一，当时，企业的产权和经营机制及职工的身份都没有完全变更，只是以政府行为更换了企业名称而已；2002年，公司根据上级部门的有关规定和企业的实际情况，以全体员工买断工龄的形式进行了第二次转制，但由于一些历史遗留问题和部分退休老职工的医保、社保及福利待遇等问题没有得到适当的解决，给企业的健康

发展带来了许多实际问题；2005 年 2 月份，在市委、市政府的正确领导和关怀下，我公司遵照中央、省市等部门的有关文件精神实行了第三次转制。这次我们从企业的产权结构和制度着手，从清晰职工的身份、地位着手，进一步实施了企业的"两个置换"。在这三次的企业转制当中，使我感受最深的一点就是：企业要改革、要发展、要创造效益，离不开政府的大力支持和关怀，也离不开企业广大员工的支持和信赖。本人有幸能连续三届当选为公司董事长、总经理，这就说明一个人只要你能为广大职工办实事、办好事，给企业创造效益，使职工安居乐业，他们就会支持你、信赖你，与你同甘苦、共患难、同舟共济。另外，我们公司现有中共党员 57 人，占职工总人数的四分之一，正是这四分之一的党员职工成为了企业改革、发展的带头人，成为了企业生产经营模范的标兵，我为我们公司有这样一帮为企业保驾护航、使企业顺利走过四十一个春秋的基层中共党员而感到骄傲。

三、保障职工合法权益，是改制必须坚持的原则

从许多国企改制的实践来看，凡是职工合法权益得到切实维护的企业，改制容易成功并焕发新的活力；反之职工合法权益得不到保障的企业，往往引发许多矛盾进而导致改制失败或企业经营难以为继。由此得出一个结论：广大职工应该成为改革的主体和受益者，改革的成果应该让大多数人分享，而不是少数人获利。我们公司在制订转制方案的过程中，并不是一帆风顺的。我们今年的体制改革，最初制定了三个方案，第一是班子控股，第二是全体持股，第三是个人买断。在我们制订的第一方案中，产权制度采取 MBO 制，即由班子买断公司所有净资产，由班子控股。这

一方案在通过公司股东大会之前就下放到员工中讨论，通过信息反馈，我们得知，这种产权制度由于员工的意识存在差异，产生了较大的分歧。为了考虑大多数人的利益，我们毅然采取第二方案，即全体员工持股，结果这一方案得到员工的一致拥护。在经济补偿方面我们也照顾了大多数员工的利益，低于上年度平均工资总额的按平均工资计发，高于上年度平均工资总额的按实际收入计发。

现在，我们公司借企业改革的东风，乘企业搬迁的机遇，进行新一轮（第二次）的创业。文秘部落原创目前正通过引进外资和吸纳民间资本，投资4000万元，在新厂址兴建×万吨/年硫酸和×万吨磷肥/年生产线，使企业进一步做强做大。我相信，有市委、市政府的正确领导和热情关怀，有公司广大员工的开拓进取和爱岗敬业精神，我们×××有限公司的明天会更美好。

汇报完毕，谢谢大家！

【范文三】

教学工作经验交流会讲话稿
——×校长在学校2008年教学工作表彰暨经验交流会上的讲话

各位老师：

金秋送爽、丹桂飘香，在刚刚过去的××教师节庆祝大会上，我校受到了××市委的嘉奖，我们的心情无比激动。今天，全体教职员工又欢聚在这里隆重举行×学年教学工作表彰暨经验交流会，我谨代表学校党政领导向过去一年来辛勤工作的全体教职员工致以迟来的节日问候！向受表彰的××等老师表示热烈的祝贺！向提供宝贵经验的×××等老师表示衷心的感谢！

过去的一年，我们紧紧抓住"解放思想、推进教育现代化"这一大好发展机遇，确立科学发展观，贯彻落实"以为人本，和谐发展"的办学理念，积极践行"思想上一条心、工作上一盘棋、生活上一家人"的×中信念，优化管理机制，发展内涵，打造品牌，教学质量大幅度提高。学校被评为××市科普特色学校、××先进学校，获××省首届中小学德育创新奖一等奖、××市初中教育质量一等奖。××××年中考获得全面丰收：七个科目平均分、合格率、优秀率均超市平均水平，名列全市前茅。其中平均分超53分，合格率超17个百分点，246人上重点线，51人入围××中学正取线，学校较好地实现了初中教育质量新突破。这些成绩的取得主要得益于我们这一支爱岗敬业、默默奉献的教师队伍，正是由于你们的创新开拓、辛勤耕耘，造就了×中一年又一年的灿烂辉煌！

今天受表彰的老师就是其中的先进典型和优秀代表，在他们当中，有教研并重、精益求精、德艺双馨的××、×××、××三位镇名师，有教书育人、为人师表、甘于奉献的××等六位镇优秀班主任，有严谨治学、以身立教、潜心教学、团结拼搏的×××等×位优秀教师，有身先士卒、一心一意为学校谋发展的镇优秀教导主任×××、先进教育工作者××、××，还有锐意进取、教学方法独特、教学效果深受学生欢迎的××等×位教学成绩A等获得者。今天在这里对他们进行表彰和奖励，就是对他们所作出的贡献和优异成绩的高度肯定和褒奖，他们是当之无愧的。我期待，在×中这个大家庭里涌现出更多的名师、更多的优秀先进人物。希望受表彰的教师珍惜荣誉、再接再厉，也希望全体教师学习先进、争创一流，努力成为无愧于学生、无愧于时代、与学校共赢发展的优秀教师！

回首过去的一年，在大家的努力拼搏下，我校实现了跨越式发展，展望未来，我们依然任重道远，对比省市名校，还存在着不少薄弱环节，面临着很大的发展困难和压力（如规模增大、环境优化、中考改革等压力）。站在新的起点上，我们必须全力巩固过去的办学成果，承前启后，把压力转化为发展动力，走内涵式发展之路，努力实现教学质量新突破。具体来说就是要做到：更新一个理念、坚持两个观点、优化三项机制。

1. 更新一个理念。解放思想，实施有效教学，向40分钟课堂要效益。在学校发展的今天，我们要讲究低耗高效和减负增效的策略，苦干与巧干有机整合，大力推广"有效备课、有效上课、有效作业、有效反馈、有效辅导"的做法，做到"三精"——备课精选、课堂精讲、作业精炼。

2. 坚持两个科学发展观。首先是坚持"在学生素质全面发展基础上提高升学率"的质量观。切实加强校园文化和学风建设，营造良好的学习氛围，挖掘学生创造潜能；开展好文学社等一系列第二课堂精品活动，使之成为"发展学生个性特长、全面提高素质"的乐园。积极打好竞赛战役，使之成为中考成绩的增长点。其次是坚持"教师是学校发展的第一资源"的教师观。在教学实践中增加"研究"的品质，鼓励大家勤思、帮助大家深思、促进大家反思，把骨干教师放在把关位置上加以培养，以发展的眼光看每一位教师，把学校发展的需要和教师专业成长的需要较好地结合起来，实现共同发展的双赢局面。

3. 优化三项机制。一是优化教学质量监控机制，实施教学质量的全程监控，落实教学常规检查、课堂教学效果评价、学生学习信息反馈及学习标兵班评比等制度，及时准确地掌握教学动态，纠正存在问题。二是优化临界生"向上走"的转化机制，做好三类临界生（优秀生、合格生和后进生）的跟踪辅导工作，主攻"一分两率"，整体推进，全面提高教学质量。三是优化"一评两考三激励四发展"的教师评价机制，以"师德师能"为评价核心，严格常规与绩效考核，落实奖教、评先选优及职称晋升三项激励措施，形成"教学能手、教学骨干、学科带头人、名师"的四个发展层次，从而逐步提高教师队伍素质，实现学校和教师队伍的可持续发展。

老师们！新的历史阶段，教育将面临大变革、大发展，我们的教育教学改革正逐步走上科学发展的道路。站在新的起跑线上，面对新形势、高要求，我们要继续保持旺盛的斗志、清醒的头脑，迎接新的挑战，抢抓新的机遇，立足新的起点，树立新的目标，展示新的形象，谋求新的突破。"有梦想谁都了不起，有勇气就会有奇迹"，让我们满怀信心和希望，以新的努力去取得新的成功，以新的成功去开拓新的天空，为自己也为×中谱写光辉灿烂的新篇章！

【范文四】

在全市农村"双通"工程现场会上的表态发言

×××

各位领导、同志们：

全市村村通公路、户户通自来水工程是市委、市政府进一步完善农村基础设施、改善农村投资环境、拉动三河经济超常规、跨跃式发展的一项重要举措，也是实现"三个代表"，真心实意为群众办实事、办好事的具体体现，它代表了全市人民的共同心愿，反映了××市45万人民的共同心声。

做为全市农村"双通工程"和××路改建工程的具体承建部门，我们交通系统广大干部职工深感使命神圣，责任重大。在此，我代表交通局党组和全系统一千多名干部职工表示，决不辜负市领导的重托和全市人民的希望，全身心地投入到工程建设主战场，继续发扬艰苦奋斗、真抓实干、无私奉献的精神，坚决做到领导到位、组织到位、措施到位，圆满完成市委、市政府交给我们的任务。具体做好三方面的工作：

一是提高认识、统一思想。全系统广大干部职工要把农村"双通工程"和燕灵路改建工程作为2002年全局工作的重中之重，统一思想、统一指挥、统一行动，集中一切可以集中的人力、物力、财力，全力以赴推动这两项任务的顺利进行。

二是精心安排、周密组织。针对时间紧、任务重、施工场地分散、雨季即将来临等的不利因素，我们要严格按照市委、市政府的安排布置，严密组织施工，合理安排施工步骤，争时间，抢速度，确保工程按期、按质完成。

三是加强管理、确保质量。坚持质量第一的原则，切实建立健全质量监督管理体系，明晰权责，量化到人，确保公路规划一条，建设一条，合格一条，力争把好事办实，把实事办好。

总之，我们要在市委、市政府的正确领导下，在社会各界的共同参与和全市人民的大力支持和协助下，全力以赴、团结奋进，按期按质地向市委、市政府和全市人民交上一份合格的答卷。

谢谢大家！

第五章
主导类讲话稿

◎ 指导性讲话稿

◎ 总结性讲话稿

◎ 说明性讲话稿

指导性讲话稿

【定义】

指导性工作会议上的讲话，是指领导对某一项工作提出自己的看法、主张，以此来指导下属工作的开展，有时还针对具体问题提出应采取何种对策的指导性意见。

指导性讲话有的代表领导个人对某项工作的看法，有时也代表某一行业主管部门对整个行业的指导性意见。

【写作指导】

指导性讲话的正文部分一般应包括以下内容：

（1）阐述某项工作的重要性、必要性、紧迫性，提高听众认识，促使与会者采取行动。

（2）详细阐述讲话者对某项工作的看法，包括工作的意义、工作的目标、工作的性质，实现工作目标中存在的有利因素和不利因素，使听众客观、正确地认识这项工作，做到心中有数。

（3）阐述讲话者对做好这项工作的具体设想，工作方法、工作措施、组织保证、工作思路，给大家工作上有所指导。

（4）提出号召，鼓励大家克服困难，迎头赶上，为做好工作而努力等激励性话语。

【写作特点】

感情真挚，重点突出，逻辑严密。

【范文一】

2009 年××省×县贯彻实施行政许可法工作会议主持词

同志们：

现在开始开会。本次全县贯彻实施行政许可法工作会议是由县政府决定召开的。会议的主要任务是认真贯彻落实国务院、省、市政府贯彻实施行政许可法工作会议精神，全面安排部署我县贯彻实施行政许可法工作。参加今天会议的有：全县各乡（镇）、场长、司法助理；政府各部门主管法制工作的负责人、法制科长；副县长同志在百忙之中也出席了今天的会议。

会议的中心议程主要有三项：一是请副县长同志代表县政府作重要讲话；二是由我宣读《政府办公室关于全县开展〈中华人民共和国行政许可法〉贯彻实施情况检查工作的通知》；三是由法制办×××副主任宣读《政府关于清理行政许可项目和行政许可实施主体工作方案》和《行政执法人员培训方案》。首先，请副县长×××同志作重要讲话。

……

下面，由我宣读《人民政府办公室关于全县开展〈中华人民共和国行政许可法〉贯彻实施情况检查工作的通知》。

……

下面，请×××同志宣读《人民政府关于清理行政许可项目和行政许可实施主体工作方案》和《行政执法人员培训方案》。

……

方才，县长代表县政府作了重要讲话，我宣读了《人民政府办公室关于全县开展〈中华人民共和国行政许可法〉贯彻实施情况检查工作的通知》，××同志宣读了《人民政府关于清理行政许可项目和行政许可实施主体工作方案》和《行政执法人员培训方案》。县长的讲话高屋建瓴，全面准确地阐述了行政许可的概念、特征、种类、主要原则及制度，深刻分析了贯彻实施行政许可法的重大意义，并对全县如何做好贯彻实施行政许可法工作进行了全面细致的部署，落实了工作责任，提出了具体要求，希望大家能够认真学习，并结合工作实际，狠抓落实。我宣读的检查《通知》和宣读的三个《方案》里也都对各项工作提出了明确的步骤和时限要求，希望各位能够按照《通知》和《方案》中的要求，在规定的时限内做好各项工作。

就会议精神的贯彻落实，我再强调三点意见：

一是要统一思想，深刻领会会议的精神实质。思想是行动的先导，全面做好贯彻实施行政许可法的各项工作，首要一点就是要在思想上高度重视、认识上深刻领会贯彻实施行政许可法的重大意义。会后，各乡（镇）、场，县直各部门都要召开班子会、干部会，认真学习和讨论××县长的讲话，吃透精神，领会实质。要通过对领导讲话的学习和讨论，进一步加深对贯彻实施行政许可法工作的认识，坚定做好贯彻实施行政许可法的决心和信心。

二是要积极运作，真正把各项工作落到实处。现在距行政许

可法正式实施还有一个月的时间，还有大量艰苦细致的准备工作要做。因此，各乡（镇）、场，县直各部门务必要按照县长的讲话和各个方案的要求，抓紧时间，积极抓好各项工作的落实。回去后，要立即向单位主要领导汇报，并向班子其他成员传达各项工作的具体要求，确保每个班子成员都能够充分了解这项工作，牢牢把握工作主动权。要安排专人负责清理审批项目和实施主体、组织执法人员报名参加培训工作，以上几项工作必须在规定的时限内不打折扣地完成。尤其是县政府组织的这次行政执法人员培训工作，各乡镇、各部门不要以经费短缺、工作人员忙为借口，不参加培训或减少应参加培训的人员，应从促进规范执法、公正执法、维护法制统一和尊严、进一步改善全县经济发展软环境的高度来认识此次培训的重要性，不要因一时的经费短缺等原因而失去这样一个很好的学习机会，对此，县长在讲话中也做了强调。报名期间，按照报名情况，县政府届时将派督查组到行动迟缓的乡镇和部门进行专项督查。同时，各乡镇、各部门还要按照《通知》要求，认真组织好贯彻实施行政许可法的自查工作，确保我县贯彻实施行政许可法工作在9月份的全省大检查中不出现差错。

三是要精心组织，加强对贯彻实施行政许可法工作的领导。开展清理行政许可项目、清理行政许可实施主体、组织人员参加行政许可法培训、开展贯彻实施行政许可法自查，这几项工作相互交织，不仅情况复杂，工作量也很大，而且政策性、专业性也都很强。因此，各乡镇、各部门一定要加强对这几项工作的领导，主要领导和分管领导都要亲自抓，亲自管，做到精心组织，责任明确，确保学习培训、审批项目和实施主体清理、贯彻实施工作的自查等各项工作任务能够如期完成，并达到理想的成效。

散会

【范文二】

××省××市××县创建全国文明城市动员大会会议主持词

同志们：

现在开会。这次创建全国文明城市动员大会是经县委研究决定召开的。主要议题是动员全县人民积极参与到创建文明城市活动中去。参加今天会议的有：各镇党委书记、镇长、分管副书记、分管副镇长、宣传委员，县直党政群机关、正局级事业单位、直属机构主要负责人和中型以上企业分管政工的负责人，受表彰的先进单位和个人代表。

这次会议的议程有六项：一是表彰先进；二是县委副书记、副县长×××同志宣读《中共××县委、×××县人民政府关于争创全国创建文明城市工作先进城市的实施意见》；三是表态发言；四是县委书记×××讲话；五是县委副书记×××讲话；六是县委副书记、县长×××同志讲话。

同志们，这次创建全国文明城市动员大会的议程已进行完毕。会上，对××××年度精神文明和宣传思想工作先进单位先进个人进行了表彰。×××书记宣读了《中共××县委、××县人民政府关于争创全国创建文明城市工作先进城市的实施意见》，特别是××书记对创建全国文明城市和宣传思想工作讲了非常重要的

意见，希望大家一定要认真学习、深刻领会，抓好落实。

下面，我就这次会议的贯彻落实问题再强调以下几点：

一是要提高认识，抓好落实。要组织广大党员干部认真学习××书记的讲话精神，切实把思想和行动统一到××书记讲话精神上来，统一到县委对加强新形势下创建全国文明城市的部署和要求上来。树立创城工作的紧迫感和危机感。创建全国文明城市时间很紧，标准很高，创建任务非常繁重，特别是我市创建热情很高，同时与其他城市竞争相当激烈。全县上下必须齐心协力，达成共识，进一步增强紧迫感和危机感，立即行动起来，迅速掀起创建全国文明城市的热潮。

二是以创城为契机，带动和促进各项工作。要把创建工作作为全县经济和社会各项事业发展的总抓手，把各方面的任务统揽于一个总体目标之下，集中方方面面的力量，全面推进我县的城市现代化。特别是要通过创城，提高县城辐射力。要把创城工作作为改善县城环境，提高社会服务水平的助推器，作为全面提高市民文明素质的突破口，带动两个文明建设全面发展。要把创城工作落脚到为人民群众办实事上，使人民群众真正得到实惠。

三是切实加强领导，落实责任。要切实加强对创城工作的组织领导，全面落实工作责任，确保各项任务的落实。当务之急，是要下大力气抓好市容环境卫生的综合整治，为创城创造良好条件。

同志们，在党的十六大召开前，创建全国文明城市工作面临前所未有的机遇和挑战，让我们以邓小平理论和江泽民同志"三个代表"思想为指导，与时俱进，开拓创新，求真务实，真抓实干，深入贯彻好这次会议精神，确保创建全国文明城市取得成功，以优异的成绩向党的十六大献礼。

会议到此结束，散会！

【范文三】

××省××市城市绿化动员大会主持词

同志们：

现在开会。这次城市绿化动员大会，既是新春佳节之后按照惯例召开的第一个会议，也是一个收心会议。会议的主要议题是，总结回顾去年的城市绿化成绩，安排今年的城市绿化工作，动员全市人民积极行动起来，迅速掀起春季城市绿化高潮，从而进一步改善我们的城市环境，提高城市的品位和形象，为创建国家园林城市做出更大的贡献。今天的会议议程主要有三项，第一项请××同志作动员讲话；第二项作表态发言；第三项请××市长讲话。

现在进行第一项，请××同志作动员讲话。

……

下面进行第二项，表态发言，首先请××发言，××作准备。

……

下面请××发言。

……

下面进行第三项，请××市长讲话。大家欢迎。

……

同志们，刚才××同志对去年我市的绿化工作作了简要总结，对今年的绿化工作作了具体安排部署，××分别作了发言，介绍了他们搞好绿化工作的经验，他们的做法值得我们各个县市区，包括市直有关部门学习借鉴。××市长也作了一个很好的讲话，对进一步做好全市的城市绿化工作提出了明确要求，希望大家结合各自实际和分配的任务，认真抓好落实。下面，根据节后的工作，我再提几点要求：

第一，要认真贯彻好今天的会议精神，切实搞好城市的绿化工作。城市绿化工作的重要意义，刚才××同志和××市长都谈得非常清楚了。城市绿化工作，是市委、市政府的一项重要工作，也是我市四创工作的重要组成部分。市委、市政府多年坚持春节后上班第一天召开城市绿化工作动员会议，就表明了我们对这项工作的认识和重视。希望大家进一步提高认识，切实加强领导，按照今天会议的统一部署，认真组织好春季绿化工作。在绿化过程中，要特别做好以下五个结合：一是专业队伍绿化与社会各界积极参与相结合。二是抓重点、出精品与整个城市的整体绿化相结合。专业队伍要抓精品抓重点，市直各个部门、各有关单位要在整体绿化上下功夫，做出自己的贡献。三是政府的投资与人民群众的广泛参与、义务植树相结合。四是加大绿化投资建设与严格的管理相结合。市政府每年都要投入大量的城市绿化经费，绿化之后，加强管理、保证绿化效果是一项很重要的内容。因此，专业队伍要加强管理，社会各界广大人民群众也要积极保护，爱护好我们的绿色家园。这二者要很好地结合。五是原则要求、严格的责任制与考核相结合。我们提出绿化工作的原则要求和严格的责任制，一定要和严格的考核统一起来，以严格的考核来检验绿化的成果。这是我讲的第一个问题。

第二，就是要收心，集中精力抓好工作。我们经常讲"一年之计在于春"，但实际上从去年农历腊月二十三之后，大家都忙着过节了，节后按照习惯，到正月十五才算正式过完年，这前后将近一个月的时间，很多人的精力都没有完全放在工作上。过春节是个传统习惯，只要没有影响到正常工作，本来也无可厚非。但是，在高高兴兴过节的同时，同志们一定要明白，今年是"十一五"规划的第一年，改革、发展、稳定的任务很重，做好今年的工作，对我市今后很长一个时期的发展，都具有十分重要的意义。因此，希望大家能够迅速地收心，尽快从过节的氛围中调整出来，集中精力抓好各项工作。明后天，市人大、政协会议就要陆续报到召开。当前，我们一定要首先集中精力把两会开好。今天参加会议的都是各单位的主要负责同志，这次会议之后，对本单位的工作，尤其是农历正月十五之前的工作都要进行认真具体的安排部署。尤其是两会期间，各单位主持工作的同志，更要把工作安排好、安排细、安排实。市直机关工委和新闻宣传部门，在这一段时间内，要注意监督检查各个单位坚守工作岗位的情况、工作开展的情况，好的要进行表扬，差的要进行公开曝光。总之一句话，希望大家把心迅速收回来，按照市委八届十一次全会精神的要求，"关注今日"，能今天干好的工作就今天干好。要从"今天"开始，切实紧张起来，做好招商引资、项目建设等各项工作。昨天已经立春，马上就要进入春季了，春暖花开，温度会上升很快，我们的很多基础设施建设工作，尤其要紧紧抓住这个时间，能开工的尽

快开工，已经开工的要加快进度。

第三，要继续做好党风廉政建设工作，尤其是节日期间的廉政工作。春节之前，我们就明确提出了这方面的要求。总体上看，大家做得都不错，但还需要继续坚持。为什么这样说呢？因为按照我们的惯例，不过"十五"节日就没完，节日之前拜早年，节日中间拜大年，过了春节上班拜晚年。因此正月十五之前就容易形成一个相互走动、吃喝的高峰期。所以，大家仍然需要紧绷党风廉政建设这根弦，要始终如一地按照上级的要求，在各方面严格要求自己，继续做好节日期间的廉洁自律工作，尤其要坚决防止和反对用公款大吃大喝、用公款送礼等行为的发生。一定要严格要求自己，对党风廉政建设，一刻也不能放松。过了节后，我们还要专门召开会议进行党风廉政教育。

第四，安全稳定工作还要切实抓紧。节日期间，由于大家的共同努力，××安全稳定形势总体比较平稳，往年比较多的交通事故问题也有所下降。但是，安全的弦一刻也不能放松。大家在媒体上都已经看到了，正月初一下午两点多，××的××又发生烟花爆竹爆炸，死了30多个人，伤的还有几十个，造成了巨大的生命和财产损失。但追究这起事故的起因，仅仅就是一个小孩放鞭炮引起了仓库的爆炸。所以，大家一定要高度重视起来，继续排查不安全因素，尤其要多注意平时容易忽略的隐患部位。关于社会稳定工作，市里的两会明天就要报到召开，3月初全国两会也将召开，希望各个单位尤其是领导同志，以高度的责任心和细致的工作，继续做好各种不稳定因素的排查，把问题消灭在萌芽状态，解决在基层单位，确保安全稳定。

今天是上班的第一天，我们召开这个会议，就是希望大家能够收心。会议之后，各单位要抓紧安排好各自的工作，在集中精力开好两会的同时，保证各方面工作有条不紊地开展，为全年的工作奠定良好的基础。

散会！

总结性讲话稿

【定义】

在总结性会议上的讲话，是指对某一时期工作或某项工作实践情况，进行全面系统的检查、分析、研究，并作出总评价的一种讲话形式。

【作用】

对工作总结经验，吸取教训，有利于明确今后工作方向，更好地开展工作；有利于不断提高政策水平，增强执行政策的自觉性。

【写作指导】

总结性会议讲话稿的正文部分应该包括以下内容：

1. 概述主要精神和中心内容

简要概述工作基本情况和主要经验体会，存在的问题、缺点

与教训，今后改进工作的设想。

2. 工作方法、成绩和经验体会

主要是讲清楚做了哪些工作，采取了哪些做法和措施，取得了哪些成绩，有什么经验和体会。

3. 存在的问题、缺点和教训

指出在工作中存在的尚未解决的问题，尚未克服的缺点或新发现的应当解决、克服的问题、缺点，并分析其存在的严重性原因。

4. 今后改进工作的设想

针对存在的问题，结合经验教训及有关规律性认识，提出今后工作的设想。

5. 结束语

它是用简练有力的语言号召大家为做好今后工作而努力奋斗。

【写作特点】

实事求是，立足现实，重点突出，文字简练。

【范文一】

真抓实干，积极稳妥推进查违工作
——××市总结大会讲话稿
20××年×月×日

××市××区东临大亚湾、大鹏湾，南接深圳经济特区、香港，西连宝安，北通惠州和东莞市，依托国际中转大港盐田港和平湖物流基地，拥有得天独厚的地理位置、储备丰富的土地资源。

是××市面积最大的市辖区，总面积844.07平方公里，下辖11个街道办事处，总人口133万人。自2004年10月28日市委、市政府召开全市城中村改造暨违法违章建筑清查工作动员大会以来，我区紧紧依靠全区人民的智慧和力量，认真落实市委、市政府的会议精神，真抓实干，狠抓落实，积极稳妥地推进查处违法建筑和违法用地工作，取得了阶段性成果。

从2004年10月28日至2005年11月30日，全区共发出各类法律文书3408份，处理投诉案件3849宗，组织拆除行动500次（其中爆破拆除4次，拆除建筑面积26960平方米），拆除违法建筑1143栋（宗），建筑面积46.84万平方米、清理占地面积52.14万平方米。其中拆除永久性违法建筑954栋，建筑面积达31.93万平方米；临时性违法建筑189宗，建筑面积14.91万平方米。全区共拆除"五类地区"违法建筑31栋，建筑面积4.21万平方米。有力地打击了新建、抢建违法建筑行为，使全区新建违法建筑基本杜绝，违法抢建的势头得到了有效遏制，其中××、××、××等三个街道全年基本无新建、抢建现象。对"新建违法建筑和2004年10月28日以后抢建的违法建筑，有一栋拆一栋"的"底线"政策得到了落实，"五类"违法建筑清拆完毕。较好完成了市委市政府提出的第一年查违工作任务。

2005年5月3日，××市副市长××率队到我区检查"五一"期间查违工作时指出：××区的查违工作难度很大，力度也很大，效果非常好。体现出主要领导高度重视；职责明确、责任到位；合力执法、严格执法；宣传法律、宣传政策；群众支持、群众监督等五个特点。6月28日，××市委副书记、市长×××在率队到×

×区调研查违工作时指出：××区的查违工作领导重视、组织严密、措施得力、进展顺利、效果很好。10月5日，市委常委、副市长×××再次率队到我区检查查违工作时指出：××区的查违工作做到了将查事与查人相结合，查楼与查地相结合，铁腕执法与法制宣传相结合等三个有效的结合，经过一年的努力，取得了很大的成绩，他对此深表满意。

下面，我代表区政府就我区查违工作的主要做法、当前工作存在的主要问题、下一步查违工作的打算向各位领导做一个汇报：

第一条：我区查违工作的主要做法

1. 统一思想，明确目标（略）

2. 摸清底数，分五个阶段周密有序地推进查违工作（略）

第二条：领导抓、抓领导

正确的路线确定以后，干部就是决定因素，在查处违法建筑和违法用地的工作中，市、区领导高度重视，通过采取设立机构、领导挂点，领导亲自率队下到一线督查，定期召开总结等一系列措施，保证了全区查违工作高效有序的开展。

1. 领导重视、主要领导亲自抓（略）

2. 抓领导，严抓党员干部（略）

第三条：敢碰硬、严治理

近几年，我区违法建筑和违法用地现象不断，拥有违法建筑的群体较大。治乱当用重典，针对这一矛盾，我区主要从对违法建筑物和对违法建筑当事人两个方面着手，通过一系列的重拳出击，取得了较好效果。

1. 重拳出击，爆破拆除了一批违法建筑（略）

2. 出台责任追究办法、问责违法建筑管理者（略）

3. 动真格，依法查处有关当事人（略）

4. 各部门密切合作，形成强大查处合力（略）

第四条：建网络，广宣传

为了使查违工作真正落到实处，坚决遏制违法抢建行为，我区重点着手打造了"四张网"：即四级立体的巡查网络、及时有效的信息网络、形象生动的宣传网络、顺畅有效的群众监督网络。

1. 建立四级立体的检查、巡查网络（略）

2. 建立及时有效的信息网络（略）

3. 建立形象生动的宣传网络（略）

4. 建立顺畅有效的群众监督网络（略）

第五条：靠基层，施良策

查处违法建筑，根在基层，我区充分发挥各基层的工作积极性和创造性，一些街道、居委会敢抓敢管，在查违工作中创造性地取得了一些行之有效的经验。

1. ××区南约社区为坚决查处违法建筑，打击违法抢建行为，制定"五项措施严禁违建"。2005年4月4日，南约社区在"关于查处违法建筑行为的专题会议"上出台五项措施严禁违建：一是把查违工作作为当前主要工作来抓，对所有违建责令停工并立即断电断水；二是把查违工作与股份分红挂钩；三是社区干部、居民小组干部、全体工作人员及其亲属存在违法抢建行为的，立即停止上班；四是党员有违法抢建行为并屡禁不止的，对其作出党纪处分；五是对在建的违法建筑进行彻底调查摸底，做到居民小

组辖区内"零违建"行为。这五条措施实施后，有效制止了该辖区的违法抢建，特别是确保了辖区内马桥地段违建的顺利拆除。

2. ××街道自城市化实施以来，把转地工作与非法抢种抢建责任追究挂钩。2005 年 6 月 8 日，××街道办在转地与查违专题工作会议上作出一项决议：按照"属地管理，守土有责"的原则，对在转地过程中仍出现违法抢种抢建的社区、居民小组，追究其主要负责人的行政责任，对参与违法抢种抢建的，除追究参与者的法律责任外，还要追究社区、居民小组主要负责人的行政责任。

3. ××街道党工委、街道办事处四条"铁律"，严查违建。2005 年 1 月 12 日，××街道办在《关于进一步强化措施落实查处违法建筑和违法用地工作责任的决定》（××党工委〔2005〕2号）中颁布了查违工作的四条"铁律"：查处违法建筑和违法用地实行辖区负责制和"一票否决"制，对领导班子工作不力、制止不力、拆除不力的，由党总支书记负领导责任，停止总支书记职务，改任清拆违法建筑专业队队长，亲自指挥拆除违法建筑，直至拆完为止。党工委将视其工作表现和效果，再行复议能否复职续任。文件下发后，辖区内的违建得到了有效的监控。

第六条：寻出路、重疏导

1. 加快办理复工。为妥善解决××区停建违法建筑分类处理和分批复工问题，解决部分集体经济组织及个人的实际困难，避免社会财富的浪费，根据市政府《关于研究停建生产经营性违法建筑处理问题的会议纪要》精神，我区出台了《××区工业类和公共配套类停建违法建筑申请复工管理暂行办法》。办法出台后，我区不断采取措施加快复工办理进度，以便对违法建筑进行有效疏导，同时也可以大大减轻我区查违工作的压力，以便把有限的人力、物力、财力用于查处新建、抢建的违法建筑。目前"复工"工作正在全区按步骤实施，据统计，我区有登记在册的未竣工的工业类和公共配套类停建违法建筑907宗，1338栋。截止到2005年11月30日，全区共收复工申请材料301宗，五个职能部门审查通过的全区共140宗、430栋。

2. 对10月28日前已开工现已停工的村民无房户、政府征地拆迁安置户和危楼处理采取特殊措施。对此类问题采取相应的应急措施，以及时消除安全隐患，避免安全事故的发生，解决其原村民无房居住的问题。

【范文二】

××集团×××年总结会议讲话稿

同志们：

经过全体与会同志的共同努力，我们圆满完成了各项议程，达到了预期目的。这次会议总揽改革、发展和稳定的大局，高扬科学发展的主旋律，是一次解放思想、与时俱进、开拓创新的大会，是一次承前启后、继往开来、团结务实的大会。这次会议必将在我们新的历史发展阶段产生积极而深远的影响。

这次会议的主要特点是：

一是主题突出，意义重大，影响深远。这次会议深入贯彻落实上级指示和要求，就如何做好今后一段时期的工作，做出了具

体部署。这次会议不仅管当前，而且管长远，是一次谋划长远发展大计的会议，是一次指导今后一个时期改革、发展、稳定大局的会议。会议的召开，标志着新的历史性转变的开始，预示着我们改革和发展进入了一个新阶段。

二是内容丰富，目标明确，任务具体。这次会议内容十分丰富，既学习贯彻了有关文件精神，又传达落实了上级领导指示要求；既聆听了领导讲话，又听了基层同志的讨论；既总结了过去一年的工作，又部署了下一年的具体任务。会议确定的工作思路，既高屋建瓴，又简单明了。会议部署的任务目标，既切合实际，又鼓舞人心，为我们的发展确立了努力方向和奋斗目标。

三是会风务实，紧凑有序，反响强烈。整个会议体现了实事求是、求真务实的精神，无论是领导讲话还是会议讨论，都说实话、想实招、谋实事、求实效。

这次会议的重要收获是：

一是认清了形势，看到了差距，增强了做好今后工作的紧迫感和使命感。

二是明确了目标，振奋了精神，增强了实现更大宏伟目标的信心和决心。

三是交流了经验，开阔了视野，增强了奋发有为、建功立业、勇于进取、开拓创新的意识。

会后，大家一定要认真学习领会本次会议的精神，抓好传达贯彻。具体讲要做到"五落实"：

一是抓好思想落实。要迅速把全体人员的思想统一到本次会议精神上来，把行动凝聚到本次会议精神上来。

二是抓好宣传落实。要迅速召开各级会议进行传达贯彻，吃透会议精神，用以指导具体工作。

三是抓好责任落实。要做到一级抓一级，层层抓落实，把会议确定的任务目标分解到部门，落实到人头。

四是抓好措施落实。一定要制定切实可行、科学合理的各项措施，确保任务目标的全面实现。

五是抓好工作落实。大家一定要把会议精神不折不扣地落实到每项工作中去，把各项具体工作抓紧、抓细、抓实。

特别强调一下会议精神的学习宣传，要做到"四要"，具体讲就是：一要迅速传达；二要原原本本；三要结合实际；四要及时反馈。

最后，祝大家工作顺利，身体健康！谢谢大家！

【范文三】

全国科普工作会议总结讲话稿

各位代表、同志们：

全国科普工作会议就要结束了。在党中央、国务院的重视和关心下，通过科普工作联席会议各成员单位和有关部门的团结协作，与会代表们的共同努力，本次会议顺利地完成了各项任务。在这次会议上，我们认真学习贯彻党的十六大精神，全面贯彻"三个代表"重要思想，总结了过去几年科普工作的成绩，分析了面临的新形势，研究部署了今后一个时期科普工作的任务和加强

科普工作的措施，表彰了全国科普工作先进集体和先进工作者，命名了第二批全国青少年科技教育基地。

李岚清副总理出席会议并作了重要讲话。李岚清副总理的讲话，从学习贯彻党的十六大精神，贯彻"三个代表"重要思想，全面建设小康社会，加快推进社会主义现代化进程的高度，阐述了新时期大力发展科普事业的重要意义；对新时期科普工作提出了明确的要求；并围绕贯彻落实《科普法》指出了今后开展科普工作的重点任务；这对于我们今后开展科普工作具有十分重要的指导意义。李岚清副总理的重要讲话，体现了党中央和国务院对科普工作的高度重视，体现了党中央和国务院对广大科技工作者、科普工作者的关心和期望。代表们围绕李岚清副总理的讲话进行了认真学习和讨论，认为岚清副总理的讲话高屋建瓴，理论性、指导性强，鼓舞人心、令人振奋。

在这次会上，科技部徐冠华部长作了工作报告。徐冠华部长的工作报告，从学习贯彻党的十六大精神出发，深刻分析了科普工作面临的新形势、新挑战和新任务；全面总结了近年来科普工作取得的成绩，指出了科普工作存在的问题和不足；提出了科普工作与时俱进的工作思路和要求；全面部署了贯彻实施《科普法》的九项重点工作。中宣部胡振民副部长就加强科普宣传工作发表了重要讲话，徐善行副主席代表中国科协也做了重要讲话。代表们也围绕徐部长的工作报告和胡振民副部长、徐善行副主席的重要讲话进行了热烈讨论。大家认为他们的报告和讲话内容丰富，思想深刻，体现了与时俱进、开拓创新的精神，具有很强的指导性和可操作性，大家一致表示赞同。

　　会上，教育部、卫生部、中国科学院、共青团中央、全国妇联等有关部门和单位结合自己开展的科普工作作了发言。地方政府、宣传部门、科协的代表，来自新闻媒体、科研机构、科普基地的代表以及科普工作者的代表等，也都作了各具特色的发言。

　　会议分为六个组进行了热烈的讨论。大家围绕加强科技馆等科普设施建设、鼓励科普事业发展的税收优惠政策等提出了很多很好的意见和建议，我们将认真研究。大家对这次会议给予了高度评价，认为在十六大胜利闭幕后不久，科技部、中宣部和中国科协召开第三次全国科普工作会议，很及时、也很必要。这次会议统一了思想、提高了认识，是一次团结、奋进的会议，是一次鼓舞人，求真务实的会议。

　　下面我就贯彻这次会议的精神，谈几点意见。

　　第一，继续深入学习贯彻党的十六大精神，以"三个代表"重要思想为指导，进一步认识科普工作面临的新形势、新挑战和新任务，努力开创科普工作的新局面。

　　这次会议的主要内容，就是学习贯彻党的十六大精神，全面贯彻"三个代表"重要思想，充分认识科普工作面临的新形势、新挑战和新任务，研究部署今后一个时期科普工作的任务和加强科普工作的措施。大家回去后要组织科技工作者、广大科普工作者认真学习党的十六大报告、全面领会贯彻十六大精神，进一步认识科普工作的重要性和科普工作面临的新形势、新挑战和新任务，在继续总结过去工作经验的基础上，认真研究新时期、新阶段开创科普工作的新思路和新举措。大家回去后，还要向党委、政府主要领导汇报这次会议的精神，要组织传达本次会议精神，

特别是要传达李岚清副总理重要讲话和徐冠华部长的工作报告，以帮助大家更好地结合各地科普工作实际，把各项任务落到实处。各省、自治区、直辖市和计划单列市、新疆生产建设兵团科技厅、宣传部门和科协要共同研究制定贯彻这次会议精神的意见，并于2003 年 4 月 1 日前将书面贯彻意见同时报科技部、中宣部和中国科协。

第二，采取切实有效措施，认真贯彻《科普法》。

这次会议，围绕《科普法》的贯彻落实，进行了认真研究和部署。要认真按照本次会议的要求和部署，采取有效措施，推进《科普法》的贯彻实施。要结合学习贯彻十六大精神，进一步抓好《科普法》学习和宣传工作，抓好《科普法》在本地方、本部门的贯彻实施。要严格依法办事，认真履行法律赋予的职责，切实落实《科普法》规定的各项保障措施，积极配合各级人大的执法检查，保证我国科普工作在法制轨道上健康发展。要抓好科普发展规划制定、政策协调落实、科技馆等基础设施建设、加大科普投入、繁荣科普创作、人才队伍建设等各项工作，要在近期认真抓几件实事，从各个方面为科普工作发展创造良好的环境，提供有效支持。

第三，要重视宣传、学习和借鉴各方面开展科普工作的经验。

科技部、中宣部、中国科协为了开好这次会议，做了精心的准备，安排了 26 个大会发言，此外还有书面交流材料。这些都是开展科普工作成绩突出的典型，有很多很好的经验和创造。这些经验来自不同的地区、不同的部门、不同的领域、不同的层次，丰富多彩，值得大家认真学习、研究和借鉴。要广为宣传这些典型，认真学习他们的经验。特别要组织大家向科普先进工作集体和先进个人学习。

第四，要加强联合协作，共同推进科普事业大发展。

科普工作是一项大众的事业，是全社会共同的任务，具有鲜明的群众性和社会性。《科普法》要求动员国家机关、社会团体、企事业单位、农村基层组织等全社会的力量，共同推动科普事业的发展。李岚清副总理的重要讲话，徐冠华部长的工作报告和胡振民副部长、徐善行副主席的讲话，都强调了要加强联合协作，形成政府引导，全社会参与科普事业发展大协作的格局。

各级政府要加强对科普工作的领导，各级科技管理部门、宣传部门、科协要从全面建设小康社会，推动科普事业大发展的全局出发，进一步加强协作；联合社会各个方面共同开展科普工作。

各位代表、各位同志，这次全国科普工作会议的召开，适逢党的十六大闭幕不久，意义十分重大。大家要充分认识到肩负的历史责任，让我们高举邓小平理论伟大旗帜，以"三个代表"重要思想为指导，全面贯彻党的十六大精神，在以胡锦涛同志为总书记的党中央领导下，求实创新，与时俱进，努力开创科普工作的新局面。谢谢大家！

【范文四】

××市政协创先争优工作总结

同志们：

在我市创优工作进入冲刺阶段的关键时刻，市政协组织政协委员，深入到各创优责任单位，对创优工作进行全面、细致的视察。这充分说明了市政协对创建中国优秀旅游城市的重视和支持。在此，我代表市委、市政府，对市政协为全市创优工作所做的工作表示衷心的感谢！

刚才，市政协六个视察小组分别通报了视察情况，对创优工作取得的成绩给予了充分肯定，一针见血地指出了存在的问题，对下一阶段工作提出了很好的意见和建议，既为我们开阔了工作思路，也使我们进一步增强了工作的紧迫感和责任感，必将对全市创优工作起到极大的推动作用。

下面，我就借政协视察的东风、落实政协提出的对策建议、切实抓好冲刺阶段的工作，讲五条意见：

一、进一步加大宣传造势力度。创优工作是促进××发展、造福××人民的好事，只有广泛动员、组织广大市民群众参与和支持才能取得成功。前一阶段我们虽然做了不少工作，但像宣传"一节一会"那样做到家喻户晓、深入人心，我们还需要做大量的宣传发动工作。下一阶段，各部门、各单位、各新闻媒介，特别是各个城区办事处、居委会，要充分运用各种宣传手段和形式，广泛深入地宣传"创优"工作的重要性和紧迫性，要在宣传的针对性、深入性、多样性上再下功夫，做到丰富多彩、生动活泼，通过扎实有效的宣传发动，使广大干部群众更好地支持创优、参与创优，形成强大的创优工作合力。要结合公民道德建设年、宣传月、实践日活动，继续在全社会广泛宣传"二十字"公民道德建设基本规范，大力倡导文明、热情、诚实、守信的良好风尚，善待外地客、严律自己人，坚决杜绝欺生宰客等损害××名声的不良行为，重塑××良好形象。特别是要在机场、车站、涉旅企业等窗口行业大力开展精神文明创建活动，深入开展优质文明服务，牢固树立"人人都是××形象、个个都是旅游环境"的城市意识，为创建中国优秀旅游城市、大力发展旅游经济创造一个良好的环境。

二、进一步加大硬件建设力度。根据市政协通报的情况，目前，硬件建设还有不少问题。我们要根据政协视察反馈的情况，对所有硬件建设项目进行全面梳理，搞清已完成多少、正在施工或还未施工的有多少，做到心中有数。要督促责任主体单位和实施主体单位加强对项目的建设管理，抓紧建设施工，确保4月底前所有硬件建设项目全部竣工。对于市政府安排的五一前要求完成的18项重点城市建设工程，也要责成有关单位加快进行。目前项目资金缺乏是个普遍问题，政府不能也不可能大包大揽下来，只能采取三种途径加以解决：一是各单位自筹一部分。各建设项目建成后直接受益或受益最大的还是本地或本单位，所以主要资金还要靠各单位想方设法解决。高新区建设一个三星级厕所、鱼梁洲建设的两个旅游厕所，资金都是自筹的，在这方面带了好头；二是政府投入一部分；三是通过市场运作方式解决一部分。我想，

只要肯动脑筋、肯下功夫，资金问题总会有解决办法的。

三、进一步加大规范指导力度。创优工作时间紧、任务重、要求严，要在短期内见到成效，必须不断加强规范指导，保证工作不走或少走弯路。首先要进一步加大对创优档案资料归集的指导，市创优办要经常深入各责任单位，按照"宁多勿少、宁严勿松"的原则，督促各单位加强档案收集整理，缺什么补什么，努力形成全面、规范、完备的创优资料。其次是这次通报会后，迅速组织技术监督、公安、消防、城建、城管、工商、旅游等职能部门深入各创优责任单位，特别是深入失分较多的景区景点、宾馆、饭店及旅行社，按照创优要求指导设立规范的公共信息图形符号，落实安全保障措施，规范商品价格管理，抓好社会环境综合治理，指导旅游行业抓好贯标工作，确保软件和旅游行业规范化工作少丢分。

四、进一步加大环境整治力度。环境问题是直接关系一个城市形象的大问题。正如视察中所反映的，目前，我市市容市貌环境确实存在很多问题：如背街小巷及城乡结合部垃圾不能及时清理，出店经营、占道经营、游散摊点较为普遍，中巴车、出租车、三轮车乱停乱靠及发展无序严重影响交通秩序，城市"牛皮癣"前清后贴、经常反弹，等等，严重影响了××形象，同时也直接危及创优验收。对于这些问题，近一时期我们将重拳出击、标本兼治、集中治理。一是进一步理顺城市管理体制，还权于城区，坚持"条块结合、以块为主"和"谁主管、谁负责"的原则，充分发挥块块在城市管理上的重要作用。二是改革城市管理方式，实行市场化运作，对一些重要路段的经营管理权向社会发包，如××路、××广场等由实体单位承包管理后，环境卫生明显好转。三是严格落实部门责任制。工商、公安、城建、城管、交通等部门要充分发挥职能作用，密切配合，协调作战，加强监管、查处力度，严厉打击危害市容环境的行为。今后涉及哪个部门的问题多，要追究哪个部门的责任。四是集中整治。近期要集中整治景区景点、星级宾馆、饭店、旅行社及两站地区周边环境，严厉打击乱停乱靠、乱摆乱放、占道经营等违规行为。

五、进一步加大督办协调力度。一方面我们市创优委的领导同志要经常过问检查，帮助解决重点问题、疑难问题，为各责任单位当好后盾。另一方面，市创优办要把督办协调作为工作的重点来抓，对涉及部门多，需要多个部门协助完成的工作，通过经常督、反复督推动工作发展。特别是要结合这次市政协视察中提出的景区景点建设任务、旅游厕所和创优广告牌在供水开口费和电力搭伙费方面的政策优惠等需要协调的问题，迅速召集有关部门研究解决。对工作中仍推诿、扯皮影响工作，或对创优工作不支持、不配合、不协助的单位和部门，要予以通报。再一方面，各主管部门也要对所属单位创优目标任务的落实情况进行严格的检查督办。总之，要通过强有力的督办协调，保证创优整体工作顺利进行。

各位同志，市政协对我市创优工作的关心和支持，是我们抓好创优工作、推动旅游业发展的强大动力。对于这次视察中提出的意见和建议，我们将认真采纳，积极消化，用以指导创优工作，推动创优工作更快更好地发展。最后，请允许我再次代表市委、市政府向你们表示感谢。同时，也希望市政协对后一阶段的创优工作多提批评指导意见。

谢谢大家！

说明性讲话稿

【定义】

说明性工作会议讲话，是指阐述说明某件事、某项工作、某一个问题、某一个观点的讲话。一般有理论阐述和情况性说明两种。

【作用】

领导干部对一些工作情况进行说明，对一些理论问题进行阐述，这对于提高其他人员的思想认识，推动工作开展有重要意义。

【写作指导】

说明性工作会议讲话稿的内容结构基本是按"提出问题、分析问题、解决问题"的结构安排，正文同样分为三个部分。

（1）开头：点名会议的主题，介绍会议的背景、意义，阐述会议的目的。

（2）主体：这是正文的核心部分，首先要实事求是、全面、细致地把情况或问题交代清楚，然后深入客观地分析问题的症结，最后提出解决问题的办法，并布置下一阶段的工作任务。

（3）结尾：以号召、希望或要求性的语句，作为全篇讲话的结尾。

【写作特点】

客观事实，调理清楚，语言质朴。

【范文一】

在全国清欠工作电视电话会议上的发言

20××年×月×日

×××部长

根据解决建设领域拖欠工程款部际工作联席会议的研究意见，现将20××年全国清理拖欠工程款工作情况和下一步主要工作作如下汇报。

一、20××年清欠工作进展情况

党中央、国务院高度重视清理建设领域拖欠工程款工作。今年9月，温家宝总理专门作出重要批示。曾培炎副总理今年先后三次听取清欠工作专题汇报，并多次作出重要指示。部际联席会议成员单位认真贯彻落实国务院领导的指示精神，密切配合、加强督促，地方政府全面负责。经过各地、有关部门的共同努力，基本实现了国务院提出的"政府拖欠基本解决、长效机制初步建立"两大预期目标。根据企业网上上报的清欠额统计，截止到12月10日，2003年底以前已竣工工程政府投资项目拖欠工程款解决了645亿元，占政府投资项目拖欠总额的91.4%。其中，天津、上海、辽宁、安徽、江苏、浙江、广东、云南、北京、河北、山东等11省市政府投资项目清欠比例已经超过了95%。中央投资项目拖欠工程款已按计划解决，未发生新的拖欠。农民工工资支付制度基

本建立，2003年以来的清欠成果得到巩固，防新欠长效机制开始发挥作用。在政府加快支付拖欠工程款的带动下，社会项目清欠工作也取得较好进展，清偿2003年底以前竣工社会工程拖欠工程款975.2亿元，占社会项目拖欠工程款的84.4%。各地区、各部门贯彻落实国务院部署和要求，主要做了以下几个方面的工作：

（一）地方政府认真落实责任制，采取了多种有效措施

1. 坚持省级政府负总责，落实清欠责任。云南、福建等省的主要领导亲自部署，明确目标责任。辽宁、河南、广东、河北、浙江、湖南等省市与下属市县签订了责任书，明确了清欠责任，加强了目标考核。山东、江苏、重庆、贵州、广西等省（区、市），根据剩余拖欠数额和财政收入状况，制定了每月的清欠计划。广东、山西等省采取省长约谈、将清欠完成情况列入干部考核内容等措施，督促清欠滞后的市县加快清欠进度。如广东省政府工程清欠比例由9月初的64%提高到目前的98.22%。

2. 多种措施并举，推动政府投资项目清欠。北京、天津、上海、山东等省市加大了对重点地区和重点项目的督查力度。如山东对430个资金不落实的项目不予立项。湖北、四川、福建等省市对有拖欠项目的单位，采取暂停建设用地审批、限制领导干部出国，限制购置汽车及高档办公设备等措施。安徽、浙江、黑龙江、新疆等省区定期通报清欠进度，将清欠目标责任书在媒体上公布，接受社会监督；吉林等省区把清欠工作纳入党风廉政建设责任制。各地采取的各种有效措施，有力地推动了清欠工作的开展。

3. 积极筹措资金，解决政府投资项目拖欠。各级政府在带头偿还本级投资项目拖欠的同时，积极筹措资金，解决财政困难地

区的拖欠问题。云南、山西等省要求各市县把转移支付的资金优先偿还政府拖欠。吉林省停缓建部分新开工项目，将建设资金用于偿还政府项目拖欠。

（二）部际联席会议成员单位紧密配合，加强督查和指导

部际联席会议成员单位每季度召开部际工作联席会，及时研究清欠工作中出现的问题，部署下一步工作。

1. 开展对重点地区和重点行业的督察。4月中旬，部际联席会议成员单位组成10个督察组，对政府投资项目清欠进度居全国后十位的地区进行了专项督察。交通、铁道、水利、民航、信息产业等部门均出台了具体的措施和办法，加强了对本行业清欠工作的督促指导。财政部印发了《关于继续配合有关部门做好政府投资项目拖欠工程款工作的通知》。教育部印发了《关于进一步推进教育项目拖欠工程款清欠工作的通知》。人民银行、银监会分别印发了关于进一步加强房地产信贷业务管理的通知。监察部、国家统计局、司法部、审计署、最高人民法院、保监会等部门积极开展工作，有力地推动了清欠工作。

2. 认真抓好重点项目的专项督查。部际联席会议成员单位分两批对各地由政府投资的20个典型拖欠项目进行跟踪督办。目前，这些督办项目大多数已得到解决。建设部有针对性地组织了对16个城市的市政和房地产项目进行了专项调查，对拖欠数额在2000万元以上，尚未解决的68个政府投资项目进行督办，加快了这些项目的清欠进度。

3. 及时掌握清欠动态，进行分类指导。建设部今年先后组织召开了全国清欠工作汇报会、21省市协调会、约谈会等各类专题

会议。及时分析总结清欠的进展情况和面临的问题，提出分类指导的意见和措施。特别是今年9月，对政府投资项目清欠进度较慢、剩余数额较大的13省进行了两次约谈，12月初又对未完成今年清欠预期目标的5省进行约谈，有效促进了这些省区清欠的开展。如湖北政府投资工程清欠率由9月初的60%提高到目前的93.68%。

4. 运用法律手段解决政府拖欠工程款取得新的进展。最高人民法院专门制定颁发了《关于审理建设工程施工合同纠纷案件适用法律问题的解释》，地方各级人民法院也十分重视拖欠工程款案件的审理和执行工作。目前，进入司法程序的政府投资项目有1892个，涉及金额33亿元，已解决27.2亿元。其中，法院判决和执行923项，解决金额14.1亿元；经调解等方式解决13.1亿元。

5. 发挥舆论监督作用，及时推广先进经验。部际联席会议主动向新华社、《人民日报》、中央电视台、中央人民广播电台等媒体通报清欠工作情况，这些媒体对部分地区清欠工作进行了宣传报道。《中国建设报》也对清欠工作进行了连续报道。部际联席会议清欠办公室还编辑了32期《工作简报》，及时宣传各地好的经验和做法。

（三）制定和完善有关办法，加强长效机制建设

为了建立和完善防止新欠的长效机制，部际联席会议专门进行了研究，国务院有关部门和各地相继出台了一些具体的办法和措施。

1. 针对部分政府工程由于超概算，导致工程款拖欠的问题，国家发展改革委印发了《关于进一步加强中央党政机关等建设项

目管理和投资概算控制的通知》。重庆、广东等省市成立了项目建设管理中心等管理单位，集中负责政府投资项目的运作。宁波、珠海、张家港等城市，规定对城市一些重大政府投资项目要经过本级人大批准后才能立项。

2. 针对一些工程结算不及时造成的拖欠问题，财政部与建设部联合印发了《建设工程价款结算暂行办法》，对结算的程序、时间等提出了明确要求。财政部对政府采购资金的支付等作了进一步明确。上海、青岛等地对工程结算、审计、支付的方式、程序和时间等还作出了具体规定。

3. 针对业主长期滞留工程质量保证金造成的变相拖欠问题，建设部会同财政部印发了《建设工程质量保证金管理暂行办法》，提出质量保证金及时返还的要求。建设部还会同保监会印发了《关于推进工程质量保险工作的意见》，进一步完善了建设工程质量保证机制。上海、北京、厦门等正在进行试点，积累经验，以便全面推广。

4. 针对房地产项目发生新的拖欠问题，建设部印发了《关于在房地产开发项目中推行工程建设合同担保的若干规定》和《建设工程担保合同示范文本》，并在天津、深圳、厦门、青岛、成都、杭州、常州等七个城市进行工程担保的试点。北京、江苏、重庆等省市还出台了在建设工程中实行工程担保制度的办法和规定。

5. 针对建筑市场信用机制不健全的问题，建设部印发了《关于加快推进建筑市场信用体系建设工作的意见》，目前已在长三角等地区开展试点工作。浙江、江苏等省市将拖欠工程款的单位列入"失信单位名单"，对失信单位在市场准入与清出等方面予以

惩戒。

在加强防新欠制度建设的同时，我们还注意从源头上防止农民工工资的拖欠问题。劳动保障部与建设部联合印发《关于加强建设等行业农民工劳动合同管理的通知》，建设部印发了《关于建立和完善劳务分包制度发展建筑劳务企业的意见》，对下一步解决拖欠农民工工资问题，提出了工作目标和任务措施。各地区积极建立农民工工资支付保障制度，开展劳动执法监察工作。

二、当前清欠工作存在的主要问题

（一）部分地区政府项目清欠进度滞后

截至 12 月 10 日，地方政府投资项目剩余拖欠工程款数额约 60.5 亿元。其中包括市政工程 14.5 亿元，政府用房项目 14.1 亿元，交通工程 10.9 亿元，教育工程 5.8 亿元。这些拖欠大多属于地方配套资金不能落实，工程超概算，有的是工程结算时间长，有的是省级政府统筹协调不够，责任落实不到位。

（二）社会项目清欠难度较大

目前，社会项目 2003 年以前拖欠工程款的偿付比例为 84.4%，落后于政府项目的清欠进度。我们在督察中发现一些项目虽然签订了还款协议，但没有落实资金来源。在剩余社会项目拖欠工程款中，有一些拖欠单位由于改制、破产等多种原因，已经不存在，造成了呆账和死账问题。

（三）防新欠长效机制有待进一步完善

有关工程担保、工程价款结算、质量保证金等长效机制措施，在一些地区没有得到很好的贯彻落实。适应投资主体多元化的建设资金监管机制不完善，工程建设超概算的问题也比较突出，部分项目仍存在结算时间长等问题。

（四）2004 年以来新竣工工程仍存在拖欠问题

个别地区仍存在不顾自身经济实力和发展状况，搞所谓的"政绩工程"、"形象工程"，其中不少项目资金来源没有保证，存在边清边欠的现象。还有一些地方政府投资项目仍在要求承包商垫资施工，存在新的拖欠隐患。

三、下一步的主要工作

为更好地完成今年的清欠任务，为明年的工作打好基础，部际联席会议各成员单位将努力做好以下三个方面的工作：

（一）督促各地完成今年清欠任务

我们将认真贯彻落实曾培炎副总理提出的"四个不动摇"的清欠工作要求，进一步督促省级人民政府，对尚未完成今年工作任务的地区逐级落实清欠责任；在清偿贫困市、县政府投资项目拖欠工程款方面，充分发挥统筹协调作用，帮助其尽快解决；对清欠滞后的地区予以通报，对清欠措施执行不到位的地区和部门采取必要的督促措施。对已进入人民法院执行程序的政府拖欠工程款案件，地方政府及相关部门应主动履行生效法律文书确定的义务，大力支持人民法院的执行工作。

（二）抓紧研究制订明年清欠计划

请各地区、各有关部门按照本次会议要求，对今年清欠工作进行全面总结，制订明年的清欠工作计划，于本月底前报建设部。建设部将会同发改委组织部际联席会议成员单位，共同研究制定 2006 年清欠工作要点，确定工作任务，明确工作责任，提出清欠工作的考核目标与要求。

（三）继续加强各项监督检查工作

部际联席会议各成员单位将继续加强协作，按照职责分工，对政府用房、市政工程、交通工程、教育工程等清欠剩余数额较大的行业加强督查；对项目超概算、配套资金不到位、结算时间长等难点问题进行专题研究；对新开工的项目加强监督，防止产生新的拖欠。对在清欠工作中弄虚作假的单位和个人，我们将会同监察部门严肃追究责任。临近年底，我们将根据这次电视电话会议上培炎同志的讲话精神，继续加强对清理拖欠工程款工作的监督检查，以保证广大农民工按时拿到工资。同时，及时、妥善处理投诉举报，消除恶性事件的隐患，做好应对突发事件预案，严防各种群体性事件的发生，确保社会稳定。

【范文二】

齐心协力 再接再厉全面完成全省各项清欠任务

××省省委书记　×××

党中央、国务院高度重视解决建设领域拖欠工程款和农民工工资问题，近年来，国务院多次召开电视电话会议和座谈会，对清欠工作进行部署。今天，国务院又召开全国清欠电视电话会议，对全国清欠工作取得的成绩进行总结，并对明年的清欠工作进行全面部署。全省各级、各有关部门一定要认真学习，深刻领会，把会议精神贯彻落实到各项清欠工作中去。下面，结合我省清欠工作的情况，我讲三个方面的意见。

一、我省清理拖欠工程款工作取得了突出成绩

今年5月，建设部对全国31个省市区拖欠工程款清偿情况进行了通报，在全国拖欠工程款网上清偿情况的排序中，我省拖欠工程款清欠率排全国倒数第一位，其中政府投资项目工程款清欠率排全国的倒数第二位。面对这一严峻形势，省委、省政府高度重视，千方百计采取措施，进一步加大了清欠工作力度，提出了要以清理网上拖欠工程款为重点，争取今年底完成90%以上的网上清欠任务，次年9月底前全部完成政府投资项目拖欠工程款网上清欠任务的目标要求。经过全省各级各有关部门的共同努力，截止12月12日，全省拖欠工程款清欠率排位由全国倒数第一位上升到第六位，政府投资项目工程款清欠率排位由全国倒数第二位上升到第八位，取得了"完成网上所有拖欠农民工工资的清欠；提前三个月完成政府投资项目的清欠；提前两个月完成90%的网上清欠任务"的突出成绩。

一是全部完成网上拖欠农民工工资的清欠。根据统计，我省网上农民工工资拖欠总额11.58亿元，至2005年春节前，拖欠农民工工资仅剩53.54万元，拖欠的农民工资清欠率达至99.95%。至2005年3月31日，网上所有拖欠农民工工资全部清欠。

二是提前三个月完成政府投资项目的清欠。至2005年9月30日，我省网上政府投资项目原始拖欠工程款总额38.39亿元，共清还工程款36.89亿元，政府投资项目拖欠工程款清欠率达到96.09%，基本完成政府投资项目拖欠工程款清欠任务。全省16个州市的政府投资项目拖欠工程款清欠率均超过全国平均水平。

三是提前两个月完成了90%的网上清欠任务。至2005年10月

31 日，我省网上原始拖欠工程款 63.3 亿元，共清还工程款 58.69 亿元，拖欠工程款清欠率达到 92.72%，提前两个月完成 2005 年清理 90% 的拖欠工程款任务。截止到 2005 年 12 月 12 日，全省清还拖欠工程款 59.51 亿元，清欠率达到 94.01%，全国排名第六位。

我省清欠工作取得的成绩得到了建设部的肯定，《人民日报》、中央电视台等六大媒体进行了采访。总结全省清欠工作，主要有以下几个方面的经验。

第一，领导重视，政府一把手亲自抓清欠。面对今年 5 月我省清欠工作在全国排名倒数第一位的严峻形势，省政府先后于 6 月 15 日、6 月 21 日召开了省清欠联席会议和由各州市主要领导、分管领导、清欠办负责人参加的座谈会，进一步明确了 2005 年清欠工作目标、措施和方法，要求各州市政府和省级行业主管部门一把手亲自抓清欠，对清欠工作负总责。经过努力，我省清欠工作的严峻形势基本得到了扭转，清欠率排在全国的前列。

第二，明确目标，加大对清欠工作的督办。按照省政府提出的清欠目标，加大了对各州市、各行业的拖欠工程款情况的督办和协调。省政府先后两次抽调 19 个部门组成清欠工作督查组，对全省 16 个州市的清欠工作进行重点督查。省清欠办按照省政府的要求，狠抓清欠工作的落实，对没有按期完成清欠的州市，在全省通报。对清欠进度滞后的交通、水利、教育等行业，省清欠办把尚拖欠的项目清单报送有关主管部门，通过行业主管部门督促建设单位及时付清拖欠的工程款。省政府办公厅和省清欠办还先后对省本级拖欠工程款的 29 个建设单位发出督办通知，要求建设单位尽快偿还拖欠的工程款，偿还工程款后督促施工单位及时从网上核销。同时，为确保省本级拖欠工程款项目的清欠，省政府办公厅、省发展和改革委员会、省财政厅、省建设厅、省监察厅、人民银行昆明中心支行等六家单位成立了省本级清欠执行小组，对拒不清欠的省本级建设单位进行强制清欠。经过督办，省本级拖欠工程款的47个项目，除大黄磷等个别项目因国有企业改制及其他复杂原因暂时没有清欠外，其他项目全部得到清理。省清欠办在做好省本级的拖欠工程款项目清欠外，也加大了对网上重点拖欠工程款项目进行专项督办，对网上有拖欠工程款的州市、省级有关部门和企业，发出督办通知350份，督促建设单位及时偿还拖欠工程款，起到了明显的清欠效果。

第三，明确责任，采取多种措施解决清欠。建设领域的拖欠工程款原因复杂，清欠难度很大，为确保我省按期完成清欠任务，省政府要求各级财政在预算支出中，优先安排资金用于政府投资项目拖欠工程款的清欠，以政府投资项目的清欠推动全社会的清欠工作。各行业主管部门动用部门预算内及账外资金偿还拖欠工程款。县乡一级成立专门的工作班子，逐个乡镇、逐个项目进行清理，采取分散决策、逐个清欠、适当补助、依法调节等多种方式偿还拖欠的工程款。省建设厅对房地产企业的清理拖欠工程款提出了明确的要求，进一步强化对房地产开发企业拖欠工程款的督查工作，把房地产开发企业的清欠作为2005年企业资质审查的主要内容，从2005年8月18日起，凡网上有拖欠工程款的房地产开发企业暂停办理施工许可证，同时清欠任务不能完成的房地产企业，2006年将限制或不允许开发新项目，确保在年底前完成90%

的房地产项目拖欠工程款清欠。同时，还提出了对完不成清欠任务的州市，对政府主要领导进行责任追究；省发改委暂停其所有项目的立项和审批；省国土资源厅暂停受理用地报件；省财政厅暂停拨款；省水利厅暂停所有水利项目的审批；省交通厅暂停所有交通项目的审批等措施。省清欠办每月定期对各州市、各行业的清欠情况进行统计，根据统计，6月底有7个州市没有完成，被停止了新建项目的立项；7月底有5个州市没有完成被停了立项；到8月底除××州外其他15个州市全部达到标准。9月底，全省除××市和××市外都达到了95%以上。

第四，加强管理，督促施工企业及时网上核销。在做好对拖欠工程款单位的督查督办的同时，加强对全省被拖欠工程款企业的管理，督促其收回拖欠工程款后及时在网上核销。为配合全省清欠工作，省建设厅推迟全省建筑企业2005年资质审查工作，把企业清欠核销情况与2005年企业资质审查结合起来，把是否及时核减核销网上拖欠工程款作为审核内容之一，凡是不负责任、不及时按清欠要求核销核减的企业，给予停业整顿，情况严重的取消招投标资格。

二、清欠工作中存在的主要问题

虽然我省清欠工作取得较好的成绩，但应该看到，由于我省经济发展不平衡，贫困县较多，随着清欠工作的深入，清欠工作的难度越来越大，需要引起各级政府和有关部门的高度重视。

一是进入司法程序的拖欠工程款项目执行难的问题仍然存在。根据网上统计，目前全省网上进入司法程序的尚拖欠工程款项目有36个，涉及拖欠工程款8256万元，其中法院判决的项目有13

个，拖欠金额 5036 万元；法院已受理的项目有 6 个，拖欠金额 1541 万元；已向法院起诉的项目有 17 个，拖欠金额 1679 万元。进入司法程序的拖欠工程款，执行难问题比较突出。

二是企业拖欠工程款的清欠难度大。在清欠过程中，对属于政府部门的建设单位在立项审批、财政资金拨付等方面进行了限制，对属于建筑业和房地产企业的建设单位在资质审查和招投标等方面也提出了要求。根据统计，目前在网上尚拖欠的 292 个项目中有近 70% 的单位为企业，如"和泰药业"、"个旧市广众汽修厂"等，属企业拖欠工程款的清欠工作进展困难。

进入司法程序的拖欠工程款和企业的拖欠工程款若不解决好，势必会影响我省整体清欠工作的进展，影响我省三年清欠工作的完成。

三、认真抓好明年的清欠工作

明年是国务院提出三年清欠任务的最后一年，也是清欠工作关键的一年，我们要在前两年清欠工作取得成绩的基础上，抓好以下四个方面的工作。

（一）继续做好剩余拖欠工程款项目的清欠。根据中国工程建设信息网上统计，截止到 2005 年 11 月 30 日，我省尚拖欠工程款项目仅剩下 292 个项目、拖欠金额 3.97 亿元。要按照国务院、建设部和省政府的要求，继续抓好剩余项目的清欠，抓紧研究进入司法程序的项目、企业破产重组、债务人消失等项目的处理办法，解决好剩余拖欠工程款的清理，以圆满完成国务院要求的三年清欠任务。对进入司法程序拖欠工程款执行难的问题，请省高院研究，提出处理意见，并抓紧组织实施。对企业拖欠工程款清欠难度大的问题，请省工商局与建设厅认真研究，提出处理意见。在抓好网上清欠的同时，对未上网统计的其他拖欠工程款也要抓紧清欠。

（二）建设行政主管部门要认真履行工作责任。一是要做好统计分析工作。要运用现代网络管理技术，建立拖欠工程款的统计网络管理平台，对已制订还款计划项目的执行情况、未结算的项目情况、已进入司法程序的项目等情况以及2004年以来新增的拖欠工程款进行认真统计分析。二是要牵头组织进一步做好清欠工作的督查和媒体监督工作。同时，要认真搞好清欠工作的总结和交流。

（三）继续发挥好清欠联系会议的作用。要按照清欠联系会议成员单位的清欠责任分工，进一步落实相关责任，推动清欠工作的深入开展。

（四）建立防止拖欠工程款的长效机制。建设领域拖欠工程款现象已严重影响到建设市场的正常发展，建立长效机制防止建设领域拖欠工程款产生，是遏制建设领域拖欠工程款的根本解决办法。结合我省实际，建立防止拖欠工程款的长效机制要重点做好以下四个方面的工作。一是积极推行建设项目业主工程款支付担保制度，尽快出台实施《××省建设工程合同履约支付担保暂行规定》，从根本上防止拖欠工程款的产生。二是严格项目审批管理，严格执行项目资本金制度。在××省内建设工期不足一年的工程，到位资金不得少于工程合同价的50%，工期超过一年的，到位资金不得少于工程合同价的30%，且后续资金来源要有保障。对资金不落实的项目，有关部门不批准立项，不颁发施工许可证。

三是加快工程项目结算，逐步建立和完善建设工程价款支付监督管理制度，防止建设单位以未结算的理由拖欠工程款。四是把按规定兑现工程款和农民工、工人工资作为重要的信用标准，逐步建立健全建设领域信用体系，并定期向社会公布。通过建立防止拖欠工程款的长效机制，从根本上防止建设领域拖欠工程款，规范建筑市场秩序，使建筑业的健康发展为我省经济社会发展作出积极的贡献。

清理建设领域拖欠工程款的任务光荣而艰巨。全省各级政府、各部门要按照立党为公、执政为民的要求，认真解决关系人民群众切身利益的实际问题，妥善处理拖欠工程款、房屋拆迁、土地征用、移民安置、企业改制等方面的矛盾，加强建筑工程、市政设施和物业的安全管理，促进社会稳定，为全面建设小康社会、构建社会主义和谐社会作出应有的贡献。

第六章
礼仪类讲话稿

◎ 欢迎词　　　　◎ 祝寿词

◎ 欢送词　　　　◎ 祝酒词

◎ 答谢词　　　　◎ 悼词

◎ 婚礼祝词

欢迎词

【定义】

欢迎词是指客人光临时，主人为表示热烈的欢迎，在座谈会、宴会、酒会等场合发表的热情友好的讲话。也用在行政机关、企事业单位、社会团体或个人接待或招待客人的正式场合中，发表的表示欢迎之意的致辞。

【作用】

欢迎词是礼仪演讲词的一种，使用比较多，旨在对来宾表达一种欢迎，拉近与来宾的距离。

【写作指导】

欢迎词的结构由标题、称呼、开头、正文、结语、署名六部分构成。

（1）标题：标题有两种形式。

（2）称呼：提行顶格加冒号称呼对象。面对宾客，宜用亲切的尊称，如"亲爱的朋友"、"尊敬的领导"等。

（3）开头：用一句话表示欢迎的意思。

（4）正文：说明欢迎的情由，可叙述彼此的交往、情谊，说明交往的意义。对初次来访者，可多介绍本组织的情况。

（5）结语：用敬语表示祝愿。

（6）署名：用于讲话的欢迎词无须署名。若需刊载，则应在题目下面或文末署名。

【写作特点】

看对象说话，看场合说话，热情而不失分寸。

【范文一】

现场会欢迎词

尊敬的各位领导、各位来宾，大家好：

今天，各位在这秋高气爽，硕果累累的金秋时节，来到我们这里参加岗位风险防范工作现场会。我谨代表××县支行党组和全体干部职工向参加会议的各位领导、各位来宾表示最诚挚的欢迎！向长期以来关心、支持××支行建设与发展的各位领导、各位朋友表示崇高的敬意和衷心的感谢！

××地处××市区正西20公里，人口×××万，总面积×××平方公里，历史悠久，山川秀丽，交通便利，物阜民丰。县内风景名胜、文物古迹众多，国家重点文物保护单位——中山靖王墓以出土"金缕玉衣"、"金博山炉"等珍稀文物享誉海内外。被称为"一早"（也就是草莓）、"一晚"（也就是雪桃）、"一硬"（也就是花岗岩石）、"一软"（也就是磨盘柿）、"一卷"（也就是卫生纸）成为了××资源和特产的写照。号称世纪工程，也是历史上又一条"万里长城"——南水北调中干线过境××，又给我县增加了新的亮点。正在兴建的3条高速公路，纵穿全境，将为我县四通八达的便利交通增添新的光彩。

近几年来，我县国民经济和社会各业发展迅猛，经济实力倍增，国民经济发展势头强劲。仅今年上半年，全县生产总值完成×万元，按可比价格计算，比去年增长×%。人均GDP达到×元，比上年增长×%。完成全部工业总产值×万元，实现工业增加值×万元，分别增长×%、×%。××××年实现财政收入×元，增长×%。农民人均纯收入×元，同比增长×%。

经济建设的持续快速发展也为金融事业的繁荣创造了基础。我县不仅有工、农、中、建四家商业银行、农业发展银行和农村信用社等比较齐全的机构布局，而且业务发展十分迅速。今年上半年，全县各项存款余额达到了×万元，各项贷款余额达到了×万元。全县上下呈现一派金融稳定，经济发展，政通人和，万象更新的大好局面。

与此同时，我县支行在中心支行党委的正确领导下，以践行"三个代表"重要思想为指导，以转变观念，履行职责为中心，以提高素质，创新局面为目标，全行扎实工作，拼搏进取，支行建设与发展取得了一定成绩，比较圆满地完成了各项工作任务。特别是内部管理及岗位风险防范工作，在中心支行纪委的关心和支持下，从制度建设入手，从规范操作着眼，以明确职责为根本，对新形势下如何加强支行岗位风险防范工作，防止事故案件发生，进行了积极的尝试与探索，总结了一些做法，也悟出了一些体会，

我们愿意将这些做法或体会与大家共享；同时，我们深知，由于水平所限，我们的工作距上级领导的要求和各位来宾的期望还有相当距离，需要我们努力的空间依然很大。所以，也诚恳地希望各位能对我们的工作提出宝贵意见或建议。对此，我们一方面表示衷心的感谢，另一方面，我们也将在今后的工作中结合你们的意见或建议，认真改进，不断完善，争取取得更大成绩。

最后，预祝会议取得圆满成功！

【范文二】

"有朋自远方来，不亦乐乎"
——致参加×××厂30周年庆来宾的欢迎词

女士们、先生们：

值此×××厂30周年厂庆之际，请允许我代表×××厂，并以我个人的名义，向远道而来的贵宾们表示热烈的欢迎。

朋友们不顾路途遥远专程前来贺喜并洽谈贸易合作事宜，为我厂30周年庆更添了一份热烈和祥和，我由衷地感到高兴，并对朋友们为增进双方友好关系作出努力的行动，表示诚挚的谢意！

今天在座的各位来宾中，有许多是我们的老朋友，我们之间有着良好的合作关系。我厂建厂30年能取得今天的成绩，离不开老朋友们的真诚合作和大力支持。对此，我们表示由衷的钦佩和感谢。同时，我们也为能有幸结识来自全国各地的新朋友感到十分高兴。在此，我谨再次向新朋友们表示热烈欢迎，并希望能与新朋友们密切协作，发展相互间的友好合作关系。

"有朋自远方来，不亦乐乎"。在此新朋老友相会之际，我提议：为今后我们之间的进一步合作，为我们之间日益增进的友谊，为朋友们的健康幸福，干杯！

【范文三】

某行岗位风险防范工作现场欢迎词

尊敬的各位领导、各位来宾，大家好：

今天，各位在这秋高气爽、硕果累累的金秋时节，来到我们这里参加岗位风险防范工作现场会。我谨代表××县支行党组和全体干部职工向参加会议的各位领导、各位来宾表示最诚挚的欢迎！向长期以来关心、支持××支行建设与发展的各位领导、各位朋友表示崇高的敬意和衷心的感谢！

××地处××市区正西××公里，人口×××万，总面积××平方千米，历史悠久，山川秀丽，交通便利，物富民丰。县内风景名胜、文物古迹众多，国家重点文物保护单位——×××××、××××等珍稀文物享誉海内外。被称为"一早"（也就是草莓）、"一晚"（也就是雪桃）、"一硬"（也就是花岗岩）、"一软"（也就是磨盘柿）、"一卷"（也就是卫生纸）成为了××资源和特产的写照。号称世纪工程，也是历史上又一条"万里长城"——南水北调中线过境××，又给我县增加了新的亮点。正在兴建的3条高速公路，纵穿全境，将为我县四通八达的便利交通增添新的光彩。

经济建设的持续快速发展也为金融事业的繁荣创造了基础。我县不仅有工、农、中、建四家商业银行、农业发展银行和农村信用社等比较齐全的机构布局，而且业务发展十分迅速。今年上半年，全县各项存款余额达到了×万元，各项贷款余额达到了×万元。全县上下呈现一派金融稳定、经济发展、政通人和、万象更新的大好局面。

与此同时，我县支行在中心支行党委的正确领导下，以践行"三个代表"重要思想为指导，以转变观念，履行职责为中心，以提高素质，创新局面为目标，全行扎实工作，拼搏进取，支行建设与发展取得了一定成绩，比较圆满地完成了各项工作任务。特别是内部管理及岗位风险防范工作，在中心支行纪委的关心和支持下，从制度建设入手，从规范操作着眼，以明确职责为根本，对新形势下如何加强支行岗位风险防范工作，防止事故案件发生，进行了积极的尝试与探索，总结了一些做法，也悟出了一些体会，我们愿意将这些做法或体会与大家共享；同时，我们深知，由于水平所限，我们的工作距上级领导的要求和各位来宾的期望还有相当距离，需要我们努力的空间依然很大。所以，也诚恳地希望各位能对我们的工作提出宝贵意见或建议。对此，我们一方面表示衷心地感谢，另一方面，我们也将在今后的工作中结合你们的意见或建议，认真改进，不断完善，争取取得更大成绩。

最后，预祝会议取得圆满成功！

【范文四】

××市××中学家长会欢迎词

尊敬的各位家长：

大家好！

在这春夏之交的美好日子里，我们怀着一个共同的目标——为了孩子的健康成长，我们相聚一堂。借此机会，请允许我们代表全体师生对各位家长的到来表示最热烈的欢迎，对你们能放下手中百忙的工作、放弃休息的时间来参加这次家长会，表示最真诚的感谢！你们的到来，是对我们的最大关心，是对学校工作的最大支持！作为子女，会感到莫大的喜悦和骄傲，我们的老师会感到无比的欣慰和振奋！

父爱如山，母爱如海。你们像大海，宽广，深沉，容纳着孩子们的悲伤和欢乐；你们像丝丝细雨，轻柔，细腻，包含着孩子的脉脉深情。在孩子漫长的人生之旅中，是您给予了他们关怀和启迪；在他们的人生之旅中，是您给予了孩子力量和信心；在寒风凛冽的日子里，是您为孩子打破冰天雪地，让阳光温暖孩子的心房；在艰难困苦的季节中，是您为孩子披荆斩棘，与您的孩子一道冲锋陷阵。

是您！一切都是您！点滴全是您！没有您，就没有了家的气息，没有您，就没有了爱的延续！如今又是一个春夏秋冬，又是一年日月轮回，转眼间，我们迈上了新一级台阶。你们在孩子身上灌注了心血和汗水，你们在孩子身上寄托了希望和梦想。

学习生活有苦也有累；是紧张的，也是易逝的。但请你们相信，是涌浪，我们就决不会畏惧山涧的狭窄；是雏鹰，我们就决不会害怕无垠的天空；是海燕，我们就决不会担忧前方的激浪；是劲草，我们就决不会惧怕暴雨狂风。您的儿女，是困难挫折所吓不倒的；您的儿女，是狂风暴雨所打不倒的；您的儿女一定会勇敢地扛起肩上的重任，坚持不懈地走向成功；您的儿女一定会化失败为动力，化苦累为信心；您的儿女一定会一步一个台阶一步一个脚印扎扎实实走好人生的每一步。

请你们放心，孩子已经下定了决心要在这片沃土上，铺就他们无悔的青春！请你们相信，孩子会用汗水与勤劳回报你们的付出，铸造他们五彩的梦，他们会用拼搏换取你们灿烂的笑颜！请给予孩子力量与信心，您的孩子将会沿着这条撒满关爱鼓励的道路走向明天，他们将让青春的光芒照亮学校的每一个角落，照亮他们每个人的心房！

但这一切，都离不开亲爱的家长们的支持，更离不开亲情的关爱。学校的各项工作离不开家长的大力支持，请您留下对学校及老师的建议。

世间剪不断的是亲情，世间冲不淡的也是亲情，因为有了你们的爱，您的孩子才会变得如此完美；因为有了你们的爱，孩子才有徜徉于学海的欲望；因为有了你们的爱，孩子才有翱翔蓝天奋飞的向往；因为有了你们的爱，您的孩子才能走向成熟，迈入成功！

天下多少惊人事，莫过人间父母情！自古亲情感天地，涌泉难抱父母恩！千言万语，道不尽您孩子心中的感激！孩子唯有在心中默默为你们祝福，用行动来证明，他们是你们最好的儿女。

最后，祝愿所有的家长身体健康，所有的家庭幸福！

【范文五】

×××厂30周年庆现场会上的讲话

女士们、先生们：

值此×××厂30周年厂庆之际，请允许我代表×××厂，并以我个人的名义，向远道而来的贵宾们表示热烈的欢迎。

朋友们不顾路途遥远专程前来贺喜并洽谈贸易合作事宜，为我厂30周年厂庆更添了一份热烈和祥和，我由衷地感到高兴，并对朋友们为增进双方友好关系作出努力的行动，表示诚挚的谢意！

今天在座的各位来宾中，有许多是我们的老朋友，我们之间有着良好的合作关系。我厂建厂30年能取得今天的成绩，离不开老朋友们的真诚合作和大力支持。对此，我们表示由衷的钦佩和感谢。同时，我们也为能有幸结识来自全国各地的新朋友感到十分高兴。在此，我谨再次向新朋友们表示热烈欢迎，并希望能与新朋友们密切协作，发展相互间的友好合作关系，发展相互间的友好合作关系。

　　"有朋自远方来，不亦乐乎"。在此新朋老友相会之际，我提议：为今后我们之间的进一步合作，为我们之间日益增进的友谊，为朋友们的健康幸福，干杯！

欢送词

【定义】

　　欢送词是行政机关、企事业单位、社会团体，或个人在公共场合欢送客人回归，或亲友同事出行时致辞的讲话稿。会议闭幕、学生毕业、客人结束访问等，都要表示热烈欢送。欢送词的格式和写法，一般与欢迎词相同，只是正文部分的内容有所区别。

【作用】

　　对客人表示热烈的欢送，并对客人在这一阶段取得的成绩予以肯定。以生动感人的语言对客人表示希望和勉励并表现出惜别的感情。

【写作指导】

1. 标题

一般要标明谁在什么会上的欢送词，例如"向警予在欢送第八届留法勤工俭学学生会上的致词"。外交场合，特别是重要外事活动中的欢送词，一般均采用这样完整的标题。一般社交场合中的欢送词，标题可省去演讲者，只标明在什么会上的欢送词。

2. 称呼

外交活动中的欢送词，对主宾的称呼用全称，即姓名后加职位，职称，以示尊重，社交场合中的欢送词，对主宾的称呼一般不提职位、职务，以示亲密友好。有时，在被欢送者的姓名前加上"亲爱的"、"尊敬的"等修饰语。

3. 正文

一般的内容构成是：开头，直接表达欢送之情意，有时也可对被欢送者表示祝福；主体部分，或对来宾访问成功和会谈成功表示祝贺与感谢，评价来宾访问与会谈的意义和影响；或回顾友好交往、合作的以往，评价被欢送者的工作、学习成绩和个人品格，表达惜别之情；或说明被欢送者所面临的新的工作、学习的意义，等等；结尾，向被欢送者表示祝愿。

【写作特点】

措词要注意礼貌、委婉，篇幅不宜过长，以情动人。

【范文一】

×××在欢送驻港部队大会上的讲话

（××××年×月×日）

驻香港部队全体官兵同志们：

遵照中央军委江泽民主席的命令，你们就要雄赳赳、气昂昂地进驻香港，担负起香港防务的神圣使命。在这庄严的时刻，我代表党中央、中央军委，代表全军官兵，向同志们表示热烈的欢送和亲切的慰问！

香港回到祖国的怀抱，五星红旗和香港特别行政区区旗在这块土地上庄严升起，百年民族耻辱终于洗雪，香港将从此开辟历史的新纪元。这是中国人民一百多年来前赴后继、英勇斗争的结果，是中华民族振兴的历史丰碑，是本世纪具有深远影响的重大事件。此时此刻，全党全军全国各族人民，包括广大的港澳台同胞、海外侨胞，无不欢欣鼓舞，扬眉吐气。

香港顺利回归祖国，是邓小平同志"一国两制"构想的胜利，是以江泽民同志为核心的党的第三代中央领导集体坚持"一国两制"方针，成功推进香港回归的胜利。这一伟大胜利，生动体现了中华民族强大的凝聚力和创造力，象征着我国的综合国力正日益强盛，中国人民正以崭新的面貌自立于世界民族之林。

香港顺利回归祖国，实行"一国两制"、"港人治港"、高度自治，保持长期繁荣稳定，将有力地促进祖国统一大业和社会主义现代化建设，将为国际社会解决类似历史遗留问题提供一个成功范例，将对维护亚太地区以及世界的和平与稳定发挥重要作用。

中国人民解放军进驻香港，是中国政府对香港恢复行使主权的重要标志，是维护国家主权和安全，保持香港繁荣稳定的重要保证。驻香港部队是具有光荣传统的部队组建起来的，曾经屡建战功，英雄辈出。组建以来，坚持高标准，严要求，艰苦创业，团结奋斗，精心做好进驻的各项准备工作，取得了出色的成绩。现在，驻香港部队即将开赴香港，祖国和人民对你们寄予厚望。

希望你们坚定不移地贯彻邓小平同志"一国两制"的伟大构想，增强维护香港繁荣稳定的使命感和责任感。深入学习邓小平建设有中国特色社会主义理论结合实际深刻理解"一国两制"构想的重大意义，把官兵的思想真正统一到"一国两制"的方针上来。认真执行中央关于处理香港问题的一系列方针政策，坚决服从命令，听从指挥，忠实履行防务职责，为香港的繁荣稳定贡献力量。

希望你们牢记全心全意为人民服务的宗旨，忠于党，忠于祖国，忠于人民，忠于社会主义。深入地开展爱国主义教育，增强民族自尊心和自豪感，激发广大官兵献身国防事业的政治热忱。继续保持谦虚谨慎、不骄不躁的作风，尊重香港特别行政区政府，尊重香港的社会制度和生活方式，热爱香港人民，时时处处维护香港人民的利益，以实际行动赢得香港人民的拥护和爱戴。

希望你们坚持从严治军，依法履行职责，严守纪律，秋毫无

犯。严格遵守香港特别行政区基本法和驻军法，严格遵守香港特别行政区的法律法规，处处依法办事。认真落实我军条令条例和规章制度，加强部队管理，保持高度稳定和集中统一。自觉执行三大纪律八项注意，做到军容严整，文明礼貌，充分展示我军优良的作风和奋发向上的精神面貌。

希望你们切实加强精神文明建设，引导官兵树立高尚的道德情操。发挥我军政治工作的优势，保持部队官兵政治上的坚定和思想道德上的纯洁。教育官兵树立正确的世界观、人生观和价值观，艰苦奋斗，淡泊名利，无私奉献，大力弘扬正气，抵制歪风邪气，确保部队能够经受住特殊环境和复杂情况的考验，永葆人民军队的政治本色。

希望你们大力加强军事训练，强化官兵全面素质，深入贯彻新时期军事战略方针，居安思危，常备不懈。认真学习高科技知识，熟练掌握手中武器装备，打牢技术战术基础。根据香港防务和驻军特色，增强训练的针对性，提高部队合成作战能力和在各种复杂情况下执行任务的能力。

我相信，驻香港部队一定能够按照邓小平新时期军队建设思想和江主席关于军队建设的一系列重要论述，继承和发扬人民军队的优良传统，始终保持我军威武之师、文明之师的良好形象，不负重托，不辱使命，圆满完成各项任务，让党中央、中央军委放心，让全国人民放心。

祝同志们顺利进驻香港，为祖国和人民再立新功！

【范文二】

在××××毕业生毕业典礼上的欢送词

亲爱的同学们:

今天,你们要告别几年的师范生活离我们而去了。别时容易见时难,这时我们难免有几许凄凄,几许依恋。然而,当我想到你们告别了母校将走向高山,走向平原,走向碧波荡漾的水乡,去开辟你们崭新的生活的时候,我又有几分释然,几分激动,我祝福你们走向新的生活。

几年来,同学们在母校的摇篮里,在老师们的辛勤培植下,刻苦学习,成了德、智、体、美全面发展的新人。我永远忘不了你们运动场上龙腾虎跃的英姿,忘不了你们挑灯夜战的灯光,忘不了你们展现在母校的美好的心灵。此时此刻,我想起了:你们被白色领奖台托起的健美的身躯;想起了变幻的彩灯下,你们踏出的青春的旋律;想起了你们在奖学金领奖大会上,送给校领导羞涩而自豪的一笑;想起了更多的同学,那默默无声却沉稳有力的身影;我还想起了你们有时皱起的眉头,我更想起了你们渴求未来的闪着异彩的眼神。啊,一切都过去了,一切都那么铭心刻骨。亲爱的同学们,你们的汗水浇灌过母校美丽的玉兰,你们的脚印深深地刻在母校厚实的土地上,作为母校的老师,我祝贺你们取得的成绩,也感谢你们为学校作出的贡献。

　　同学们喜欢唱"我们今天是桃李芬芳，明天是国家的栋梁"。我亲眼看到你们从带着泥土气息的农村娃子变成了健壮的小伙子、亭亭玉立的大姑娘。变化的不仅是你们的外表，知识的琼浆玉液，滋润了你们的心灵，使它日益成熟，日益深邃。你们将给广袤的大地，带去青春的朝气和时代的气息。新的事业在召唤你们，千百双渴求的眼睛在企盼着你们，像那天上的明星。在这片闪烁的星光里，你们将找到清澈如山泉的真、善、美。你们像那饱满的种子播在祖国的山山水水，我敢相信，春风化雨，你们会生根、发芽、开花、结果。征程漫漫，我不能廉价地断言你们的未来一切如意，也许校舍是破旧的，桌椅是粗糙的。但我要说：坐享其成，只能是纨绔子弟的品性，在没有路的地方最容易踩出令人惊奇的新路。让我们坚信："艰难困苦，玉汝于成。"

　　这几天同学们忙着写毕业留言，字里行间流动着行将离别的缠绵悱恻，作为刚送走第一届学生的我，其心情又何止惘然若失呢？但我知道羽翼已成的小鸟是属于蓝天白云的，我深情地目送你们离去，我更盼着听到你们成功的喜讯。

　　最后送大家两句诗："莫愁前路无知己，天下谁人不识君。"

【范文三】

××中心小学退休教师欢送词

尊敬的各位老师们：

岁月承载着历史的步伐，天地积淀着文明的精华，又是一载流光溢彩，又是一季桃李芬芳。我们的×××老师在教育一线兢兢业业、勤勤恳恳工作了35年，马上就要退休了。尊敬的×××老师，今天我们全体师生怀着无限崇敬的心情，特为您举行欢送会。

×××老师，您用知识的甘霖滋润着学生的心田，您用青春的热血承传着人类的文明，您用无悔的青春演绎着诗意的人生，您用35年的执著选择了淡泊，您用35年的平凡造就了伟大，您用35年的高尚摒弃了功利，您用35年的微笑勾画着年轮……

35年来，您始终默默无闻，无私奉献；35年来，您在工作中一直乐于吃苦，敢于挑重担；35年来，您不但坚持教主要课程，而且长时间任学校出纳。无论教学工作，还是出纳工作，您都用崇高的使命感和高度的责任感去对待，您都能一丝不苟地出色完成任务。您任出纳多年，票据整理得整齐而且规范，账务、财务料理得鱼清水白；您担任主课，不管是教语文，还是教数学，每年统考成绩都能居于中上游，从来没有为学校抹黑。临近退休了，您

仍然教主课，还带68人一个班的班主任。不管分内分外事，您都能挺身而出却不计报酬。去年，您白天上课，晚上还要负责留守学生的就寝管理。您管理留守学生认真仔细，不厌其烦。您管理留守学生一年来，吃苦了，费力了，却无怨无悔；您管理留守中心，立下了汗马功劳，却从来不邀功请赏。

尊敬的×××老师，您是一位出色的教师，您是一位模范班主任，您是一位优秀的出纳，您是一位勤奋的学生管理员。您就要离开三尺讲台了，聚也依依，散也依依。千言万语，万语千言，道不尽我们对您的无限眷恋之情。

我们相信，您即使离开了讲台，您仍然会心系校园，关注教育。我们真诚邀请您退休后经常光临办公室，经常提出您的合理化建议，经常献一献您的锦囊妙计。让我们同心聚道描绘××教育壮丽的画卷，让我们真诚祝愿：祝愿您青春永驻！祝愿您在每一个红红火火的日子里，天天都有一份好心情！祝愿您快乐幸福，安康永远！

××中心小学校长：×××

20××年×月×日

【范文四】

在代表团结束访问会上的欢送词

尊敬的女士们、先生们：

首先，我代表×××，对你们访问的圆满成功表示热烈的祝贺。

明天，你们就要离开××了，在即将分别的时刻，我们的心情依依不舍。大家相处的时间是短暂的，但我们之间的友好情谊是长久的。我国有句古语："来日方长，后会有期。"我们欢迎各位女士、先生在方便的时候再次来××做客，相信我们的友好合作会日益加强。

最后祝各位一路顺风！

×××× 年 × 月 × 日

× ×

答谢词

【定义】

答谢词是指在特定的公共礼仪场合，主人致欢迎词或欢送词后客人发表的对主人的热情接待和多方面关照表示谢意的讲话。

【写作指导】

答谢词的正文内容由开头、主体和结尾三个部分组成。

（1）开头：向对方致以衷心的感谢。

（2）主体：一般先是用具体的事例对主人的安排给予高度评价，对主人的盛情款待表示衷心的感谢，然后谈自己的感想和心情。

（3）结尾：提出自己的希望和良好的祝愿。

【写作特点】

内容与结构要合乎规范；感情要真挚、坦诚而热烈；评价要适度，要恰如其分；篇幅要简短，语言要精炼。

【范文一】

在接受救灾粮仪式上的答谢词

亲爱的××领导，远道而来的客人们：

今天，我们怀着无比激动、无比振奋的心情，在这里迎接××红十字会给我们县师生捐赠救灾粮的亲人。

今年7月以来，我国遭受了百年未遇的大旱灾。7、8、9三个月，炎阳连天，滴雨不下，池塘干涸，溪河断流，田地龟裂，禾苗枯死，真是赤地千里！虽经我们奋力抗灾，但自然灾害的肆虐，使10多万人饮水困难，30多万亩田颗粒无收。我们县的中小学生，就有1万多名因受灾辍学，还有几万名同学、教师、亲属靠接济度日。然而，党和政府没有忘记我们，兄弟县市的乡亲没有忘记我们，省市领导多次亲临，视察灾情，组织救援，市县国家干部职工争相解囊，捐粮捐钱。今天，我们又接到了你们无私捐助的大批救灾粮食。"一方有难，八方支援"，团结互助，无私奉献，只有在今天优越的社会主义制度下，只有在我们伟大的社会主义中国才能办到！

谢谢你们，远方的亲人！我们全县中小学生、全县人民，一定从你们的援助中吸取力量，奋发图强，重建家园；努力学习，奋勇登攀，以崭新的成绩，来报答党和人民的关怀，报答你们的深情厚谊！

【范文二】

访华友人对招待方的答谢词

女士们、先生们：

首先请允许我感谢你们的盛情邀请及款待，今天能够出席你们的招待会，我感到十分荣幸，能够有机会与在场的中国朋友畅谈，感到非常高兴。

随着中国改革开放的进程不断深入，我们两国之间的交往越来越频繁，许多政府官员、科学家、艺术家、体育代表团和商人的互访，更加深了我们的友谊。多年来，我一直盼望着能有机会来中国，现在终于圆了我中国之行的梦。

这次在华一年时间的访问学习是卓有成效的，我能够有机会见到许多知名人士，聆听许多专家、学者的教诲，我们之间互相探讨、学习，并向中国专家、学者请教，收获很大。

我的到访，得到了热情好客的中国朋友的热情接待，我深深感受到了勤劳、善良的中国人民的热情、友好，我们彼此之间的深情厚谊，令我终生难忘！

借此机会请允许我再一次向大家表示衷心的感谢！

祝愿我们两国人民世代友好下去！

【范文三】

××访问团在答谢日本接待方的答谢辞

尊敬的××，女士们，先生们，朋友们：

今天我们访问团一行与××进行了坦诚和富有成果的交谈，实地参观了××地方。今天晚上，××又举行这个盛大的欢迎宴会。在此，我和我的同事们，向阁下表示衷心感谢，并向在座的各位日本朋友致以良好的祝愿。

中国和日本一衣带水，比邻而居，都有着悠久的历史。在长达2000多年的历史中，中日两大民族交往源远流长。古代中华文明推动了日本文化的形成和发展，近代中国也从日本学习了许多重要的西方先进文明成果。

今天，××××项目再一次将我们紧紧地联系在一起。项目实施23年来在双方共同努力下，项目取得了很大的成效：一、加快了中国计划生育事业从管理转向服务的进程；二、满足了广大广大群众对健康、保健的需求，提高了他们的生活质量；三、推动了基层计划生育工作水平的整体提高。我们当然不会忘记项目背后日本朋友的名字。正是有××××先生，××××女士等这样一些为中国人民所熟悉的老朋友，××××项目才不断发展。我们愿继续加强同国际协力财团的全面合作关系，共同为××项目的发展不断注入新的活力。

　　朋友们，中国和日本都是重要的亚洲国家。中国和日本的发展不仅具有亚洲意义，更具有世界意义。可持续发展是以人的全面发展为中心，而所谓人的全面发展最重要的标志归根结底是人口素质的全面提高。从这个意义上讲，××××项目还有很长一段路要走。

　　女士们，先生们，在这新老朋友相聚的时刻，请允许我再次对××阁下，对××××××××财团给予我们的盛情款待表示衷心感谢，对长期致力于中日结合项目的专家和工作人员致以崇高的敬意。

　　最后，我提议：为××××项目的进一步发展，为××阁下和夫人的健康，为在座的朋友们的健康，干杯！

【范文四】

在区红会捐赠仪式上的答谢辞

尊敬的各位领导、各位来宾、全体老师、同学们：

　　下午好！

　　虽然时值深冬，但是我们每个人心中都感到热乎乎的。今天区红会为我们作了专题培训，同时××名学生得到了爱心资助。在此，我谨代表×××中学八百余名师生，向区红会表示深深地谢意！感谢你们对教育事业的支持和关注，感谢你们对山区贫困学生的帮助和关爱。

　　××××初级中学是由民盟中央捐资×××万元、省政协捐资×××万元，和省慈善总会转赠××人民援助××灾区重建资金600余万元共同援建而成的一所农村单设初级中学。学校现有教学班16个，学生800余人，教职工46人。今天，我们的××名学生又得到了区红会的爱心资助，这将使他们插上腾飞的翅膀。我相信：有各级领导的关注，有各界有识之士的支持，××××中学将迎来辉煌的明天，你们的善举将永载××××中学校史，你们的爱心将永远铭记在每位学生的心中。

　　关爱孩子，关爱教育，就是关心祖国的未来。我们相信："只要人人献出一点爱，世界将变成美好的人间"。我们全校师生将永远铭记各位领导的爱心，积极进取，勇于开拓，以加倍的工作热情投身到自己的工作和学习中，全体学生将会更加努力学习，以优异成绩回报祖国回报社会。

　　中国红十字会是中华人民共和国统一的红十字会组织，是从事人道主义工作的社会救助团体，是国际红十字运动的重要成员。中国红十字会以发扬人道、博爱、奉献的红十字精神，保护人的生命和健康，促进人类和平进步事业为宗旨。结合今天的学习，我们将继续开展好相关活动，进一步增进全校师生对红会的认识和了解，努力为人类的和平进步事业作出贡献。

　　最后，我再次代表学校全体师生向区红会表示衷心地感谢！

　　谢谢大家！

婚礼祝词

【定义】

婚礼祝词，是指在结婚典礼仪式上向新郎、新娘表示祝贺的言辞。

【作用】

为新郎、新娘发表一些祝愿恭贺的话，对活跃婚礼气氛、渲染情趣、增进友谊、促进团结具有一定的意义。

【写作指导】

婚礼祝词的内容一般应包括：

（1）赞颂新郎、新娘的人品，称颂新郎、新娘的才貌，祝愿他们婚后幸福美满、白头偕老。

（2）介绍新人的生活、工作趣事和恋爱故事。

（3）对新郎或新娘提出今后的要求。

（4）表达对新人的祝福和希望，并提议为新人的幸福干杯。

【写作特点】

内容要幽默，言辞要简洁。

【范文一】

同事间的婚礼祝词

尊敬的各位来宾、朋友们：

大家好！今天我们在这里欢聚一堂，为公司×××和×××，隆重举行结婚庆典，我谨代表公司全体领导向即将步入婚姻殿堂的两位新人表示衷心的祝福！同时向两位新人的家长和亲朋致以由衷的祝贺！

在这个浪漫温馨、吉祥喜庆的日子里，两位新人喜结良缘，将要踏上人生新的里程，开始崭新的生活，创建属于他们自己幸福的家庭。作为××集团这个"大家庭"中的一员，我真诚希望并祝愿你们在工作和事业上携手并进，在感情上相亲相爱，共同去创造属于你们的幸福人生！

最后，让大家共同举杯，祝愿两位新人：

甜甜蜜蜜永结同心、亲亲爱爱白头偕老。

谢谢大家！

【范文二】

证婚人的祝词

各位女士、各位先生、各位来宾：

这是一个浪漫的季节，新郎、新娘拥有一个温馨怡人的爱之甜梦；这是一个醉人的时刻，新郎、新娘开始一个幸福热烈的爱之春天。为了这一季节，鲜花含笑更美；为了这一时刻，今夜星光灿烂。因为你的到来，寂寞孤独悄然离去；因为你的到来，充实欢乐骤然而至。愿你们互相珍惜，同心永结。用幽深的明眸去读无垠、高远、青春的天；用轻盈的脚步去趟绿美丽生活的芳草园；用劈浪的英姿去搏击人生路上的烦恼；用深沉的爱去温馨父母夕阳般的暮年；祝你们共享爱情，共擎风雨，白头偕老！祝你们青春美丽，人生美丽，生命无憾！

最后，在新郎、新娘新的生活即将开始的时候，我希望新郎、新娘互谅所短，互见所长，爱情不渝，幸福无疆。

祝寿词

【定义】

祝寿词是指领导干部在老人寿诞庆典上发表的一些祝愿恭贺的讲话。

【作用】

不仅可以营造一种更加欢乐、喜悦的气氛，更重要的是有助于加深理解、增进友谊、促进团结、推动工作的展开。

【写作指导】

（1）开头：开头往往首先介绍寿诞庆典的背景，向被祝贺对象表达真实的祝愿。

（2）主体：主体内容主要包括：肯定被祝人的成就，所作的贡献，赞扬其崇高的道德品质、良好的精神状态和健康的体魄，表达晚辈的尊敬和热爱；祝愿老人健康长寿、生活美满、合家幸福。

（3）结尾：结尾总结前文，以祝福话语作结。

【写作特点】

内容要精炼简洁，语言要典雅贴切，态度要实事求是。

【范文一】

六十大寿祝寿词

尊敬的亲朋：

晚上好！值此我父亲花甲之年，生日庆典之日，我代表我的父亲，我们姐弟二人及我的家族向光临寿宴的嘉宾表示热烈的欢迎和最诚挚的谢意！

我们在场的每一位都有自己可敬的父亲，然而，今天我可以骄傲地告诉大家，我们姐弟有一位可亲可敬可爱，世界上最最伟大的父亲！爸爸，您老人家寒心茹苦地扶养我们长大成人，您以那亲切的教诲，深爱的目光照耀着我们的哭，我们的笑，愿雨屋檐降，我们姐弟二人踏响了人声的第一乐章。于大千世界里，孩子们把心酸与痛苦都洒向爸爸您那饱经风霜、宽厚慈爱的胸怀。爸爸的苦，父亲的累，父亲的情，父亲的爱，我们将终身难以报答。尽管我们失去了很多很多，但我们拥有人世间最宝贵的，那就是爸爸您的爱！爸爸，我代表我们姐弟，向您鞠躬了。

并祝愿爸爸您老人家福如松江水，寿比不老松。愿我们永远拥有一个快乐、幸福的家。最后祝各位嘉宾们万事如意，让我们共同度过一个难忘的今宵。

谢谢大家！

祝酒词

【定义】

祝酒词是在酒席宴会的开始，主人表示热烈欢迎，亲切问候，诚挚感谢，客人进行答谢并表示衷心的祝愿的应酬之辞。是招待宾客的一种礼仪形式。祝酒词其内容以叙述友谊为主，一般篇幅短小、文辞庄重、热情、得体、大方，是很流行的一种演讲文体。

【作用】

把自己最美好的祝愿表示出来。

【写作指导】

祝酒词一般由标题、称谓、正文和结尾四个部分组成。需要注意的是称谓和正文部分。

1. 称谓

称呼一般用泛称，可以根据到会者的身份来定，如"各位女士、各位先生"、"朋友们"、"同志们"等。为了表示热情和亲切、友好之意，前面可以加修饰语"亲爱的"、"尊敬的"、"尊贵的"等。

2. 正文

致词人（或代表谁）在什么情况下，向出席者表示欢迎、感谢和问候；谈成绩、作用、意义；展望未来，联系面临的任务、使命。

结尾常用"请允许我，为谁、为什么而干杯"。

【写作特点】

篇幅简短，语言口语化，态度热情。感情真挚，语言简练，篇幅短小。

【范文一】

××公司在"迎新春答谢合作方酒会"上的祝酒词

尊敬的各位来宾、各位同仁：

"冬去犹留诗意在，春来身入画图中"，在满怀豪情迎接新的一年到来之际，我们在此隆重举行"迎新春答谢合作方酒会"，与各位同仁、朋友们同聚一堂，共述友谊，心里感到非常高兴。首先，请允许我代表×××××××设计院全体员工，对各位的到来表示热烈的欢迎！

近几年来，在省交通集团的正确领导下，通过院领导班子以及全体员工的共同努力，院的内部管理水平不断提高，产品质量不断提升，品牌优势不断突现，各项事业均呈现出了生机勃勃的崭新局面。这些成绩的取得与在座各位的大力支持与鼎立相助是分不开的，军功章里有你们的一半，设计院的发展历史也必将为你们记下浓墨重彩的一笔，在此向你们表示衷心的感谢！

回顾过去的几年，我们本着诚信、共赢的原则，在设计、勘察、测量、交通工程、水土保持等各个领域开展了广泛的合作，取得了非常好的成绩。通过合作，我们一方面增进了彼此了解和友谊，加强了技术交流和合作；更为重要的是通过合作，我院综合实力得到了增强，各合作单位的人才队伍也得到了迅速成长，同时，经济效益也得到了相应提高，完全达到了互利共赢的合作目的。

展望即将到来的×××年，我院将继续遵循"提升战略、夯实文化、创新技术，增强执行力"的战略步骤，齐心协力，不懈努力，争取为我们的合作提供更为广阔的舞台，我坚信我们在今后的合作道路上必将取得新的更大的成绩！

在新春佳节到来之际，我谨代表设计院全体员工并以我个人的名义给在座各位拜个早年，预祝大家：身体健康、合家欢乐；工作顺利、事业有成！

最后，我提议大家共同举杯，为我们的友谊、为我们的合作、为我们的成功、为我们的建康、为我们美好的未来，干杯！

谢谢大家！

【范文二】

中国国际××展览会开幕式祝酒词

女士们、先生们：

晚上好！"中国国际××展览会"今天开幕了。今晚，我们有机会同各界朋友欢聚，感到很高兴。我谨代表中国国际贸易促进委员会××市分会，对各位朋友光临我们的招待会，表示热烈欢迎！

"中国国际××展览会"自上午开幕以来，已引起了我市及外地科技人员的浓厚兴趣。这次展览会在上海举行，为来自全国各地的科技人员提供了经济技术交流的好机会。我相信，展览会在推动这一领域的技术进步以及经济贸易的发展方面将起到积极作用。

今晚，各国朋友欢聚一堂，我希望中外同行广交朋友，寻求合作，共同度过一个愉快的夜晚。

最后，请大家举杯，为"中国国际××展览会"的圆满成功，为朋友们的健康，干杯！

【范文三】

领导生日祝酒词

各位朋友、各位来宾：

你们好！

今天是×××先生的生日庆典，受邀参加这一盛会并讲话，我深感荣幸。在此，请允许我代表×××并以我个人名义，向×××先生致以最衷心的祝福！

×××先生是我们××公司的重要领导核心之一。他对本公司的无私奉献我们已有目共睹，他那份"有了小家不忘大家"的真诚与热情，更是多次打动过我们的心弦。

他对事业的执著令同龄人为之感叹，他的事业有成更令同龄人为之骄傲。

在此，我们祝愿他青春常在，永远年轻！更希望看到他在步入金秋之后，仍将傲霜斗雪，流香溢彩！

人海茫茫，我们只是沧海一粟，由陌路而朋友，由相遇而相知，谁说这不是缘分！路漫漫，岁悠悠，世上不可能还有什么比这更珍贵。我真诚地希望我们能永远守住这份珍贵。

在此，请大家举杯，让我们共同为×××先生的×华诞而干杯！

【范文四】

某市三八妇女节领导慰问祝酒词

尊敬的各位领导、各位来宾、姐妹们、同志们：

今天，市领导和我市的"三八红旗手"，巾帼建功模范和先进妇女代表在"三八"节到来之时，欢聚一堂，共同庆祝"三八"国际妇女节。首先，让我们向各位先进妇女代表，向巾帼建功模范和"三八红旗手"，向各界妇女姐妹们表示节日的祝贺！

姐妹们，我们唱着"向前进"的歌声，欢度自己的节日。我们可以自豪地说，不仅巾帼英雄、"三八"红旗手是我们的光荣，而且男士在事业上的成功，也是我们的光荣。因为每一个成功的男人背后，必然有一位伟大的女性。

因为我们懂得，青春属于光阴，容貌属于父母，只有百折不挠的意志，锲而不舍的精神属于自己！因为我们知道，女人不是月亮，我们有自己的闪光，有自己的追求；正是因为我们以自己的奋斗和骄人的业绩，向世人展示了自己开朗、热情、自信、坚毅，在创业中找到自己的位置，在拼搏中实现自己的价值，在进取中塑造自身的形象。

正是因为我们又是人妻人母，用柔弱的肩膀，在扛起事业的同时又要扛起家庭，要付出比男人多一倍的代价，每得到一分，就要耗费几分的艰辛。所以姐妹们，我们要更加投入地做个潇洒的女人，自信的女人，以自爱的深刻，情爱的丰富，母爱的无私，博爱的平和，去扎自己的根，开自己的花，去收获、去创造新的辉煌！让我们共同举杯，为祝贺"三八"妇女节；为祝福每一位女同志健康幸福快乐，干杯！

悼词

【定义】

悼词是对死者表示哀悼的话或文章，它有广义和狭义之分：广义的悼词是指向死者表示哀悼、缅怀与敬意的一切形式的悼念性文章；狭义的悼词专指在追悼大会上对死者表示敬意与哀思的宣读式的专用哀悼的文体。本文专指后者，即单位（团体）代表人在追悼会上对去世者表示沉痛哀悼的讲话。

【写作指导】

悼词的正文要写明以下几点内容。

（1）写明用什么心情悼念什么人。

（2）写明去世者生前的身份或担任的各种职务名称，何种原因在何时不幸去世的，终年岁数。

（3）按时间先后顺序介绍去世者的简单生平。

（4）对去世者的称颂，可概括成几个方面，文字力求简洁。

（5）对评价去世者带来的损失，应实事求是；向去世者学习什么，可分为几点写明，用什么实际行动化悲痛为力量。

（6）结尾部分可以写："×××同志安息吧！"或"×××同志和我们永别了，我们要化悲痛为力量……×××同志永远是我们学习的榜样。"无论哪一种写法，一定要注意简短。

【写作特点】

评价合理，肯定贡献，致哀有节，语言简朴、严肃、概括性强。

【范文一】

某地质局领导在退休老干部追悼会上的致辞

各位亲友、各位来宾：

今天我们怀着十分沉痛的心情，深切悼念我队退休干部、高级工程师××同志。

××同志因病医治无效，于20××年5月20日点分在××市中心医院与世长辞，享年69岁。

××同志生于19××年4月，原籍××省××市人，19××年毕业于××地质学院，同年9月

参加工作，19××年5月加入中国共产党，19××—19××年

在地质部第一矿产公司××队综合组、分队从事水晶技术工作，任技术员、技术负责；19××年×月—19××年×月在××省水晶收购管理公司任收购管理员；19××年×月—19××年×月在××省第三地质大队水晶分队大别山普查组工作，任组长；19××年×月—19××年×月在湖北省第三地质大队五分队、一分队、四分队从事1/5万填图找矿、磷矿矿点及外围普查、煤矿普查钻机编录工作；19××年×月—19××年×月在××省第九地质大队直属普查组、三分队从事硫铁矿、煤矿、重晶石普查，任组长、矿区负责、工程师。19××年×月—19××年×月，在××省地质大队六分队、对外技术服务小组、生产科、对外办公室、经营办公室、八分队从事综合研究、技术咨询等工作；19××年×月退养，19××年×月，获高级工程师任职资格。在长期的野外艰苦环境中，他为祖国的地质找矿事业作出了积极贡献。

××同志自参加工作30多年来，主要是在野外一线从事地质技术工作，具有丰富的实践经验和较高技术水平，先后担任技术负责、组长等职，主持并参加了多个矿种、矿区的技术工作，报告编写30余份，论著8篇，荣获地矿局找矿奖2个，成果丰富。他一生勤勤恳恳，任劳任怨，总是一心扑在工作中，做到干一行，爱一行，精一行，敬岗爱业，默默奉献，得到领导和同志们的肯定和赞誉，多次被评为先进工作者。

××同志为人忠厚，襟怀坦荡，谦虚谨慎，平易近人。他生活节俭，艰苦朴素，家庭和睦，邻里团结。他对子女从严管教，严格要求，子女个个遵纪守法，好学上进。

××同志的逝世，使我们失去了一位好同志。虽然他离我们而去，但他那种勤勤恳恳、忘我工作的奉献精神；那种艰苦朴素、勤俭节约的优良作风；那种为人正派、忠厚老实的高尚品德，仍值得我们学习。我们为他的家庭失去这样的好丈夫，这样的好父亲而惋惜。但人死不能复生，我们只能控制自己的感情，抑制自己的悲痛，以更加高昂的热情加倍工作，再创佳绩，慰××同志的在天之灵。

××同志的一生，是光荣的一生，兢兢业业为人民服务的一生。我们怀着沉痛的心情，向××同志致以深切的哀悼，并向××同志的亲属致以亲切地慰问！

××同志安息吧！

【范文二】

××集团离休干部×××同志追悼会悼词

同志们、朋友们：

今天，我们怀着十分沉痛的心情深切悼念离休干部×××同志。×××同志因患肝癌病医治无效，于2006年6月15日晚9时15分在××市人民医院与世长辞，享年91岁。

×××同志1925年4月生于广东省××县，1947年5月参加革命工作。1949年12月加入中国共产党。解放前夕担任东江纵队联络员。解放后，任××县粮食局科长、副局长、××公社副书记、书记。后任××市财政局副局长，××集团公司党委书记兼董事长。1985年5月离休。

在几十年的革命工作生涯中，×××同志忠于共产党，热爱祖国，热爱人民。在错误路线干扰下，受到极不公正待遇，蒙冤10多年仍坚贞无悔坚持革命信念，其高尚的品格堪为后人楷模。

×××同志一生勤勤恳恳，任劳任怨。他无论是在行政管理岗位，还是在企业管理岗位，他总是一心扑在工作上，敬业爱岗，廉洁自律。×××同志为人正直、谦虚谨慎；生活节俭、家庭和睦；他对子女从严管教，严格要求。

×××同志的逝世，使我们失去了一位好同志。他虽离我们而去，但他那种勤政廉政和无私奉献精神，仍值得我们学习和记取。我们要化悲痛为力量，以×××同志为榜样，勤奋学习和努力工作，再创佳绩。以慰×××同志在天之灵。

×××同志安息吧！

【范文三】

在×××同志追悼会上的悼词

各位来宾，同志们、乡亲们：

今天，我们怀着极其沉痛的心情，深切悼念××市二轻工业系统的优秀干部、原××市汽车大修厂党支部书记×××同志。

×××同志因患肝癌，经多方救治无效，于 2005 年 3 月 12 日不幸去世，享年 61 岁。在此，我谨代表××市二轻工业系统 1200 名干部职工，对×××同志不幸去世表示沉痛哀悼！并向其家属表示亲切的慰问。

×××同志 1945 年 10 月 17 日出生于××市×××村。1964年，他响应党的号召到手工业联社砖瓦厂参加工作。1965 年，在抗美援朝、反修防苏，国际形势紧张的情况下，他积极应征到北京军区 948 部队当兵，1966 年调入 4743 部队汽车连。服役期间，他刻苦钻研修车技术，积极参加部队训练，多次被评为"修车能手"、"五好战士"，并被破格提拔为副排长。1968 年从部队转业到××农具厂工作后，他工作积极，思想先进，多次被评为劳动模范，并光荣地加入中国共产党。1971 年在手管局支持下，他亲手创建了××轮胎翻新厂，试制出了小四轮前轮胎，为发展××发展"五小工业"作出了巨大贡献，1976 年被任命为××轮胎翻新厂副厂长。1981 年××轮胎翻新厂与××汽修厂合并，他被任命为××汽修厂副厂长。调入汽修厂后，他如鱼得水，积极发挥自己在汽车修理方面的专长，组建汽修车间，培养修理人员，购买汽修设备，健全修理工种，使企业形成了大、中、小修一条龙服务，得到了上级交通部门的好评和认可。1995年任汽修厂党支部书记后，他一手抓党建，一手抓业务，和同志们团结协作，共同努力，使汽修厂被国家交通部评为"质量信得过单位"荣誉称号，他本人也多次被评为"优秀党员"、"先进党务工作者"。2004年，年满60岁的他光荣退休。

×××同志一生对工作勤勤恳恳、兢兢业业、任劳任怨、默默奉献，丝毫不计较个人得失；对同事，他为人正直，真诚豪爽，公平公正；对自己，他严格要求，严以律己，认真刻苦，不断进取；对家人，他又是真诚负责、值得信赖的家庭支柱。他的革命风范、敬业精神、道德风貌永远是我们做人的楷模、学习的榜样！

向×××同志学习，要学习他正正派派做人，清清白白做官，踏踏实实做事，认认真真工作，做一个平凡而高尚的人、一个有益于人民的人；学习他就是要像他那样，党叫干啥就干啥，不图名、不牟利，不讲索取讲奉献的优良品德；学习他艰苦创业、求真务实、真抓实干的工作作风；学习他爱岗敬业，干一行、爱一行，在平凡的工作岗位上做出不平凡的业绩。

悼念×××同志，我们要化悲痛为力量，在各自的工作岗位上，奋发拼搏，努力工作，把二轻集体工业推向一个更高的台阶，为我市实现"龙门三跳"目标、把我市建成现代化新型工业城市作出更大的贡献！

×××同志安息吧！

【范文四】

某校在清明节悼念革命烈士的活动中致辞

各位老师、同学们：

今天我们在××市革命烈士陵园隆重聚会，举行清明扫墓活动。此时此刻，当我们站在纪念碑前的时候，我们悼念，我们品读，我们铭记。我们悼念无数为了中华民族解放和繁荣而英勇捐躯的英雄；品读革命志士的信仰和坚贞、崇高和不朽；铭记源远流长的不屈的民族精神。下面，请同学们立正站姿，闭上眼睛，用我们最真诚的心为烈士们默哀。

时间永是流逝，信念未曾更改。多少年来，革命先烈的丰功伟绩一直被人们传诵。不管时代如何变迁，先烈们舍生忘死，前赴后继，为他人谋幸福的高尚品德不应该被遗忘，他们的无畏和奉献精神万古长青。

面对这不眠的纪念碑，让我们永远记得要珍惜生命，珍惜亲情，珍爱生活中一切美好的东西，为他人带来快乐，这才是青年人学习英雄缅怀先烈的真谛！

同学们，提高中华民族的整体素质要求我们从增进爱国情感做起，弘扬和培育以爱国主义为核心的伟大民族精神；从确立远大理想做起，树立和培育正确的理想信念；从规范行为习惯做起，培养良好道德品质和文明行为；从提高基本素质做起，促进我们自身的全面发展，我校举行隆重的清明节祭扫活动，就是希望同学们在瞻仰烈士纪念碑的同时，汲取革命先烈可亲、可信、可敬、可学的感人事迹，从而使自己成长为具有高尚思想品质和良好道德修养的合格建设者和接班人。

同学们，踏踏实实地为自己积极而幸福的人生作准备，勇敢地为将来服务和奉献社会积蓄力量，是你们肩负的任务。同学们，把爱国爱民族的高尚情怀融入到爱校爱集体的具体行动中去吧，让小事洗礼你们的灵魂，让英烈见证你们的成长！

今天，我们站在革命烈士纪念碑前，缅怀革命烈士的丰功伟绩，深知这来之不易的幸福生活是革命烈士用自己的鲜血换来的，请你们一定不要辜负烈士们的遗愿，请你们踏着烈士们的足迹奋勇向前！

第七章
演 讲 稿

竞选演讲稿

【定义】

竞选演讲，是指竞选者为了实现竞争上岗，就自我竞选条件、未来的施政目标和构想所发表的公开讲话，属于演讲形式。随着干部人事制度的改革，干部竞聘上岗、竞选领导职务制度正在全面推广，竞聘上岗或公开选拔面试时的讲话越来越重要。

【作用】

好的竞选演讲可以更好地展示自己、推销自己，让听众了解自己，从而获得更多的支持者，实现自己的理想。

【写作指导】

（1）开头：要把竞聘目标指向某一明确岗位，告知大家自己竞聘的是哪一个具体职位。

（2）主体：主体包括以下几个方面：

①自然情况：简洁而翔实地介绍竞聘者的姓名、年龄、政治面貌、学历及专业、职务及职称、简历等情况。

②竞选条件：要阐明竞选者凭什么理由和资格竞选该职位，有什么超出其他竞选者的优势，诸如经历方面的优势、学识水平方面的优势、综合素质方面的优势等。

③竞选成功后工作设想：写出竞选者所设想的上任后的工作目标与措施。即根据所竞选的职务和个人的具体情况，将就任以后的工作目标、主要设想、打算，包括拟采取的措施、办法以及要达到什么样的效果等集中作出表述。

（3）结尾：结尾是通篇讲话的结束，要写得简明扼要、自然贴切。

【写作特点】

文字要突出气势，态度真诚，语言简练。

【范文一】

科长岗位竞聘讲话稿

×××

各位领导、同事：

你们好！

首先应感谢局领导为我们提供了一个公开、平等、竞争、择优的竞聘机会。我今年37岁，××××年七月毕业于××农业大学财政税收专业，大专学历。××××年12月至今在××地区农经局工作。××××年取得《会计证》，20××年11月取得中级农经师技术职务。我竞聘的岗位是业务一科副科长。这次竞聘的信心主要来源于：

（一）在思想、工作作风方面：我注重政治理论的学习，自觉做到政治上不说糊涂话、不做出格的事，与局领导保持一致。在为人处世上，坚持做到自严、自律、自尊、自爱。在处理工作关系上，注意摆正自己的位置，自觉维护领导、集体利益和集体荣誉，做到宽容待人，搞好民族团结，遇到问题时放低姿态消除误解，有良好的职业道德和工作热情及很强的责任感和事业心。

（二）在实际工作中：首先我对工作充满激情和有着强烈的责任感。多年的农产品销售服务工作，使我对农村基层情况和农民有深刻的了解，也为我现在的农经业务工作积累了第一手的实践资料。其次，我善于在工作中观察、发现问题并思考社会热点问题和领导关心的难点问题，深入乡村进行专题调研，先后撰写了《××地区设施农业的现状与发展》、《关于瓜棉间作情况的调查报告》、《浅谈××地区农村土地流转的现状及对策》，得到局领导的好评。其中《浅谈××地区农村土地流转的现状及对策》和协助调查撰写的《地膜玉米推广种植情况调查报告》两篇调研报告引起了地区领导的高度重视并给予重要批示。

如果这次竞聘成功，我将努力协助做好科室工作，下面是我的一些不成熟的工作目标和思路。

工作目标：满足党政领导决策和科学管理的需要，以农业增产增效、农民增收为目的，全面提升农经服务水平。具体做法：

协助科长做好科室各项工作。一是在科室内部实行岗位责任制，定员定岗，充分调动科室人员的工作积极性；二是建立学习制度，从抓学习、提素质、强队伍、挖掘内部潜力入手，组织科室人员有计划地学习党的有关农村政策、法律、法规和农经业务知识，特别是《农村土地承包法》和《××××农村土地承包法实施办法》的学习，本着"打铁还需自身硬"的道理，把科室建成

理论扎实、业务精通、团结协作的团队。

加强对农村热点、难点问题的调查研究。重点对"四大问题"进行超前研究,一是如何提升农业产业化经营的带动能力的问题;二是农村税费改革后如何构建农民负担监管长效机制的问题;三是如何支持农民专业协会和农民经纪人队伍发展的问题;四是农村土地承包经营收益增加后面临的新问题及对策研究。通过调查研究,为各级领导决策提出合理化建议。

增强服务意识,进一步提高服务水平。一是及时了解和掌握不同时期的工作重点和应关注的问题,有针对性地为领导提供调查资料和建议;二是按照业务一科的工作职责,以全面落实《中华人民共和国农村土地承包法》和农民负担监管执法为契机,提升科室工作地位;做好农民经纪人、农民专业协会的规范管理,注意挖掘、培养、树立一批做出优异成绩、具有示范意义的经纪人、专业协会典型,总结他们的成功经验,并通过各种手段大力宣传和推广,带动更多的农民专业协会组织健康发展,真正地做到为农民服务,带领农民创业致富奔小康,促进地方经济发展。

以上是我的工作目标和具体做法。这次全局各科室竞聘上岗,是单位新的用人制度的改革,激发了干部职工的事业心、责任感,必将为我单位今后的发展注入新的活力。无论这次竞聘结果如何,我都会坦然地面对,竞聘成功争来的是一分信任、一副重担,在以后的日子里,我会增添一分拼搏向上的信心,不辜负局领导和同志们对我的希望,努力工作;如果落聘,我也会总结经验,找出差距与不足,在今后的工作中,加倍努力,通过学习不断完善自己。谢谢大家!

【范文二】

信用社副主任竞聘稿

各位领导、同志们：

大家好！首先感谢组织上为我们提供了一次公平竞争、锻炼自己的机会，也感谢在座的各位对我的关心和支持！

我叫×××，1977年6月出生，中共党员，大专，现从事财会股会计工作。今天我怀着万分激动的心情来参加这次公开竞聘。我竞聘的职务是信用社副主任。我认为公平竞争，作为一种时代潮流，不仅存在于人与人之间，同样也存在于各个单位、行业、部门之间。在这充满竞争的时代，对于20××年三项预警指标进入红色静态预警级别，20××年第一季度三项考核指标处于最后一名的忠门信用社，如何才能做到求生存、促发展、走出一条属于自己的道路呢？下面请让我从一名副主任的角度谈一谈我的几点粗浅看法。

一、要有一个团结协助，率先重范的领导班子

孔子说过："其身正、不令而行；身不正，虽令不从。"班子的素质和作风直接关系到信用社的兴衰成败。所以要注重班子团结，不断增强班子的凝聚力、号召力和战斗力。作好一名党员干部，要时刻保持共产党员的先进性，以身作则，率先重范，勤政廉洁，要克服以权谋私，以贷谋利的心理，为秀屿区金融事业而恪尽职守。

作为信用社副主任，要明确自己的岗位职责，积极配合主任、协助主任，不折不扣完成好社内的各项工作。同时，要深入到群

众中去，关心员工生活；解决员工的困难，征求员工意见与建议，让职工参与管理、参与决策。充分调动职工的积极性与主动性，促进各项工作的顺利开展。

二、要有一种居安思危，开拓进取的竞争意识

适者生存、不适者被淘汰，是放之四海皆准的真理。在对手林立，竞争日益激烈的金融交流中如何吸取存款，增强信用社支农资金实力，是信用社赖于生存，赖于发展，在竞争中立于不败之地的关键环节。因循守旧墨守成规，只能不断拉大我们与商业银行之间的距离。我们要努力转变服务观念、转变服务态度，转变服务方式。特别是要在提高服务质量方面下大功夫。信用社的服务动能落后于其他商业银行，但决不能让服务质量落后于他人。我们可以利用网点较多的优势，扬长避短增多上门服务项目，不断深入群众，加大存款政策宣传力度，做好储户的思想勾通工作，并注重搞好兄弟单位关系，把更多更大的储户吸引到信用社来，为提高竞争能力提供强有力的保障。

三、要有一支德才兼备，训练有素的专业队伍

事业要发展，人才是根本。离开了人才。就如少了名厨，再好再多的原料也调制不出名振中外的"满汉全席"。当前，信用社的人才结构普遍处于新旧交替、青黄不接阶段，加上业务电脑化管理，在带来无限商机的同时也带来了新的挑战。如何挖掘人才、培养人才及合理利用现有人才，是一个永恒不变的主题。作为副主任，要配合领导，努力营造学习氛围，组织辖区内会计、出纳、信贷员等各个岗位人员，认真进行专业理论、操作培训及职业道德教育，通过"学、帮、比"等方式，把全体员工培养成德才兼

备，爱岗敬业的专业队伍，以便更好地为群众服务。

四、要有一套科学规范，切实可行的管理制度

没有规矩，不成方圆。要协助领导，制定一套科学的管理制度，严明的落实措施，严格的考核标准，做到制度到位，落实到位；公平公正、奖惩分明；达到激励先进、鞭策落后的目的。

首先是要加强信贷管理，提高信贷资产质量。要加强监督力度，严格执行信贷工作的操作规程，摒弃私念，坚持原则。严格把关，重点做好贷款"三查"工作。贷款放得出，要保证本息收得回。已形成的不良贷款要采取措施收回或盘活。做到信贷资金良性循环。其次要加强财务管理，做好增收节支工作，要认真组织会计复核工作，加强财务管理，做好会计、出纳储蓄等工作的检查和指导，支持和配合稽核人员做好稽核工作。严格执行贷款利率政策及财经纪律、控制费用开支，达到增收节支，提高经营效益的目的。同时，要加强内部防控制度建设，搞好"三防一保"工作。安全保卫工作是始终不能掉以轻心的大事，要严格执行内控制度，经常深入网点检查，发现隐患及时排除，处理违章违纪行为决不手软，保证安全生产无事故，切实防范经济案件的发生。有了一套科学规范，切实有效的管理措施，我们的各项工作也就得以健康、稳步地发展壮大。

说得好不如做得好，此时此刻，我只想用最真挚的语言向在座的各位表示我的决心：假如我有幸竞聘成功，我有信心，也有决心，有毅力，也有能力让忠门信用社在稳定中求发展，在发展中求创新。假如我未能竞聘成功，我将无怨无悔，始终如一，立足岗位，继续接受组织和同志们考验，继续为我区农村信用社事业

的发展而奋斗不息。

最后，再次对组织给了我一次锻炼的机会，表示深深地感谢，真诚地祝愿大家工作顺利，幸福安康！

【范文三】

报社主编竞聘演讲稿

尊敬的各位领导，各位同仁：

大家好！

首先，我要感谢《××日报》搭建了这一个平台，感谢报社领导，提供了这一次机会，使我能够站在这个演讲台上，更感谢在场的各位给了我参与这次竞聘的勇气和力量，在此我要向各位真诚地道一声：谢谢！

我叫××，今年30岁，1999年大学毕业后，在《××广播电视报》担任编辑、记者，2001年12月应聘到陕西人民出版社主办的《经济新报》，在该报财经部和产经新闻部，担任编辑、记者，2003年6月再次回到《××广播电视报》，担任该报专刊主编，2005年进入《××日报》社。

今天，我竞聘的岗位是《××××》主编，《××××》是××日报创立最早的一份周末专刊，在这份专刊上溶入了很多前辈老师的心血和汗水，所以竞聘这个岗位，我感觉压力很大。但我有信心，相信经过自己的努力，一定会把这份专刊做好。

如果竞聘成功，那么，我将通过两方面来为专刊注入新的活力和生机。

一方面，我将不断地提升专刊的品质，在内容为主的时代，专刊的品质直接决定专刊的生存。为此，我将努力做好以下三点：(1) 不断创新专刊栏目设置，围绕市场、围绕读者，随时调整专刊栏目设置，使其更加贴近生活、贴近群众、贴近市场；(2) 加大专刊的主题性策划，在主流文化、非主流文化以及边缘文化等方面寻找热点和焦点，为专刊营造新的看点和亮点；(3) 在提高专刊编辑队伍整体素质的同时，努力培养一支高素质的特邀撰稿人队伍，使其成为专刊采编力量的一个有益补充。

另一方面，我将全力以赴提升专刊的经济创收能力，力争使《××××》2008 年经营收入达到 ×× 万元。为实现这一经济目标，我将努力做到以下几点：

(1) 采用内部培养或外部资源嫁接的形式，努力组建一支既懂新闻又懂经营的专刊记者队伍。

(2) 在其他专刊所没有涉及的范围和领域，努力培养和开拓新的经济增长空间，目前还有餐饮美食、美容、健身等很多行业，是其他专刊所没有涉及的，这为《××××》提供了新的发展空间。

(3) 加大专刊的活动策划，好的策划和好的创意，就是财富，我将努力带领《××××》专刊团队，以特刊、增刊、主题活动等多种形式，努力为专刊营造更加宽阔的经济增长空间。

(4) 加强与兄弟专刊、兄弟媒体间的互动合作，采用借力发力、借鸡下蛋、借船赶路的方式，努力实现经济创收目标。

各位领导，各位同仁，如果竞聘成功，我一定会严格遵守报

社的各项规章制度，坚决服从报社领导，听从报社领导统一指挥，带领专刊团队，把《××××》打造成××日报一份更加成熟，更加完美的专刊！

就职讲话稿

【定义】

就职讲话，是指领导干部在竞选领导职务成功后，或到单位担任某领导职务后，在就职仪式或干部大会上发表的讲话。以此讲话来说明自己的责任、施政纲领和自己要为大众做的事情，提出自己的工作设想和希望，表示自己的决心。

【作用】

起到一种表态和承诺的作用，从而取得大家的信任和支持。

【写作指导】

1. 开头

用简洁的语言阐述就职缘由和表明任职的基本态度，简明扼要地介绍说明自己就任新职的背景，或表示个人就任新职的心情、感受，表示对领导和选民、代表、群众的谢意。

2. 主体

主体部分是一篇讲话稿的核心，它应该包括以下内容：

①简述个人的基本情况。

②简述当前面对的形势或存在的问题，明确提出自己任职期间的工作思路、施政纲领及近期工作的具体任务、目标。

③详细说明实现工作目标的具体措施。

④许下承诺，提出任职期间自己的要求。

3. 结尾

表明自己履行职务的信心和决心，或对听众提出今后帮助、支持的希望，展望未来，鼓舞斗志。最后以表示谢意的话语结束。

【写作特点】

态度真诚，内容真实，语言简洁。

【范文一】

新任市委书记在领导干部会议上的讲话就职演说

同志们：

省委调我来××市任职，使我有机会为××市1000多万人民服务，我既感到荣幸，又深感责任重大。××是个历史悠久、文化灿烂、人杰地灵的地方，农业资源丰富，发展潜力巨大。经过历任地委、行署老领导的艰苦创业和不懈努力，已经打下了良好的基础。特别是撤地设市以来，进入了新的历史时期，市四个班子带领全市人民聚精会神搞建设，一心一意谋发展，取得了巨大的成绩，发生了巨大的变化，积累了宝贵的物质财富和精神财富，为长远发展奠定了坚实的基础。

撤地设市两年多来，××之所以能够取得这样大的成绩，是市委、政府思发展、议发展、谋发展，正确领导的结果；是广大干部群众积极参与、艰苦奋斗的结果；是全市上下团结一致、干事创业的结果。我们一定要倍加珍惜这些经验，把它作为我们的后发优势，乘势而上，加快发展，取得更大的成绩。我们要一任接着一任干，一张蓝图绘到底。

刚才，×书记对当前的工作讲了非常重要的意见，我完全同意，并要认真抓好落实。具体到政府，要做到"三不变、五坚持"。

"三不变"：一是市一次党代会确立的思路、制订的规划和既定的目标不变，继续为实现"一年一变样，五年大变样"的目标而努力；二是市委、市政府制定的各项加快××经济发展的优惠政策不变，营造××竞争的后发优势；三是抓工作的力度和方法不变，特别是要加大督查力度，层层分解指标，实行跟踪问效，保证各项任务落到实处。

"五坚持"：一是坚持一切为了发展；二是坚持一切从××实际出发；三是坚持一切为了人民群众；四是坚持用改革的办法解决前进中的困难和问题；五是坚持以开放促发展。

当前，要认真学习、全面领会党的十六大精神，围绕主题，把握灵魂，深入学习，务求实效。要把思想和行动统一到十六大精神上来，以建设全面小康社会的奋斗目标统揽工作全局。要围绕中心，把握全局，处理好经济建设与其他工作的关系。坚持以经济建设为中心不动摇，增强忧患意识，找准差距，正视困难，艰苦奋斗，始终保持昂扬的精神状态。

要切实转变作风，以发展的观点营造勤政为民、与时俱进的政府工作氛围，要把主要精力用在调控、引导、监督、服务上，用在改善发展环境、解决人民群众的实际困难上。政府工作人员要善于学习，努力掌握经济发展的规律，使政府工作特别是政府决策符合经济发展的规律。要以改革意识建立运转协调、办事高效的工作机制，增强工作透明度，进一步规范行政行为，促进依法行政，把政府的职能真正转到宏观调控、市场监督、社会管理和公共事务上来。要以求实的作风，面向群众，把好事办好，实事办实，既要注意大多数群众普遍关心的共性问题，使大多数群众得到实惠，又要注重解决困难群体的特殊问题，切实保障他们的基本生活，既要着眼于人民群众的长远利益，集中力量办大事，从根本上改善人民群众的生产生活条件，又要立足当前，从人民群众的迫切需要做起，切实解决他们的眼前困难。要进一步强化群众观念，体察民情，了解民意，集中民志，珍惜民力，真正做实事求是的表率，做联系群众的表率，做艰苦奋斗的表率，做清正廉洁的表率，做遵守纪律的表率，不断提高领导水平。以解决人民群众关心的热点、难点问题为重点，深入基层调查研究，政府各部门要深入基层，深入企业，深入实际，调查研究，认真解决群众关心的重大问题。总之，要求真务实，开拓创新，适应社会主义市场经济发展的新要求，在市委的领导下，自觉接受人大、政协的监督，扎扎实实地把政府工作提高到一个新水平。

我是一个农民的儿子，和在座的大多数同志一样，是喝沙河水长大的。可以说，是出身于农家，成长在基层，和农民、农村有着深厚的感情，是党组织的教育和同志们的关心，把我从一名农村大队党支部书记培养成一名市级干部。这次组织上给我压这么重的担

子，感到压力很大。近年来，我一直做党务工作，对政府工作相对陌生，对××情况的了解，可以说是一张白纸，但我相信只要紧紧依靠人民群众，就没有克服不了的困难。从到××的第一天起，我就已经成为××市人民的一员，个人的工作、事业和幸福，与全市1000多万人民紧密地融在了一起，与××的发展紧密地联系在了一起。经过短短几天的接触，我深深感到全市上下振兴××的强烈愿望和这里政通人和、干事创业的环境。省委派我来××工作，我一定牢记自己是人民的公仆，坚定信心，励精图治，顾全大局，恪尽职守，从严治政，依法行政，清正廉洁，勤奋学习，刻苦工作，不辜负组织的信任和人民的重托，与全市人民一起，团结一致，同心同德，努力把××市建设得更加美好。谢谢大家！

【范文二】

区长就职讲话稿

各位代表、同志们：

首先，请允许我代表新一届区政府班子成员真诚地向各位人大代表表示衷心的感谢，感谢同志们对我们的信任和支持。我们将在新一届政府的任期内，团结协作，努力工作，以优良的工作业绩来回报各位代表的信任和期望。

目前，全区正处在承前启后，加快发展的关键时期，我们新当选的新一届政府班子成员，有信心也有决心同全区广大干部群众一道，与时俱进，开拓创新，共同开创美好的明天。

新的一届政府，在今后的工作中，要坚持把加快发展做为第一要务，牢固树立以经济建设为中心的意识不动摇；要一以贯之的贯彻"工业强区、商贸兴区、招商引资和旧城开发"四大战略，推动全区经济更快、更好的发展；要继续发扬讲团结、顾大局的优良传统，坚持在区委的领导下，团结政府一班人，认真贯彻民主集中制原则，坚决贯彻执行区委的各项决定。要坚持依法行政，自觉接受人大的法律监督、工作监督和政协的民主监督，重大决策充分走群众路线，广泛听取各个方面的意见和建议，使决策民主化、科学化，切实防止和避免工作中出现大的偏差。要继续加强与地区各大企事业单位的交流与联系，主动为地区各大企业、各个单位搞好服务。要切实关心弱势群体的生产生活，特别关注国有企业及区属企业的改革、脱困与发展，努力通过发展区域经济为下岗职工创造更多的就业机会。要努力培养廉洁高效的工作作风，坚持勤政廉政，自觉抵制腐败行为，切实搞好政风建设，树立良好的政府形象。

作为新一届政府的区长，我将时刻牢记全心全意为人民服务的宗旨，心为民想，利为民谋，真心实意为人民群众办实事、办好事；我将以扎扎实实的工作作风、勤勤恳恳的工作态度，尽职尽责地干好每一项工作；我将自觉接受区委的领导和人大的监督，认真吸纳人民政协的诤言良策，听取各方面的意见和建议，维护几大班子之间的团结；我将进一步加强学习，不断提高自己驾驭经济工作和应对纷繁复杂局面的能力，以勤补拙，用全身心的投入来弥补自身能力上的不足。在此也恳切希望各位代表，能一如既往地关心支持并监督我和政府的工作，多提批评意见，以使我们能及时地发现问题，解决问题，找出工作中的不足和差距，采

取积极有效的措施加以弥补和纠正。

各位代表，明年是实施"十五"计划的关键之年，也是本届政府的开局之年，做好明年的工作，对全区今后一个时期的发展关系重大，让我们在区委的领导下，认真贯彻落实十六大精神，与时俱进，开拓创新，为全面完成明年的各项工作目标而努力奋斗！

谢谢大家！

【范文三】

新任执行总经理发言稿

感谢组织对我的信任，感谢董事长、副董事长以及前三任执行总经理对我工作能力的培养。今天我面对组织、面对领导、面对新的领导班子成员以及面对××公司总部全体员工，我心情很激动，同时也很有信心带领公司新领导班子成员，继续发扬××人"只争第一、不做第二"的××精神和"团结奋进、顽强拼搏"的优良作风，共同把公司管理好、发展好。在这里我向组织，向董事长、副董事长、新领导班子以及全体员工表态：

1. 担任总经理期间，我本人首先要做到"本本分分做人、扎扎实实做事"，力争一次把事做好。在工作中我将发挥班子的核心领导团队作用，做到分工明确，各尽其责，带领全体员工把各项工作做好。

2. 在市场开发工作方面：在前任总经理×××先生的领导下，公司发展势态良好。2008年下半年，公司的经营班子将继续以市场为导向，继续创新市场开发策略并进一步拓展市场开发渠道，力争年底中标合同额突破×亿元。

3. 在工程技术管理方面：坚持以"现场保市场"，强化各项目对工程技术和工程质量的高标准、高要求以及施工法、作业指导书的规范应用，抓关键施工的新技术、新工艺、新材料的推广和应用，增强公司技术实力，在公路市场率先形成竞争优势。

4. 在生产经营工作方面：以2008年工作报告精神为指导，坚持以项目为中心，以质量和成本为主线，加强项目成本管理力度，尤其针对20××年下半年市场材料、水泥、燃油、石料大幅度上涨等不利因素给公司带来的经营风险，确定20××年的工作重点是：加大精细管理力度，不断提高创利水平。目前时间已过半，截至5月底已完成计量产值×亿元，占年计划的×%，下一步要抓住第三季度施工旺季，确保年底实现计量产值×亿元，力争突破×亿元。

5. 面对公司跨越发展战略目标的实现，在今后的管理中要进一步加快人力资源的开发，加大对员工能力培训和对人才的引进与培养，使公司的人才结构不断优化，使公司人力资源真正成为公司的优势资源。

6. 继续加强项目基础管理，全面推进公司企业文化创新，强化团队执行力，提升项目形象力，使公司整体能力和素质得到进一步改善，以不断提升××营造的品牌影响力和市场竞争力。

在公司良好的发展势头下，我们同时要保持清醒的头脑，不能轻视当前残酷激烈的市场环境，随时要有居安思危、如履薄冰的风险意识，要认识到我们还有很多管理方面的不足，与局各兄

弟单位在一些方面还有差距，公司各项目之间管理水平还有差距。比如：公司内部操作层的培养，目前发展还很不成熟、不规范；外部操作层还要进一步整合。公司要实现有效扩张，必须整合发挥内外部的资源优势，还要不断总结积累经验、吸收教训，只有这样才能使公司得以长足发展。

总之，在董事会的正确领导下，在×局的大力支持下，在全体××人敬业精神的鼓舞下，我有决心、有信心带领新经营班子全体成员以及全体××人，首先把公司做强，在公司未来发展中，力争提前实现"同业多元跨越发展"第二阶段目标，进一步扩大公路拓宽市场，开发公路养护市场，通过横向联合，继续开发轻轨、地铁、隧道施工市场，加大公司体制改革步伐，整合内外部资源优势，实现企业有效扩张，在做强的基础上稳步把公司做大。

【范文四】

××慈善会长的就职讲话（摘要）

尊敬的各位领导、各位会员、同志们、朋友们：

今天，××区慈善总会暨慈善基金会成立大会隆重召开了，这是全区人民社会生活的一件大喜事。刚才，大会选举了"两会"的班子成员，这是对我们当选者最大的信任，我们一定不辜负大家的期望，努力把我区的慈善工作搞好。大家选举我当会长和理事长，我感到十分荣幸。我的家人对我投身慈善事业，不但从精神上鼓励，还从行动上支持，这就使我能安心的来做慈善工作了。

一、我对慈善事业的认识

关于慈善的概念，古已有之。在中国传统文化典籍中，"慈"是"爱"的意思；"善"就是"吉祥，美好"的本义。现代的字典、词典解释为：慈，一般是指仁爱、和善；善，一般是指善良、心肠好。对慈善，中华慈善总会创始人崔乃夫曾有极为精辟的概括：什么叫慈呢？父母对子女的爱为慈，讲的是纵向关系；什么是善呢？人与人之间的关爱为善，讲的是横向的关系。什么是慈善呢？慈善是有同情心的人们之间的互助行为。

人生命的意义是什么？我个人理解，简言之，就是两个方面：一是创造，努力实现自我价值；二是奉献，不断用真情回报社会。我们在实现自我价值的过程中，都要得到社会、得到他人的帮助，所以都要懂得感恩。每一个人都是父母生育、抚养，首先感恩父母；每一个人，都生活在社会中，学习、工作、生产，都需要别人的帮助，应该感恩社会；我们当企业老总的，从用地、用工、机械设备、原材料等，都要去采购而来，是一个社会工程，应该回报社会；还有我们坐国家机关、拿国家工资的人，要想到，这职位是党和人民给的，这工资是国家和纳税人的，所以，我们要感恩党和国家，感恩人民，要为富民强国作出自己应有的贡献。

慈善是自愿的、是无偿的。你今天帮助了别人，不一定明天别人就来帮助你；你帮助了别人多少，别人也不一定能帮助你同样多。"天有不测风云，人间自有真情"。如今年的雪灾、地震，就有很多的人需要救助，全国人民都伸出了援助之手，在全国唤醒了人们的慈善意识，凝聚了全国人民的力量。

慈善又是有回报的，"善有善报"嘛，"多行善、多积德"。

"普天之下，行善最乐"。当然主要的是指精神上的了，有时也可能会有物质上的回报。你送人玫瑰，就手留余香，你帮助了别了，就会快乐自己。帮助别人，总是有限的，而自己收获的快乐则是无限的。

二、我对慈善内容的理解

一是募集，包括募集善款招募义工。对于募集善款，主要是要有一颗爱心，单位和个人，有钱的出钱，有物的出物，有力的出力。对于慈善捐款，国家还有税收优惠，可以在所得税前列支。对于慈善捐款，还可以根据捐款企业和捐赠人的意愿，成立冠名基金会，也可以进行符合条件的点名救助。所谓"义工"，就是自愿参加的无报酬的、为社会公益活动服务的人。今天慈善总会成立"义工"大队，为社会公益活动提供帮助，我也积极报名参加，有幸成为了第一批"义工"。

我们的慈善捐赠，不在钱的多少，捐多捐少，都是一颗爱心；我们的慈善捐赠，也不分先后，先捐后捐，都是一片爱心。但作为我们慈善工作者来说，却又希望捐赠是多多益善。因为善款多，就能给更多需要帮助的人以帮助；因为善款多，就能给需要帮助的人以更多的帮助。

二是救助，包括经济上的救助、精神上的抚慰。主要是对弱势群体和个人提供物质帮助和精神抚慰，组织赈灾的紧急救助，参与政府的扶贫、救济、抚恤等工作。需要救助的家庭和个人，可以自己申请，也可以由单位和知情人提供情况，我们再根据调查情况，来给予适当的救助。

我区经济社会发展是比较快的，人民也是比较富裕的，但也还有不少弱势群体和贫困家庭，需要救助。当我们看到有的家庭还住在低矮的破旧房子里，家里连一台小黑白电视机也没有时，大家一定会动恻隐之心；当我们听到有的人身患重病而又无钱治疗，甚至有的一家人中有几个人重病或死亡时，大家一定会起怜悯之心；当我们了解到有的家庭因为贫困，孩子成绩优秀、考上了学校而没有钱去上学时，大家一定会产生同情之心；当我们知道有的零就业家庭无收入，或天灾人祸致贫，而衣食不饱时，大家一定会付出关怀之心……这"四心"就是爱心，要转化为慈行善举，同胞们，伸出你们的援助之手吧！

我们会把大家捐赠的每一分钱，每份物质，都用好，用到该用的地方。我们对捐款、捐物和救助情况，都会及时地在电视台、简报、网站上进行公布和公示。还会定期请纪检监察、审计部门来审计检查，并欢迎新闻媒体和社会各界进行监督。

三、我对慈善工作的打算

当大家选举我当了区慈善总会的会长后，我就增加了一个身份，这个新身份是什么呢？就是一名"乞丐"！而且是"丐帮头子"。因为要做好慈善救助，就得有救助款。钱从哪里来？就要靠政府注入、靠机关企业事业单位捐助，靠社会公民捐款。慈善捐款，只是一个道德任务，要坚持自愿的原则，这就要靠我们慈善工作者去做工作，代表弱势群体向有钱人去"乞讨"、去"化缘"。弱势群体和贫困家庭，需要什么，我们就去"乞讨"什么；捐赠者们施舍什么，我们就接受什么。

我们会按照"天天慈善一元捐"的文件，到机关单位去上门"乞讨"；我们会组织义工上街募捐，向路人"乞讨"；我们会到企

业单位去劝募，向老板们"乞讨"；我们也可能走出区门，到外地去"乞讨"。总之，哪里能募到善款，我们就到哪里去"乞讨"。一次不行，我们可能去两次、三次，甚至更多的次数，请大家不要厌烦，我们不会影响你们的工作，我们只想用我们的诚心，去感动你们的爱心，把慈善之心，变为慈行善举，为社会上的弱势群体募更多的善款，我想大家是会理解的，是会支持的。

以慈心弘扬美德，以善行传递爱心，这是一种道德和精神的升华。对慈善者，对于爱心人士，人民是不会忘记的，我们是不会忘记的，对捐款捐物者，我们都会予以登记，开出票据，并根据捐赠的多少，发给慈善卡、荣誉证书。还会根据对慈善事业作出的贡献，授予"慈善奖"、"慈善之星"、"慈善公民"等荣誉称号。

最后，我以区慈善总会的会长身份，再一次对大家表示衷心的感谢！我也诚恳请你们一如既往对慈善工作予以支持，慷慨解囊，怀着爱心，捐出你们的善款，这是对慈善事业的贡献，这是对我这个会长工作的支持，我怀着无比的感激之情，向大家深深地鞠躬了！

慈善事业，造福社会，利国利民。大家都是慈善家，大家都是爱心大使，我祝大家好人一生平安！

谢谢大家！

离职讲话稿

【定义】

离职讲话，是因工作调动或者任职届满、离退休时，离开一个单位、一个集体时叙述情谊、表示告别而发表的讲话。

【作用】

主要是回顾自己的工作经历、成就和与同志们的友谊，并以此对同志们提出希望。

【写作指导】

（1）开头：开头表明自己即将离任的心情，或说明自己离职的原因。感谢大家对自己的信任和支持。

（2）主体：主体交代一下有关离职的背景情况，说明离职的原因；回顾自己的任职经历，回顾与同志们相处的时光，抒发眷恋和依依不舍的心情；对自己的工作进行概括性的总结，表达出对同志们以往支持的感激之情；对自己履行职责出现的失误进行反省，汲取教训，向同志们表达歉意，并对同志们的理解表达感激之情；对自己原任岗位的工作提出一些意见和建议，表达出对同志们的祝福之情。

（3）结尾：结尾表示自己再接再厉做好今后的工作，表达自

己对原任单位的深切希望和美好祝愿，并再一次向大家表示感谢。

【写作特点】

多总结经验，少邀功讨赏；敢于亮丑，不文过饰非；多说集体，少说个人。

【范文一】

××市长离职讲话稿

同志们：

　　我在这工作的两年零三个月的时间里，我感到自己能够不辱使命，认真履行职责，努力为××的发展多作一些贡献，为××的百姓多做一些事情。特别是在工业项目开发建设、城乡基础设施建设、加快生态市建设、推进政府职能转变、优化经济发展软环境、维护社会稳定等方面倾注了很大精力。看到今天××经济发展、政治稳定、社会进步、人民生活日益改善，我感到由衷的欣慰。

　　几年来，特别是近一年多来，在省委、省政府和市委的领导下，在×××同志的带领下，我们坚持把发展作为第一要务，坚持解放思想、实事求是，与时俱进，坚持物质文明、精神文明、政治文明一起抓，坚持妥善处理改革、发展和稳定的关系，这是我们工作取得成绩的根本所在。同时也是市政府领导班子和全体组成人员，各部门、各市区干部群众共同努力的结果。应该说，市政府领导班子是团结、高效、务实、廉洁的班子，是有干劲、有合力的班子，班子中的同志互相帮助、互相提醒、互相补台、团结协作、工作默契，形成了良好氛围。大家在工作中给了我很多帮助，我们之间的合作共事是愉快的。市政府各部门和各市区政府落实市政府的工作部署是认真坚决和尽职尽责的，大家讲大局、讲配合，创造性地开展工作，克服了许多困难，工作是卓有成效的。

回顾过去的工作，我是在前几任领导奠定的基础上，依靠集体智慧边学边干的。在此，我对几年来给予我支持帮助的老同志，对市委、市人大、市政府、市政协、市纪委班子成员，对恪尽职守的全市各级党政领导干部，表示衷心的感谢！

这几年的工作，实事求是地讲，自己对履行市长的职责是严肃认真的，但是也存在一些不足之处。政府工作也有不尽人意的地方，有的问题通过工作已经有所缓解，有的问题还没有得到根本解决。在临行的时候，我希望大家对我提出批评意见。

领导干部的交替是个正常的过程，××的今天就是经过一届又一届领导班子努力积累发展起来的。我对××未来的发展充满了信心和希望，相信××同志和××同志一定能够带领全市广大干部群众团结奋斗，取得新的成绩。××有×××万勤劳智慧的人民，有一支优秀的干部队伍，有丰富的自然资源，发展有基础、有潜力、有前途，大有作为，大有希望。

我虽然在××工作时间不长，但对××充满了感情，对朝夕相处、同甘共苦的同志饱含着感激之情。再过几天，我将到××赴任，我将不辜负组织的重托，不辜负××人民的期望，继续勤政为民、廉洁奉公，更加努力地工作，为××的发展贡献自己的力量，同时也为××的发展尽我所能。××和××有很多优势可

以互补，两市之间的经济、技术交流和合作前景广阔。

最后，我再一次衷心感谢大家几年来对我的关心、支持和帮助，欢迎大家经常到××考察指导工作。谢谢！

【范文二】

××大学党委书记离职讲话

尊敬的各位领导，老师们，同志们：

作为一个长期受到党的关心、教育和培养的干部，我深切地感受到各级领导直至党中央对我的关怀和爱护。我坚决拥护中央、教育部和××市的决定。

我从1991年起担任校级领导工作，已有十四个年头，经历了很多人和事，有很多感想，千头万绪还不知从何说起。我在这里就简单地表达一下我最想说的三层意思：感谢、祝贺和希望。

我首先要感谢推荐、选拔我从事领导工作的各级领导。是他们给了我一个与教师职务不同的角度来认识世界，认识社会，丰富人生阅历的机会。我要特别感谢国家建设部，让我这样一个学数学的教师来担任建筑、土木类国家重点大学的校长。我要特别感谢国家教育部，在组建新××大学的重要时刻，让我来担任具有七十年办学历史的国家"211工程"重点建设和当时即将进入国家"985工程"建设的知名大学的党委书记。担任新××大学党委书记这个职务，对我具有极大的挑战性，促使我重新认真学习党的基本理论、基本路线和党的方针政策。我认真学习领会邓小平理论和"三个代表"重要思想，努力用以指导工作，转换角色，改造自己的主观世界，去熟悉党务工作，用行动证明了自己没有辜负党对我的教育和培养。

其次，我要感谢和我一起共过事的××书记、××副校长，我和同志们朝夕相处，同舟共济、相互理解、相互支持、相互帮助。我从同志们身上学到了许多优秀品格和作风，这是我得到的宝贵精神财富。同志们的深情厚谊，将激励我终身。

我要感谢学校机关部处、学院、直属单位的各位领导，你们是学校工作的直接推动者、学校决定的执行者，肩负了很重的责任，工作辛苦劳累。即使我过去对大家工作要求高，对大家关心体贴不够，谈心不够，有时可能批评过了头，也得到了大家的理解或谅解，我感到非常欣慰。

我还要感谢全校师生员工的理解和信任。没有大家的积极参与和努力，学校的事是办不好的。学校是一个整体，如果没有处理好局部和整体、眼前和长远的关系，学校的发展也不可能健康、协调和持续。我感到××师生员工有高度的责任意识和大局意识，由于本人能力和水平的局限，有许多应该做得更好的工作没有做好。

我本人的科学研究方向是求偏微分方程的数值解。虽然，这些年我的研究有所荒疏，但我对这个问题的研究还是有深度的。现实世界中的科学与工程问题，通过建立数学模型，抽象为微分方程后，很难得到准确解，数学上称之为"解析解"。一般只能在给定初始条件和边界条件，即约束条件后，通过数值计算方法求得近似解，或经过优化得到最优解。数学上所谓的"最优解"，实

际上是按照某种规定的度量，在多约束条件，甚至在多目标前提下，综合平衡以后得到的全局可行的近似解。我在这里不是为了讲数学，而是想说，在处理学校的一些事务中，依照这一思路，可能要暂时牺牲一部分利益，或者忽视某些个体的利益，不可能事事周全。我相信随着学校事业的发展，社会的进步，条件会更成熟，办法会更多，很多问题都会得到妥善解决。

我要表达的第二个意思是，祝贺××同志就任×××大学党委书记。××同志担任过原××大学的党委书记，后奉调市委教育工委担任第一任书记和市教委主任，始终保持着与××大学的密切联系，对××的情况非常熟悉。他作为××市教育行政部门的首要领导，始终关心支持××大学的发展，亲自见证了新××大学的组建，有丰富的管理经验和更开阔的眼界，故就任××大学党委书记是非常合适的。

校长××同志年富力强，善于学习，思路清晰，富于创新精神，非常尊重党委的集体领导，重视和支持党建工作。他在班子中带头执行民主集中制，党政分工合作、协调配合。作为行政一把手，他在增强领导班子的团结与活力，在构建和谐校园氛围中起到主要作用。

因此，××同志和××同志配合，坚持和完善党委领导下的校长负责制，进一步增强领导班子的团结与活力，一定能进一步加强××大学党的建设，在科学发展观的指导下，全面推动学校各项事业的发展。

我要表达的第三个意思是希望。××大学面临前所未有的大好机遇，在中央的关怀下，有教育部和××市共建的托举，只要全校师生员工团结奋斗，一定有更快的发展和更高的提升。我希望全校师生员工按照上级组织的要求，全力支持××同志的工作，在校党委和行政的领导和指挥下，不断提高教学科研水平，加强学科建设，努力构建和谐校园，在新的发展起点上，不断把建设研究型、综合性大学的宏伟事业推向前进。

我本人虽然不在领导岗位上了，但一定会继续支持学校党政领导班子的工作，关注学校的建设和发展，尽到党员教师的职责，自觉遵守党的纪律，不断提高思想道德修养，严谨治学，以德施教，教书育人。我曾在巴黎中法大学校长论坛上发表演说，谈到教育的重要性，感慨我这一生最大的幸运是，受到了良好的教育，受到了中西方优秀文化的熏陶，包括××大学、××地质学院、××外语学院、巴黎综合高等理工大学、美国特拉华大学、德国斯图加特大学，国家高级教育行政学院、××建筑大学、××大学以及两个中学、四个小学的教育和启迪。我在这些学校学习知识，学习做事，学习做人，知道"玉不琢，不成器；人不学，不知义"，"势服人，心不然；理服人，方无言"的道理和"公生明，廉生威"的警言。我很钦佩著名哲学家康德的名言："有两种东西，我对他们的思考越是深沉和持久，它们在我心中唤起的敬仰就越会与日俱增，这就是我头上的星空和心中的道德律。"我是一名共产党员，我心中的道德律就是集体主义、爱国主义、社会主义和共产主义的世界观、人生观和价值观。我要把它们继续落实到教师工作岗位上。

我现在的心情，就像在一场接力赛中，顺利地交出接力棒，同时看到我们团队胜利在望时那样轻松和高兴。在我跑这一程时，同伴们给了我鼓励，我再次谢谢大家。

最后我要借此机会，祝各位领导、老师们、同志们，工作顺利，身体健康！

祝××大学发展更快更好！谢谢！

【范文三】

酒店领导离职讲话稿

各位领导、同仁：

根据企业发展需要，总公司对××公司领导班子进行了调整，任命我为××公司总经理，虽然这个决定对我来说很突然，但我还是非常感谢总公司领导对我的信任。

总公司对××领导班子包括我本人的工作作了充分肯定，这是对我的极大鼓舞和鞭策。从××××年×月来到××，转眼已经快××年了。近××年来，我和在座的许多同志同舟共济，共同奋斗，可以说，甜酸苦辣什么滋味都尝过，委屈呀，阻力呀，重重困难都有。可谓"××风风雨雨共度，取得工作成绩共享"，在我工作有困难的时候，是你们给了我很多的支持、很多的鼓励和帮助，也给了我力量。自我进入管理层几年来，在公司领导的正确领导下，及在座的诸位的共同努力下，我和领导班子一起，坚持抓班子、带队伍、促发展，紧紧围绕以增收增效为中心，以市场为导向，以优质服务为核心，每年均能超额完成上级组织下达的指标任务，企业和谐稳定，员工团结互助，××呈现出一片欣欣向荣的景象。尤其是在××里，长安各项业绩均创历史新高。××的发展得到了总公司的好评和赞扬。

所有这些成绩的取得，靠的是上级组织的正确领导，靠的是邓小平理论和"三个代表"重要思想的正确指引。成绩归功于党组织和全体员工的埋头苦干、勤奋工作，归功于班子成员的思想统一、团结协作，归功于各部门的开拓进取、扎实工作，归功于各位老领导、老同志们的关心爱护和大力支持。在此，我向同志们表示衷心的感谢！

由于自己能力和水平的局限，仍有一些工作做的不够好，一些事情还没有做完，留下了不足与遗憾。我认为，如果我在学习上再刻苦一些，决策水平和工作质量或许会更高一些；如果我在工作中能更深入一些、接触员工更广泛一些，考虑问题或许会更全面一些，今天也借此机会，向这么多年来因我个人主观原因，留给××的遗憾，留给同志们的抱怨，向大家表示深深的歉意！

今天我将告别同志们，走上新的岗位。我的心情很不平静，××的一草一木、一砖一瓦，时时萦绕在我的心头，使人难忘，令我眷恋。无论走到哪里，我都会永远回忆和珍藏；××的每一点变化，都会给我带来无限的慰藉与欢乐；同志们的每一次进步，都会使我感到无限的喜悦与鼓舞。

谢谢大家！

【范文四】

××局副局长离职讲话稿

尊敬的×局长、各位领导、同志们：

20××年的隆冬时节我来到这里，而今即将伴着和煦的春风离去。回顾过去，这几天我辗转难眠，有太多的感慨和留恋，依依不舍之情常常浮现在眼前。这里有我朝夕相处的同事，有给予我无私帮助的朋友，有关怀爱护我的各位领导，有以大局为重支持理解我的同志们，借此机会，我要向你们致以诚挚的谢意！谢谢你们！

时光流逝，转眼间到××局工作已3年多了，现在到告别的时候了。局里的一草一木，全局同志们的音容笑貌以及和大家一块走过的路、开创的事业，时时萦绕在我的心头，浮现在我的眼前，让人思绪万千。我留恋××这方热土，留恋与大家共事的这份情缘，正是这片热土、这份共事让我萌发太多的感知、感悟、感叹、感动和感恩！

由于工作需要，5月4日我就要挥手握别到××工作了，此时此刻，我心潮起伏，百感交集，有许多贴心话想对一起同甘共苦的领导和同志们倾谈，千言万语一时竟不知从何说起。

我是1982年10月应征入伍，1986年提干，2007年转业到××局的。在任营以下初级军官时的工作历程我不想在这里追叙过多的细节了，只想对大家说一点我的感受：艰苦的环境并不可怕，任何挫折最终都会是一笔宝贵的财富。

2000年1月我被部队组织上任命为团职中级领导干部，这是我人生很重要的一个转折点。从这里开始，我的视野得以开阔，对现实生活有了较深刻的理解与认识。2007年2月，自愿转业到××局工作，眨眼之间，3年已经过去了。这3年中，从一步一个脚印，一步一个台阶，踏踏实实努力到今天。我是××这片热土上土生土长的农民的儿子，回首奋斗的成长历程，我深感到谋事创业的艰难，同时，我也是受组织培育多年的党员干部，深感自身肩负的工作责任。虽然我没有资格说"为官一任，造福一方"这句话，但是，作为一名党员领导干部，我却有足够的自信说一句俗语：人过留名，雁过留声。这是我多年为人处事的座右铭；作为一名党员领导干部，我没有做出什么惊天动地的大事，党组织自然不能给我树一座丰碑，老百姓自然不能为我造一座口碑，但是我自己却能够为自己立一座心碑——为党为民，坦荡无愧！上不愧党，下不愧兵。

在部队服役和来局里工作已经29年了，这是我人生道路上最重要最宝贵的几个阶段。在这里，我想说三句话和大家共勉：第一句是，为人处事贵在踏实真诚；第二句是，作风方法贵在耐心细致；第三句是，解决难题贵在强烈责任。

这些年来，我努力要求自己真诚地对待好身边的每一位同志，踏实地处理好手头的每一件工作。对于上级的指示，重点在落实上动脑筋，用真功。把大的原则细化为小的步骤，把宏观的政策明确为具体任务。情况不明不盲目出点子，心中无数不草率下决心。时时吃透文件精神，刻刻摸清群众情况，力求工作思路清晰、科学合理，行动自觉。作为一名担任了一定职务的党员干部，我

坚信改进作风出实绩，苦干实干成大业。因此，我始终牢记宗旨，竭尽全力，情倾××，心系百姓，与在座的各位领导、各位同志，还有几个已调离的领导、同志手挽手、肩并肩，历艰辛，攻难关，洒下了辛勤的汗水，也收获了成功的喜悦。在担任××局副局长以来，率先示范，努力奋进，和其他班子成员一道在市党委、政府和×局长的领导下，组织和带领全局干部和广大群众，以科学发展观为指导，以加快××发展为己任，以提高××质量为目标，艰苦创业，扎实工作，创造了××发展史上一个又一个辉煌业绩。

忆往昔，峥嵘岁月；

望未来，豪情满怀。

此刻，面对这让人倍感骄傲的单位和同志们，依情而言，自是难舍难分，依理而言，自当义无反顾。我完全接受组织的决定，坚决服从市党委对我工作新的安排。我知道，这不仅是上级组织对我的关心和信任，也是对我的一种鞭策与激励。同时，我也深知，对我工作岗位的调整，亦不仅仅是对我个人的工作变动，更是对××市××局领导班子集体工作能力和工作成绩的充分肯定。今后，我只有加倍努力，再创佳绩，才能不辜负组织对我的培养和教育，才能对得起大家3年来对我的帮助和支持。感谢×局长组织了这样一个盛情非凡的座谈会，给了我一个和大家倾吐心声的平台。感谢各位领导、朋友们在百忙之中坐下来共叙友谊，给我一个向大家话别的机会。现在，让我再一次向大家道声谢谢！不仅是感谢大家3年来对我的帮助和支持，更是感谢大家3年来对我的理解和包容！说了这么多话，我觉得，再妙的言辞也无法道出离别时的复杂心境，我感到，再浓的美酒也无法稀释同志间的工作感情。愿今后，我们依然常来常往，相互鞭策，共同进步；愿与××局继续结为工作上的新对子，互通信息，相互促进，共谋发展。

"人生自古伤别离"，工作的需要不以我个人的意志为转移，虽然我要遵照市党委安排，但我也会一如既往地关心××事业的发展，关注同志们的成长和进步。我相信只要同志们携手并肩，真抓实干，以×局长为首的新一届领导班子一定会率领大家开创××局更加辉煌的明天。

我也衷心祝愿大家在××局工作顺利、生活愉快！最后让我把各种情感汇集成对同志们的良好祝愿！祝同志们身体永远健康，家庭幸福和睦，万事顺心如意！再见了，我同甘共苦的兄弟姐妹们！让这真诚的时刻定格为我们人生最为美好的回忆吧！谢谢大家！

电视讲话稿

【定义】

电视讲话稿是通过媒体发表信息的一种公文。

【作用】

传播速度快，对象覆盖面广

【写作指导】

通过电视发表讲话的作用和具体写作要求和通过报纸发表演

讲相同，需要注意的是，电视发言稿除了用于纪念和庆祝某个节日外，有时也由领导同志搞电视讲座，讲授某一方面的知识。除讲座可以稍长一些外，电视讲话也要求简短、通俗。具体写作指导可参考报纸讲话稿。

【写作特点】

要通俗，就是要适合人的听觉的需要，适合听众的接受水平，容易叫别人理解和接受。

【范文一】

××书记电视讲话稿

全市广大干部群众：

当前，"深入推进社会矛盾化解、社会管理创新、公正廉洁执法"三项重点工作正在全国各地全面展开。这是应对当前形势，加强基层基础工作，构建和谐干群关系、警民关系，维护社会和谐稳定的一项重要举措，是中央政法委从长远和大局出发，站在巩固党的执政地位、维护国家长治久安、保障人民安居乐业、促进经济社会发展的战略高度，做出的重大战略决策。紧紧抓住了维护社会和谐稳定的关键，为各级政法机关切实履行好职责指明了方向，对政法稳定工作具有十分重要的指导意义。

深入推进社会矛盾化解、社会管理创新、公正廉洁执法三项重点工作，主要任务有以下三项：

一是深入开展社会矛盾化解，进一步完善"大调解"工作体系、疏通涉法涉诉信访案件和执行积案"出口"、整合基层政法维稳力量，解决社会矛盾化解的源头性问题。使我们的社会矛盾化解机制更加完善，群众诉求表达渠道更加畅通。

二是深入开展社会管理创新，解决"流动人口服务管理、特殊人群帮教管理、重点区域综合治理、社会组织监管服务、虚拟社会建设管理"等社会管理创新的基础性问题。各级各部门要认真调研论证，拿出具体方案，要一项一项作出规划、定出目标，使社会管理更加有效、公共服务更加到位，公众安全感有新的提升，真正形成与社会主义市场经济体制相适应的社会管理体系。

三是深入开展公正廉洁执法，完善解决执法规范化建设、执法信息化建设、强化执法监督制约、改进执法考评方式等公正廉洁执法的根本性问题。各级、各部门要结合本地、本部门实际，一个问题一个问题地调研论证，一个方面一个方面地提出建议，争取问题解决一个，工作向前推进一步，使公正廉洁执法机制更加完善。

目前，我市的三项重点工作在市委的高度重视下，正在严格按照上级部署稳步推进，市委成立了以市委副书记×××同志为组长的三项重点工作领导小组，各部门、各单位也全部成立了相应领导组织和专项工作办公室，全面加强领导，强力推进三项重点工作。为了扩大广大干群对三项重点工作的知晓度，进一步发动社会各界积极参与和配合，我市还把5月份定为全市三项重点工作宣传月。并于4月30日在市城湖滨广场举行了大规模集中宣传活动，标志着"深入推进社会矛盾化解、社会管理创新、公正廉洁执法"三项重点工作在我市已经全面启动和展开。

在以往的日子里，我市的政法工作得到了各级领导、广大人民群众及社会各界人士的关心、支持和配合，取得了显著成绩。借此机会，我代表全市政法系统对你们表示衷心的感谢和最诚挚的敬意！希望各级领导、广大群众及社会各界在今年的工作中还能一如既往地给予我们支持和帮助，积极关注、参与、配合和监督我们的工作。

同志们，深入推进三项重点工作，积极开展平安建设，是当前摆在我们面前的一项重要任务。关系到全市社会稳定、经济发展和人民安居乐业，希望各部门、各单位在广大人民群众和社会各界的支持、配合和监督下，进一步增强责任感和使命感，把深入推进社会矛盾化解、社会管理创新、公正廉洁执法三项重点工作筹划好、落实好，全面提升政法稳定工作水平，为实现我市新一轮经济大发展、全面建设小康社会作出积极贡献！

【范文二】

纪念"6·26"国际禁毒日电视讲话稿

同志们：

为了纪念"6·26"国际禁毒日，市委、市政府决定在我市开展广泛深入的禁毒人民战争，打击毒品犯罪，堵截毒品来源，减少毒品危害，坚决遏制新吸毒人员的滋生，牢牢掌握禁毒斗争的主动权，努力夺取新一轮禁毒人民战争的胜利，实现我市禁毒斗争形势持续好转的目标。近年来，我市禁毒人民战争遏制了毒品来源，控制毒品犯罪发展势头，使禁毒斗争形势有了明显的好转，呈现出积极的变化。

但是，在国际毒潮的侵袭下，国内毒品犯罪死灰复燃，并像瘟疫一样扩散、蔓延。在海洛因、鸦片等传统毒品尚未得到解决的同时，冰毒、摇头丸、麻古、K粉等新型毒品在娱乐场所迅速蔓延。吸毒人数持续上升；贩毒犯罪日益猖獗；吸毒人员趋向低龄化，并由城镇向农村扩散；吸毒引发大量的刑事治安案件。我市吸毒、贩毒违法犯罪活动有重新抬头的现象，毒品违法犯罪给我市的社会安定、经济建设和人民的身体健康造成了严重的危害，如不采取坚决措施，后果将不堪设想，我们决不能掉以轻心。

禁毒是一项功在当代、利在千秋的大事。我们各级党委、政府的主要领导和各有关职能部门的负责同志，必须以对国家、对民族、对人民、对子孙后代高度负责的态度，认清形势，明确任务，把禁毒工作摆上重要议事日程，按照《禁毒法》的规定，认真履行禁毒职责，全力抓好禁毒工作。

为了要广泛发动群众，开展禁毒人民战争，进一步掀起新一轮禁毒人民战争高潮，让人民群众了解毒品危害，认清禁毒形势，支持禁毒工作，从而自觉远离毒品，参与禁毒。开展禁毒人民战争，具体做好五项工作：

1. 开展禁毒预防教育，以《禁毒法》为重点内容，以青少年学生、娱乐场所活动人员为重点对象开展禁毒宣传教育，不断提高人民抵御毒品、预防毒品的能力，坚决遏制新吸毒人员的滋生。

2. 组织开展禁吸戒毒工作，以全省毒情大排查为契机，切实抓好大普查、大收戒、大帮教活动，加强对吸毒人员的动态管控，基本实现社会面无失控吸毒人员的目标。

3. 组织开展禁毒严打斗争，公安机关要侦破吸贩毒案件，严厉禁止种植毒品犯罪，搞好娱乐场所的整治，把涉毒违法犯罪分子的嚣张气焰打下去。

4. 组织开展易制毒化学品和麻醉药品、精神药物的专项整治行动，切实加强易制毒化学品、麻醉药品和精神药物的管理，坚决阻止流入非法渠道。

5. 大力开展社区戒毒和社区康复工作，落实戒毒措施，教育转化吸毒人员。要狠抓禁毒宣传，积极开展"无毒社区"的创建活动。禁绝毒品，光靠公安机关禁毒部门是远远不够的，发动群众共同参与是搞好禁毒斗争的有效措施。各乡镇、各部门要利用多种形式开展多层次的禁毒宣传教育，大张旗鼓地宣传党和国家的禁毒方针、政策；宣传《禁毒法》、《禁毒条例》，宣传毒品的危害性和禁毒的重大现实意义，使广大人民群众特别是青少年了解认识毒品危害，增强抵制毒品的能力。

广大人民群众要积极投入禁毒斗争，积极稳妥地推进"无毒社区"的建设，努力实现"有毒戒毒创无毒，无毒防毒保净土"目标，彻底根除毒品。

同志们！毒品害己害人，祸国殃民，禁绝毒品是一项长期、艰苦的任务，让我们紧急行动起来，在全市范围内开展一场深入持久的禁毒斗争，为我市的社会稳定、经济发展作出新的更大的贡献。

附录：关于标点符号的正确用法

【范围】

本标准规定了标点符号的名称、形式和用法。本标准对汉语书写规范有重要的辅助作用。

本标准适用于汉语书面语。外语界和科技界也可参考使用。

【定义】

本标准采用下列定义。

【基本规则】

1. 标点符号是辅助文字记录语言的符号，是书面语的有机组成部分，用来表示停顿、语气以及词语的性质和作用。

2. 常用的标点符号有十六种，分点号和标号两大类。

点号的作用在于点断，主要表示说话时的停顿和语气。点号又分为句末点号和句内点号。句末点号用在句末，有句号、问号、叹号 三种，表示句末的停顿，同时表示句子的语气。句内点号用在句内，有逗号、顿号、分号、冒号四种，表示句内的各种不同性质的停顿。

标号的作用在于标明，主要标明语句的性质和作用。常用的标号有 九种，即：引号、括号、破折号、省略号、着重号、连接号、间隔号、书名号和专名号。

【十六种标点符号的输入形式和一般用法】

1. 句号

输入形式为"。"不正确的输入形式为"."

一般用法：

（1）用于单句之后

所谓单句，就是由短语或单个的词构成的，表示一个完整的句子。

如：①天晴了。②发展高新技术，是我国一项长期的战略。

（2）用于复句之后

所谓复句，就是由两个或几个意义上密切联系，结构上互不包含的单句形式组成的句子。

如：这是一个怎样的时刻，任何词汇都不足以表达它的庄严与神圣；这是一个怎样的场景，任何童年或成年的记忆都无法与其比拟。

（3）用在省略号后面

有时在引文中只引用前面的，而取消后面的，这时省略号后面要加句号。凡是句意有尽头的省略号，后面也要用句号，因为这个句子是整句省略一部分。

如：毛泽东在《一个极其重要的政策》一文中说："气候变化了，衣服必须随着变化。每年的春夏之交，夏秋之交，秋冬之交和冬春之交，各要变换一次衣服。但是人们往往在那'之交'不会变换衣服，要闹出些毛病来……。"

（4）疑问形式的句号

有些疑问句，如果疑问或反问的语气很弱，可用句号代之。

如：①人又不是石头，哪有不思想的道理。②他想："我家有的是钱，想做官还不容易吗。"

该用句号而用成逗号，就会使得前后意思互相纠缠，接连不断，影响句意表达。有些人，几百字一段话却只有一个句号，如果是演讲稿，演讲者可能就会接不上气。

2. 问号

输入形式为"？"

一般用法：

（1）用于询问句末

询问句是问话人提出问题，让答话人回答的问句。从结构可分特指问句、是非问句、反复问句三小类。

如：①"你叫什么名字？"（特指问句）②"清楚了吗？"（是非问句）

③"你到底去不去？"（反复问句）

（2）用于反问句末

反问句是无疑而问，它不要求回答，因为答案就在问句中。

如：①生命里有了这样的华彩，还有什么好抱怨的呢？②难道这蝶雪，就永远消失了吗？

（3）用于设问句末

设问句是说话人为了突出意思的中心，引起读者的注意，而有意采取的自问自答方式。

如：我们这么大一个国家，怎样才能团结、组织起来呢？一靠

理想，二靠纪律。

（4）用于选择问句末

选择问句是问话人提出两个或两个以上的问题，让答话人选择其中之一的问句。

如：在这种情况下，权威将会消灭呢，还是只会改变自己的形式？

（5）用于表示疑问的独词或词语后

有些带疑问的字或词语后也用问号。

如：①"东?"他嘟囔了一句。②司马迁（前145—前87?）

3. 叹号

输入形式为"!"

一般用法：

（1）用于感叹句末

感叹句是使用感叹语气抒发比较强烈感情的句子，句中常用"真"、"好"、"简直"等有强调意味的词，句末一般用语气词"啊"、"呀"。

如：①这简直是欺人太甚！②雪，是冬的精灵呀！③"真帅啊！"

（2）用于祈使句末

表示命令、决心、愿望之类的祈使句，语气强烈、坚决、感情激奋的句末要用叹号。

如：①肖良大喝："说话！快说话！"②让我们为实现跨世纪的宏伟蓝图而努力奋斗！

（3）用于感叹、应答词之后

表示感叹、应答的词，若带有强烈的感情时，后面要用叹号。

如：①"嗨！"彼此高兴地喊了一声。②何君问："如何？"我答："平常！"

（4）用于象声词之后

以象声词构成的独词，表示声音强烈时用感叹号。

如：①"砰！砰！砰！"从远处响起枪声。②到半夜，果然来了，沙沙沙！门外像是风雨声。

（5）感叹号的并用

特别大的声音和强烈感情的，为了引起人们注意，突出问题的严重性，后面可并用两个，甚至是三个，但这种并用形式不可滥用。

如：①生活条件很差！疾病严重！！生命垂危！！！②"父亲！父亲！！"

（6）与问号连用

在一些表示复杂语气和心态的句子末，可以采用"？""！"连用的形式，但这种连用形式也不可滥用。

如：难道你不需要一点真正的感情，真正的爱？！

4. 逗号

输入形式为"，"不正确输入形式为","

逗号在文中使用频率较高，单句、复句都需要它的存在，它在文中起着"承上启下"的作用。一般来说，逗号每个写稿人都是会用的，错误的是出现多用现象，该用其他符号时都用了逗号。所以，这里不讲一般用法，只讲错误用法。

如：……于是女人穿了裙子，让阳光紧抱，男人穿了短裤，让阳光乱拧，那些在春天里最殷勤的歌手们，这时只剩下蝉了，蝉的歌声躲在树下，嘹亮而不圆润。

这段话犯了"一逗到底"的毛病。

正确应该是：

……于是女人穿了裙子，让阳光紧抱；男人穿了短裤，让阳光乱拧。那些在春天里最殷勤的歌手们，这时只剩下蝉了。蝉的歌声躲在树下，嘹亮而不圆润。

5. 顿号

输入形式为"、"不正确输入形式为"/"

一般用法：

（1）用于并列的词、并列的短语之间

并列词语在句中的位置非常灵活，可以充当主语、谓语、宾语、定语、状语、补语。无论它们充当何种句子成分，并列词语之间都可用顿号表示短暂的停顿。

如：①周恩来的品德、人格、风范、情怀为中华民族树立了一座精神丰碑。②周恩来同志杰出的外交思想、丰富的外交经验、精湛的外交艺术、坦诚的外交风格，使每一个中国人引为自豪。

（2）并列结构作谓语时，并列成分之间一般用顿号

如：现实要求我们更好地、全面系统深入地学习、领会、把握邓小平同志的富民思想，以解疑释惑，更加坚定前进方向。

（3）用于序次语

顿号用于序次语的后面，只表示序次和停顿，并不表示并列。只是为了使序次语不和正文相混，看起来文字清楚醒目。

如：①名著是读者最多的。②名著是通俗的，不是学儒式的。③名著是不会因为时代替换而被遗忘的。

（4）顿号活用

在言语交际中，为了强调说话人的语气和神态，在不该用顿号的地方使用顿号，形成"一字一顿"，能够产生特殊的表达效果。

如：海滨上空响起一个女孩子响亮而清晰的声音："我们从此—— 一、刀、两、断！"

顿号和逗号都是句中点号，又都是表示句中的停顿，使用起来容易产生混淆。区别在于：顿号只能用于并列词语之间；逗号则不仅能够用于并列关系的词语之间，也能用于非并列关系的词语之间，表示其语气或结构上的停顿。

6. 分号

输入形式为"；"不正确输入形式为";"

分号是介于逗号、句号之间的一种符号。它的主要作用是用来分清并列分句之间的层次。

一般用法：

（1）用于语义上有关联的各分句之间

如：散文之形，应活泼多姿；散文之情，应活泛流转；散文之神，应活灵活现。

（2）用于时间上有联系的各分句之间

如：现代化是从传统社会向现代社会的跃迁过程。这个过程从宏观来看有三个阶段，第一个阶段是全面准备阶段，主要是通过经济社会发展的各种社会改革，为整个社会经济的全面起飞创造条件；第二个阶段是全面起飞阶段，通过持续、快速的经济增长，实现经济结构和经济发展水平从传统的经济"平原"向发达的经济"高原"升迁；第三阶段是全面发展与持续增长阶段，主要是将持续快速增长的经济成果转化为整个社会的全面进步，实现整个社会结构的根本转型。

（3）用于内容上有对比的各分句之间

如：干得好的工厂，干部、工人就可多得一点报酬；干得不好的工厂，干部、工人就要少得一点报酬。

（4）用于并列关系多重复句内的两个分句之间

如：如果诗歌是窗，散文则是门；如果小说是河，散文则是塘；如果戏剧是厅，散文则是廊。

（5）用于非并列关系的多重复句第一层的前后两部分之间

如：我国年满十八周岁的公民，不分民族、种族、性别、职业、家庭出身、宗教信仰、教育程度、财产状况、居住期限，都有选举权和被选举权；但是依照法律被剥夺政治权利的人除外。

（6）用于分项说明的语句之间

如：农民对一个好的村干部的要求是：办事公道，一碗水端平；自己不要吃得太饱；有经济头脑。

7. 冒号

输入形式为"："不正确输入形式为"："

冒号表示提示性话语之后或总括性话语之前的停顿。

一般用法：

（1）用于引起下文的词语后

冒号引起下文，一般是在分叙几种事物或列举几种情况之前，先有一个总括语进行总括说明，在总括语之后，用冒号表示。

如：有学者将中国建筑历史的研究分为三个阶段：第一阶段，可以称之为文献考古阶段；第二阶段，是实物考古阶段；第三阶段，是对建筑之诠释阶段。

（2）用于总括前文的词语前

冒号总括上文，一般是先分叙几种事物或列举几种情况，最后在总结说明之前，用冒号表示，起总括的作用。

如：晴空万里，阳光普照，微风和煦：真是难得的好天气。

（3）用于解释性分句前

如：第一次跨进项南家的客厅，冷不丁吃一惊，吃惊这客厅的陈设：一桌、一椅、一花一草、一字一画，都好生眼熟，仿佛在哪儿见过?!

（4）用于引语"某某说"之后

如：培根说："知识就是力量。"

（5）用于判断词"是"的后面

冒号用于判断词"是"的后面，大体上有两种情况：一是为了引起人们对"是"后面的词语的注意；二是便于在"是"的后面做分条式列举。

如：我要讲的是：有些节奏和音调优美的语言，听起来抑扬顿挫，铿锵和谐，的确赛似唱歌一样，美妙动人。

（6）用于"注意"、"指出"、"证明"、"例如"、"如下"后

如：①例如：②现实与经验表明：大众教育与英才教育难以同时兼得。

（7）用于写信、讲话稿的呼语后

如：①广平兄：②各位领导、同志们：

8. 引号

输入形式为""（双引号）''（单引号）不正确输入形式为""´´

一般用法：

（1）用于标明文章中引用的部分

引用他人的话、书中的话、自己的话，或者是人物的对话，来说明一件事情，证明一个道理。

（2）用于标示文章中需要突出的、含有特殊意义的词语

文章中有一些词不能按字面义、常用义去理解，用引号标示，既突出作用，又引起读者注意。

如：个别干部为求功名，往往是拜不动这尊"神"，又去敬那个"菩萨"。

（3）用于标示文章中的反语、讽刺语

行文中为了达到特殊性修辞效果，使用与本来意思相反的词语时，都应用引号标示。

如：在外国地摊上卖的书，到了国内摇身一变被捧成了"传世经典"，读者一再受愚弄。

（4）用于标示文中的象声词

如：我突然听到了楼上的房门已"吱"地推开了一条缝。

（5）用于标示文章中引用的成语、俗语、歇后语、方言土语、格言等

如：①人们常常称技艺高超的工人为"能工巧匠"。②还是俗语说得好："只要功夫深，铁杵也能磨成绣花针。"③"锲而不舍，金石可镂。"他实践着古人的遗训。

（6）用于标示文章中的简称词语

如：市场经济作为发展社会生产力的一种方式和途径，本没有姓"资"姓"社"的问题。

（7）用于标示文章中出现的新名词

如：当前必须禁止设计制造"电子情人"，因为它和"克隆人"一样，对人类有负面影响。

9. 括号

输入形式为"（）"

括号的书写形式有圆括号"（）"、方括号"［］"、六角括号"〔〕"和方头括号"【】"等，最常用的是圆括号。

一般用法：

（1）用于注释句子里某些词语

行文中对句中的某些词语需要加以解释说明时，要用括号标明。

如：中国猿人（全名为"中国猿人北京种"或简称"北京人"）在我国的发现，是对古人类学的一个重大贡献。

（2）用于注释整个句子

行文中对于用来注释整个句子的语句，要用括号标明，称之为句外括号。

如：生活中不存在透视图中所表现的那种单幅静止画面。（至于人用双眼观察，而透视原理基于单眼条件下的光学原理，则有更为深层的矛盾，这里姑且不谈。）

（3）用于标明插叙动作的词语或剧本中关于人物情态和环境的描写说明

　　在行文时为了表示描写对象的情绪和听众的反应，须用括号将其引括出来，使之文字醒目、层次清楚，并与正文相区别。

　　如：①北京某大学邀请话剧《光绪政变》中的慈禧太后扮演者作演讲，主持人的开场白是这样的：同学们，今天我们好不容易把"老佛爷"——慈禧太后——请来了！（掌声、笑声，听众情绪顿时热烈起来。）②周朴园（忽然严厉地）你来干什么？

　　（4）用于标明序次语

　　如：（一）（二）（三）（1）（2）（3）

　　（5）用于标明事情发生的时间或地点

　　如：①汕头开埠（1860）以后，由于历史条件和社会环境的变化，潮汕文化有了一些新的发展。②资本主义的思想体系和社会制度，已有一部分进了博物馆（在苏联）。

　　（6）用于标明引文或文章的出处

　　如：谢国良在《〈孙子〉思想研讨》（《军事史林》1986年1—4期）一文中指出。

　　（7）用于标明文章的转接起讫

　　如：①（下转第×页）②（待续）③（上接第××页）

　　（8）用于给汉字拼音

　　如：①"戌"（xū）②不饮千觞与百觞。（觞：shāng，盛酒器。）

　　（9）用于字典、辞书中的词条解释

　　这里的括号一般用方头括号比较醒目。

　　如：【巧言令色】言辞说得动听，颜色装得可爱，用来取悦于人。

（10）用于行文中的订正和补充性词语

在引用他人的话语时，如果有错漏的地方，可用括号进行订正或补充。

如："绍光，我感谢您忘不了我，关心照顾我，您是我一生终（中）最难忘的朋友。"

10. 破折号

输入形式为"——"不正确输入形式为"－－－－－－－"

破折号主要作用是用来标明行文中解释说明的语句，虽然它的使用频率不高，但用途广泛，用法复杂，要掌握好它，并不很容易。

一般用法：

（1）用于标明行文中解释说明的语句

如：我要到高原的湖边去，寻找我童年的崇拜物——蓝天上的鹰们。

（2）用于标明语意的转换

在说话时，由一个话题突然转到另一个话题，或在思考时，由一个问题突转到另个问题，就应该用破折号标明语意的转换。

如：①"今天好热啊！——你什么时候去上海？"张强对刚进门的小王说。②我乘夜行的火车穿过湟水谷地走向草原，谷地里那忽近忽远的灯火把一个个村庄移到了身后——母亲肯定在一盏油灯下念及我。

（3）用于标明语意的递进

如：他们除了在绝望中寄人篱下——流落他乡——悲愤自戕之外，也就没有别的结局可循。

（4）用于标明语意的转折

这与语意的转换是有区别的，语意的转换是转到另一个不同的意思，而语意的转折，是转换到相对或相反的意思上去。

如：到河滩挖"浪柴"的记忆至今都是幸福而快乐的——尽管那是童年十分辛苦的一种劳作。

（5）用于标明语句间的因果关系

其特点是破折号前面表示结果，破折号后面的表示原因。

如：神州万里幅员，我最钟情于大西北。并非故乡，远胜故乡——故乡之谓仍是一个狭小的概念。

（6）用于标明行文中的插说

行文中的插说是独立于正文之外的语词。为了区别于正文，插说之前可用破折号标明。

如：这末一句又击中了我——说实话，当时我真的动了回家的念头。

（7）用于总说与分说之间

其特点是破折号前面的句子是总说的形式，破折号后面是分说的部分。

如：这个农民问过几家旅馆，住宿都要几十元钱——有的要50元，有的要30元，最便宜也要20元。

（8）用于引下文

为了表示句与句之间，段与段之间的紧密关系，特意将破折号置于语句或段落的末尾，起到导引下文的作用。

如：飞机场的贵宾室里，张学良夫妇被蜂拥而至的记者们团团围住——

记者：您是在何时和李登辉总统谈到希望出国的？

（9）用于总结上文

其特点是破折号后面是对前面的内容进行概括性的总结。

如："……反过来，孤单一个人坐在热气逼人的火炉边，只过了五分钟，但你却像坐了两个小时。——这就是相对论。"

（10）用于歇后语前后两部分之间

如：原因是我的儿子要结婚，罗锅子上树——前（钱）紧。

（11）用于表示语音的中断、停顿和延长

如：①侍萍：我——我——我只要见见我的萍儿。②方达生：你——

（12）用于表示语句或文章的出处、作者

如：桃叶传情竹枝怨，水流无限月明多。

——唐·刘禹锡《堤上行》

（13）用于标明人物的对话或列举的事项

用破折号标明人物的对话，可不再用冒号和引号，有醒目的作用。

如：——你们斑斓的人生激起我创作的冲动，我真想写你们的爱情。

——哎哟，人老的老了，死的死了，还弹什么浪漫曲！

11. 省略号

输入形式为"……"不正确输入形式为"。。。。。。""………"
"......"

省略号不仅可以表示文字的省略，也可表示人物说话时的某种情态或心理。因此，正确使用省略号，能使语句简明经济，含蓄

深刻；在表达思想感情时，能收到"言虽尽"而"意无穷"。

（如果是整段文章或诗行的省略，可以使用双份省略号，也就是十二个圆点…………）

一般用法：

（1）用于表示引文中的省略

引用他人的话时，为了突出重点，对不必引用的部分就可用省略号代替。

如：《通志略》说："葡萄藤，生传自西域。……张骞使西域，得其种而还，中国始有。"

（2）用于标明列举时的省略

行文时，要列举许多类似的人物、事件、现象等，当列举到一定的数量，其余就可以省略。

如：有最大的湖泊、连绵的雪山、坦荡的草原、茫茫戈壁……

（3）用于标明重复语句的省略

在行文时，遇到一些需要重复的语句，如实写下去，文章就会显得赘冗，可用省略号。

如：球场上响亮地传来："中国队——加油……中国队——加油……"的喊声。

（4）用于标明数目递增的省略

行文中要列举数目递增时，可以用省略号表示。

如：裁判嘴中的哨声响了，女孩迅疾冲上跑道。100米、200米、400米……女孩看到终点。

（5）用于标明语意未尽、意在言外的省略

引文时，有些话虽说完，然情丝不断，语意难尽，故用省略号，以引起读者思考和回味。

如：①当黑夜又一次来临的时候，我将用生命点燃微笑，为我远行的孤寂灵魂唱起最后的歌……②林伟颤抖着声音说："你……我知道你的意思，没想到你也这样势利、世俗。"

（6）用于标明沉默或虚缺

在人物对话中，有时会碰到难以启齿、无话可答，或故意不说话的场面，可用省略号。

如："你还没有娶媳妇吧?""……"他绯红了脸，更加扭怩起来。

（7）用于标明语意中断的省略

在对话中，往往会迫于种种原因而不能将话说完，造成中断可用省略号。（注意省略号与破折号在表示话语中断时的区别，破折号表示戛然而止，省略号表示余意未尽。）

如：母亲插进来说："这是我家的东西，你们最好自己到外面买，乱用别人的东西……""妈!"宋慧叫道。

（8）用于表示声音的断断续续

如："什么! ……怎么啦! ……哪儿会有这样的事!"

（9）用于表示声音的延长

如："我……不……认……命……!"

12. 着重号

输入形式为"．"

作者在著书写文时，自认为特别重要的部分或需要强调的字、词、句，可用着重号。

使用着重号应注意：①如原文中没有着重号，作者引用时自

已加上的，须在后面注明着重号为笔者加；②如原文中有着重号，作者引用时，也要注明着重号是原作者加的。

13. 连接号

输入形式为"——""—""～"

连接号的作用是把意义密切相关的词语连成一个集体。连接号有四种形式，各有不同的用法。

一般用法：

（1）用于连接两个相关的名词构成的一个意义单位

如：秦岭—淮河 心理—物理实验 原子—分子论

（2）用于相关时间、地点的连接，表示时间、地点的起止

如：一三七——一四三三   1977 年—2001 年   917～992   北京——广州

（3）用于连接相关数目字，表示数目起止

如：4—6 级偏北风   1000 千克—1500 千克   0.1～0.4 米为小浪

（4）用于相关字母、阿拉伯数字之间

如：HAW—4 海底光缆   东方红—75 拖拉机   DNV—ISO9002 国际质量体系认证

（5）用于连接几个相关的项目，表示递进式发展

如：人类的发展可以分为古猿—猿人—古人—新人这四个阶段。

14. 间隔号

输入形式为"·"

间隔号主要作用是用以表示某些少数民族人名或某些外国人

的名字和姓氏之间的分界，月份和日期间的分界，书名和篇目之间的分界，诗体、词牌与题目的分界，朝代和人名间的分界等。

如：①爱新觉罗·努尔哈赤 ②《诗经·大雅·板》③《水调歌头·游泳》④唐·李白

15. 书名号

输入形式为"《》"

书名号没什么太多的复杂用法，一般就是用于书籍、文章、报刊、杂志、影视、戏剧、歌曲以及法规、条例等名称。由于标示的需要，还有一种单书名号"〈〉"，用于在书名号里面。

如：刘心武《重读〈钢铁是怎样炼成的〉》

16. 专名号

输入形式为"＿＿＿＿＿＿"

专名号表示人名、地名、朝代名等。一般只用在古籍或某些文史著作里面。

如：司马相如者，蜀郡成都人也，字长卿。

除上述十六种标点符号外还有几种其他标点符号：

（1）注释号"＊（1）① ［1］"

注释号是用来标明题目或语句注释的符号。

如：①坚持四项基本原则＊

（2）隐讳号"×"

隐讳号主要是用来表示作者不必或不便直接写明的字词句。

如：还会有××事迹报告会。

（3）虚缺号"□"

用来标明文章中所缺少的部分，原文中缺多少字，就用多少个虚缺号补在文中。

如：古碑上有一行字：串钱□□□□取其多刻剥民□□□□重敛而有□□。

（4）斜线号"／"

用于字与字、词与词、句子与句子的中间，标明前后两部分之间存在着密切关系。

如：①2750元／吨　②李菊／王楠的双打组合也日渐成熟起来。

（5）三角号"▲△"

用来表示需要突出的字词或者对某些话语和条例的分列。

如：▲中国人民大学最近公布了一项职业声望调查，科学家高居榜首。

（6）代替号"～"

用来表示代替重复字和词的一种符号，一般出现在字典里。

如：【求实】讲求实际：必须把革命干劲和～精神结合起来。

（7）连珠号"………"

用在目录中的标题和页码之间。

如：语言的交际功能…………………………………（27）

标点符号在文章中有画龙点睛的功能，作为写文章的人应该引起注意，力求表现到位。

（以上资料，摘自实用汉语丛书《标点符号用法正误辨析》）